Christian Opel
Dagmar Powitz

Der bhv Co@ch

Der IT-Tutor

Leitfaden für EDV-Trainer

Alle Rechte vorbehalten. Kein Teil dieser Unterlage darf in irgendeiner Form, sei es Druck, Fotokopie, Mikrofilm oder mittels jedes anderen Verfahrens, ohne schriftliche Genehmigung des Verlags reproduziert oder unter Verwendung elektronischer Systeme verarbeitet, vervielfältigt oder verbreitet werden. Die gewerbliche Nutzung der in diesem Buch gezeigten Modelle und Arbeiten ist nicht zulässig.

Die Informationen im vorliegenden Buch werden ohne Rücksicht auf einen eventuellen Patentschutz veröffentlicht. Warennamen werden ohne Gewährleistung der freien Verwendbarkeit benutzt.

Bei der Zusammenstellung von Texten und Abbildungen wurde mit größter Sorgfalt vorgegangen. Trotzdem können Fehler nicht vollständig ausgeschlossen werden.

Verlag, Herausgeber und Autoren können für fehlerhafte Angaben und deren Folgen weder eine juristische Verantwortung noch irgendeine Haftung übernehmen.
Dieses Buch wurde der Umwelt zuliebe auf chlorfrei gebleichtem Papier gedruckt.

Copyright © 2002 by
verlag moderne industrie Buch AG & Co. KG,
Landsberg
Königswinterer Straße 418
D–53227 Bonn
Telefax: +49 228 970 24 21
www.vmi-Buch.de

1. Auflage

ISBN 3-8266-9373-6

04   03   02
10   9   8   7   6   5   4   3   2   1

Printed in Italy

Der bhv Co@ch

Der IT-Tutor
Leitfaden für EDV-Trainer

Inhaltsverzeichnis

	Einleitung	11
	Über diesen Co@ch	11

Teil I   Planungsphase

Modul 1	Fachwissen	15
1.1	Ihr Fachwissen	15
1.2	Das notwendige Wissen	15
1.3	Kenntnisse über ähnliche Produkte	16
1.4	Programmwissen und Kurswissen	16
	Zusammenfassung	17

Modul 2	Der Schulungsraum und Örtlichkeiten	19
2.1	Der Schulungsraum und die Schulungsörtlichkeit	19
2.2	Gestaltung und Softwarevorbereitung	20
	Vor dem Start	20
	Die Software	21
2.3	Vom Schulungsraum gesetzte Rahmenbedingungen	22
	Der Frontalraum	22
	Die U-Anordnung	23
	Die Außenform	25
	Die Lerninselform	26
	Mischformen	28
	Zusammenfassung	29

Modul 3	Kosten einer Schulung	31
3.1	Die Kostenfrage	31
	Zusammenfassung	33

Modul 4	Art der Schulung	35
4.1	Klassenraumschulung	35
4.2	Schulung am Arbeitsplatz	36
4.3	Schulung ohne Computerraum	37
4.4	Schulung mit unterschiedlichen Programmen	38
	Zusammenfassung	39

Modul 5 Didaktischer Hintergrund 41

5.1	Das Didaktische Dreieck	41
5.2	Planungsphase	42
5.3	Durchführungsphase	43
5.4	Nachbereitungsphase	44
5.5	Arbeiten mit Lernzielen	44
5.6	Training für Trainer	47
	Beratung und Beurteilung	47
	Beurteilungsgespräch	50
	Rolle des Trainers	50
	Zusammenfassung	50

Modul 6 Strukturierung 53

6.1	Der Einstieg	53
	Die Namensschilder	54
	Wegweiser	54
	Dekoration	54
	Nutzen Sie den Anfang vor dem Anfang	55
	Es geht los	55
	Lernen Sie die Teilnehmer kennen	55
	Klären Sie die Formalien	56
	Holen Sie die Teilnehmer dort ab, wo sie stehen	57
	Notfalls Start vor dem Start	57
6.2	Der gekonnte Schluss	58
	Der Stoff ist noch nicht fertig	58
	Die Schlussrunde	58
	Das Ende	59
6.3	Die Gesamtstruktur	59
	Zusammenfassung	60

Modul 7 Visualisierung & Co. 61

7.1	Visualisieren	61
7.2	Tipps für die Visualisierung	64
7.3	Visualisierung benötigt Erklärung	64
7.4	Klarheit und Einfachheit	65
7.5	Handhabung	66
	Zusammenfassung	67

Modul 8 Einführung des Stoffs 69

8.1	Die Methodenwahl	69
8.2	Wechsel von Arbeitsformen	71
	Der Vortrag	71
	Selbstständiges Lernen	72
	Vorgefertigte Lernsequenzen	73

	Zielvorgaben und eigenes Entdecken	74
	Experten-Lernen	75
	Stationen-Lernen	77
	Zielvorgabe ohne eigenes Entdecken	78
	Theater spielen	79
	In eine Geschichte verpacken	79
	Die „rote Faden"-Methode	80
	Die Diskussion	81
	Arbeitsteiliges Gruppenlernen	82
	Projektmethode	83
8.3	Ziele einer Schulung	84
	Zusammenfassung	85

Modul 9 Einplanung und Gestaltung von Übungsphasen 87

9.1	Das Schema der Übungsphasen	87
9.2	Übungsphase 1	87
	Der Hintergrund	88
	Beispiele aus der Praxis	89
9.3	Übungsphase 2	91
9.4	Vertiefende Übungen – Gruppenarbeit/Partnerarbeit	93
	Zusammenfassung	95

Modul 10 Beschaffung von Kursmaterial 97

10.1	Das Konzept	97
	Das Stufenprinzip	97
	Sprünge	98
	Die Struktur	99
10.2	Erstellen eigener Materialien	99
	Der Zeitaufwand	99
	Gliederungselemente	100
	Layout	100
	Binden	101
	Screenshots	101
10.3	Rückgriff auf fertige Produktserien	103
10.4	Weitere Materialien	104
	Zusammenfassung	106

Modul 11 Das Auftreten vor der Gruppe — 107

- 11.1 Ihre Rolle als Trainer — 107
- 11.2 Das Lampenfieber — 108
- 11.3 Freundlichkeit — 108
- 11.4 Die Kleidung — 109
- 11.5 Seriosität — 109
- 11.6 Flexibilität — 109
- 11.7 Häufige Fehler — 110
    - Die Kunst, daran zu denken... — 110
    - Das Trainerecho — 110
    - Das Ansprechen der Teilnehmer — 110
    - Falsches Rollenverständnis — 110
    - Lob und Tadel — 111
    - Fixierung auf einen Teilnehmer — 111
    - Visualisieren, so dass jeder es lesen kann — 111
- 11.8 Gruppenprozesse — 112
    - Eine Gruppe leiten — 112
    - Die Motivation der Gruppe — 113
    - Begeben Sie sich auf die Metaebene — 113
    - Zusammenfassung — 114

Modul 12 Grundregeln der Rhetorik — 115

- 12.1 Das Konzept — 115
- 12.2 Sprache — 117
- 12.3 Körpersprache — 118
- 12.4 Wenn es mal schief geht... — 119
- 12.5 Der Vortrag — 119
    - Zusammenfassung — 120

Modul 13 Hilfsmittel — 121

- 13.1 Der Beamer — 121
- 13.2 Der Tageslichtprojektor — 122
- 13.3 Whiteboard und Tafel — 122
- 13.4 Das Flipchart — 123
- 13.5 Die Pinnwand mit Metaplanwagen — 124
- 13.6 Mastereye — 125
- 13.7 Masterpointer — 126
- 13.8 Inis — 126
- 13.9 Weitere Hilfsmittel — 127
    - Zusammenfassung — 128

Modul 14   E-Learning   129

14.1	Die Möglichkeiten von E-Learning	129
14.2	CBTs	129
14.3	WBTs	130
14.4	Ein Schulungskonzept	132
14.5	Das Schema eines Schulungskonzepts	133
	Zusammenfassung	134

Teil II   Durchführungsphase

Modul 15   Auftreten von Störungen   137

15.1	Das Entstehen einer Störung	137
15.2	Häufige Ursachen	138
15.3	Wenn ein Teilnehmer mehr weiß...	139
15.4	Die Bedeutung der Übung	140
15.5	Fallbeispiele	140
	Der Überforderte	140
	Die „Zuspätkommer"	141
	Der Störer	142
	Der Unterforderte	143
	Der Rebell	144
	Der schwätzende Teilnehmer	144
	Das Organisatorische	145
	Der Trainer	146
	Die Gruppe zieht nicht mit	146
15.6	Der Gruppenprozess	147
	Der Prozess in einer Gruppe	147
	Regeln in einer Gruppe	148
	Ihre Aufgabe bei der Gruppenorganisation	148
	Arbeitsfähigkeit erhalten	148
	Konflikte in der Gruppe	149
	Die Zeit wird in der Gruppe knapp	149
	Zusammenfassung	150

Modul 16   Verhalten am Schulungsplatz   151

16.1	Die Situation am Teilnehmer-PC	151
16.2	Diskretion	152
16.3	Hilfestellung mit dem Laserpointer	153
16.4	Der Trainer übernimmt die Maus	154
16.5	Gegenseitige Hilfestellung der Teilnehmer	155
	Teilnehmer helfen sich gegenseitig	155
	Teilnehmer arbeiten im Team	155
	Zusammenfassung	157

Modul 17	Unterrichtsbeispiele aus der Praxis	159
	17.1 Die Beispiele	159
	17.2 Schulungsbeispiele	159
	Multimedia-Schulung	160
	Excel-Schulung	164
	Softwareschulung mit mehreren Programmen	166
	Zusammenfassung	168

Modul 18	Vorwissen der Teilnehmer	169
	18.1 Das Vorwissen im Gepäck Ihrer Teilnehmer	169
	Die Vorkenntnisse liegen weit auseinander	169
	Die Vorkenntnisse sind zu gering	170
	Die Vorkenntnisse sind zu gut	170
	Zusammenfassung	170

Teil III   Phase der Nachbereitung

Modul 19	Auswertungsbögen	173
	19.1 Der Sinn hinter den Auswertungsbögen	173
	19.2 Gestaltung der Bögen	174
	19.3 Auswertung	175
	Zusammenfassung	177

Modul 20	Umgang mit Feedback	179
	20.1 Der Umgang mit Rückmeldungen	179
	Zusammenfassung	181

Anhang

	Checklisten	185
	Glossar	197
	Stichwortverzeichnis	199

Einleitung

Wie kaum eine andere moderne Entwicklung hat sich die Informationstechnologie durchgesetzt und die Lebens- und Arbeitswelt in einem atemberaubenden Tempo verändert. Nahezu alle Arbeitsabläufe sind heute auch informationstechnisch abgebildet.

Hieraus hat sich ein gewaltiges Bedürfnis nach qualifizierter Fortbildung in fast allen Arbeitsgebieten entwickelt.

Über diesen Co@ch

All jenen, die sich der IT-Fortbildung stellen und Hilfe beim Einstieg in die Trainerrolle suchen, soll dieses Buch eine Hilfestellung bieten. Dabei soll das Buch nicht belehren, sondern die aufgezeigten Beispiele, Unterrichtssequenzen oder Trainingsmethoden sollen eine breite Palette aufzeigen und als Anregung beim Unterrichten verstanden werden.

Immer wieder werden Sie Ihre eigene Trainertätigkeit kritisch hinterfragen. Nutzen Sie das Buch auch zum abermaligen Nachschlagen, um Hilfen bei der Reflexion des eigenen Kursgeschehens zu erhalten.

Um das Buch möglichst leicht verständlich zu halten, haben wir weitestgehend auf Fachbegriffe und Fremdwörter verzichtet und gemäß unseren Vorstellungen von Visualisierung mit vielen Grafiken und Bildern gearbeitet, um das geschriebene Wort auch optisch zu begleiten. Wir verwenden der besseren Lesbarkeit halber die Begriffe *Trainer*, *Referent* und *Teilnehmer*, die sowohl die weibliche als auch die männliche Person beinhalten (so wie auch unser Autorenteam paritätisch besetzt ist).

Auf eine möglichst leichte Umsetzung der Inhalte in der Alltagsarbeit haben wir durch Checklisten und eine Fülle von Tipps Wert gelegt.

Dank

Besonderer Dank gilt unseren Familien für ihre große Unterstützung und Simone Conrad für die Korrekturarbeiten.

> **Hinweis:** Office-Produkte sind eingetragene Warenzeichen von Microsoft; CorelDRAW und Photopaint der Corel Corporation; MindManager der Firma Mindjet; Messenger und Collabra Teile von Netscape; Notes ein Produkt von Lotus/IBM; Mastereye ein Produkt der gleichnamigen Firma; GoBack ein Produkt von Roxio und Inis ein Produkt der TriNeT GmbH.

Dagmar Powitz und *Christian Opel*

Teil I
Planungsphase

Wie erfolgreich Ihr EDV-Kurs verlaufen wird, hängt von vielen verschiedenen Faktoren ab, mit denen Sie sich in der Planungsphase auseinander setzen müssen. Welche Methoden und Hilfsmittel Sie beispielsweise verwenden möchten, müssen Sie im Vorfeld entscheiden. Sie sollten sich ein Methodenrepertoire erarbeiten und sich gezielt auf die Kursinhalte und deren Vermittlung vorbereiten. Wie aber z.B. die Örtlichkeiten den Kursverlauf beeinflussen oder sich die Lerngruppe zusammensetzt und auf Sie als Trainer reagiert, können Sie nicht im Vorhinein planen. Dennoch gibt es viele Hilfen, die Ihnen den Umgang mit ungewohnten Situationen erleichtern. Der erste Teil dieses Buches soll Ihnen einen differenzierten Überblick über die zahlreichen Aspekte bieten, die es bei der durchdachten Planung eines EDV-Kurses zu beachten gilt.

Modul 1

Fachwissen

Lernen Sie

- Ihr Computerwissen einzuordnen
- Ihr Wissen für den Kurs zu nutzen
- Ihr Wissen zum Kurs optimal zu ergänzen

Herzlich willkommen zu diesem Buch. Wir gehen davon aus, dass Sie schon eine Menge an Computerwissen angehäuft haben und nun Ihnen die Aufgabe zufällt, dieses Wissen weiter zu vermitteln. Dieses Buch soll Ihnen dabei Hilfestellungen und Anregungen vermitteln. Doch ohne Ihr spezielles Fachwissen wird dies kaum gelingen. Deswegen soll zu Beginn Ihrem Fachwissen unsere Aufmerksamkeit gelten.

1.1 Ihr Fachwissen

Bevor Sie sich zur Leitung eines EDV-Kurses entschlossen haben, zeichneten Sie sich dadurch aus, dass Sie die zu unterrichtende Thematik selbst beherrschen. Sie haben sich selbst mit dem Programm vertraut gemacht und sind womöglich über einen längeren Zeitraum erfolgreich mit ihm umgegangen und kennen das Programm in weiten Bereichen. Zudem ist Ihnen der Umgang mit dem Betriebssystem geläufig, Sie haben die Installation selbst durchgeführt und kennen die notwendige Hardware mindestens in groben Zügen. Dies sind für einen Kurs die Grundvoraussetzung, um erfolgreich die Inhalte vermitteln zu können. Dass neben dem Fachwissen ein Fülle an zusätzlichen Anforderungen auf Sie zukommen, muss Ihnen klar sein. Sie hätten sonst dieses Buch nicht erworben. Doch auch das reine Fachwissen bedarf einer näheren Betrachtung.

1.2 Das notwendige Wissen

Für den Kurs müssen Sie neben den geplanten Kursinhalten noch weitere Wissensgebiete rund um das Thema abdecken können. Das liegt einerseits daran, dass unerwartete Teilnehmerfragen auf Sie zukommen können, andererseits können abstürzende Rechner, Fehlbedienungen, Hardwareprobleme zusätzliches Know-how von Ihnen erfordern. Sie können sich diese Situation wie folgt vorstellen:

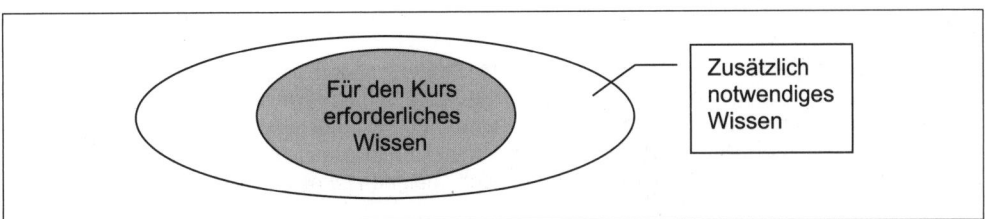

Sind Sie entsprechend vorbereitet und versiert im Umgang mit dem zu unterrichtenden Programm, so gibt Ihnen das zu einem guten Teil Sicherheit. Allerdings kann selbst die beste Vorbereitung auftauchende Fragen und Probleme, die Sie nicht sofort beantworten können, nicht verhindern.

> **Hinweis** Es wird Ihnen irgendwann einmal passieren, dass Sie auf eine Frage oder ein Problem keine Antwort wissen. Versuchen Sie nicht, das Nichtwissen durch hilflose Ausreden zu kaschieren. Stehen Sie dazu und verweisen Sie darauf, sich um die Lösung zu kümmern. Gegebenenfalls informieren Sie die Teilnehmer am nächsten Tag oder per E-Mail über die Lösung.

Neben dem Wissen um das Programm sollten Sie sich auch über die Situation im Schulungsraum informieren. Typische Punkte sind:

- Wie sind die Geräte vernetzt und welche Netzwerksoftware arbeitet im Hintergrund?
- Ist eine Internetanbindung vorhanden?
- Welche weiteren Programme sind verfügbar?
- Wohin sollen die Teilnehmer ihre Daten speichern?

Die genauen Kenntnisse über die Installation hilft bei späteren Problemen oder Rückfragen.

1.3 Kenntnisse über ähnliche Produkte

Unterrichten Sie ein Produkt, kann es immer wieder vorkommen, dass Sie nach Eigenschaften oder Funktionen bei Konkurrenzprodukten gefragt werden. Hier ist es zweifellos hilfreich, wenn Ihnen diese in groben Zügen bekannt sind. Möchten Sie beispielsweise eine Notes-Schulung halten, so könnten die Teilnehmer fragen, wie sich denn Outlook von Notes unterscheidet. Nicht alle ähnlichen Produkte werden Ihnen geläufig sein, jedoch sollten Sie die wichtigsten Programme in groben Zügen von ihrem Leistungsumfang her kennen.

1.4 Programmwissen und Kurswissen

Ist denn da ein Unterschied? – werden Sie fragen. Nun, dazu müssen Sie sich vor Augen halten, dass Ihr Wissen um die zu unterrichtende Materie geprägt ist von Ihren eigenen Vorlieben und den schon von Ihnen bewältigten Aufgaben.

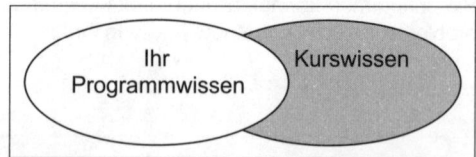

So haben Sie beispielsweise große Erfahrungen im Umgang mit Word beim Erstellen von Makroabläufen oder Formulargestaltung. Der Umgang mit der Serienbrieffunktion ist Ihnen aber fremd, da Sie mit dieser Funktion bislang noch nie gearbeitet haben. Ihre Kursteilnehmer benötigen aber genau diese Funktion für ihren Büroalltag. Die Serienbrieffunktion soll deshalb einen wichtigen Teil Ihres Kurses darstellen, den Sie sich allerdings vorher noch aneignen müssen.

Zum Erwerb des fehlenden Wissens helfen Ihnen natürlich die zahlreichen EDV-Bücher auf dem Markt. So sind Lücken schnell geschlossen, gleichzeitig vermitteln Ihnen diese Bücher eine Vorstellung vom Vorgehen bei der Vermittlung der Inhalte des Programms. Dies ist für Sie schon eine erste Hilfe bei der Gestaltung Ihres Kurses. Dazu ist es durchaus hilfreich, wenn die Vorgehensweise im Buch schlecht ist. Sie haben dann die Möglichkeit, nach einem besseren Weg zu suchen.

Neben der Wissenserweiterung gehört an diese Stelle auch die Überlegung, welche Inhalte überhaupt für die Teilnehmer von Interesse sind und in welcher Reihenfolge die Inhalte präsentiert werden. Hinzu kommt die Überlegung nach den Beispielen, die Sie einerseits direkt am Computer durchprobieren und sicherheitshalber für den Kurs auf Diskette abspeichern sollten. Im Notfall greifen Sie auf die vorhandene Datei zurück. Für diesen Teil der Planung haben sich MindMaps bewährt. Sie bieten Raum für Ergänzungen und Erweiterungen und geben dem Kurs von Haus aus eine Struktur mit auf den Weg.

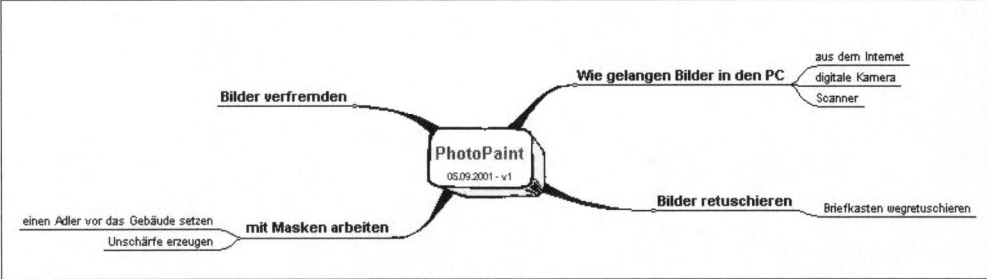

Neben diesen Gedanken finden hier auch schon die ersten Überlegungen Raum, welche Vorgehensweise sich durch die Beispiele anbieten und welche Dateien die Teilnehmer elektronisch mitbekommen und welche selbst im Kursverlauf zu erstellen sind.

Zusammenfassung

- ✓ Ordnen Sie Ihr Wissen um das zu schulende Programm und jenes über ähnliche Produkte richtig ein.

- ✓ Entspricht Ihr Wissensstand den im Kurs zu erwartenden Ansprüchen?

- ✓ Welche Beispiele eigenen sich für das Vorgehen im Kurs?

- ✓ Nutzen Sie die eigene Trainingsphase für Kursplanungsüberlegungen.

Modul 2

Der Schulungsraum und Örtlichkeiten

Dreh- und Angelpunkt einer Schulung ist der Computerraum. Er setzt mit seiner Anordnung und Atmosphäre einen gewichtigen Akzent für Ihre Schulung. In der Regel haben Sie keinen Einfluss auf die Ausstattung und Anordnung des Raums, müssen aber im Vorfeld seine Eigenarten und den Einfluss auf den Kursverlauf abschätzen und in Ihrer Planung berücksichtigen.

> **Lernen Sie**
> - unterschiedliche Räume in ihrem Einfluss auf einen Kurs kennen
> - die Vor- und Nachteile unterschiedlicher Räume einzuschätzen
> - wie Sie den Kursverlauf an die Raumsituation anpassen
> - einen Blick für die Gestaltung des Computerraums zu entwickeln
> - Computerräume und ihre pädagogischen Auswirkungen kennen
> - die Raumaufteilung für Ihre Kursplanung zu nutzen

2.1 Der Schulungsraum und die Schulungsörtlichkeit

Neben den Computern selbst haben Mobiliar und Anordnung der Computer Einfluss auf Ihren Kurs.

Planen Sie nach den jeweiligen Gegebenheiten Ihren Kurs, denn es handelt sich dabei um die unveränderbaren Größen in Ihrem Unterricht. Je häufiger Sie in einem Raum mit ähnlicher Aufteilung unterrichten, umso eher werden Sie mit seinen Gegebenheiten fertig und können Ihren Unterricht intuitiv darauf ausrichten.

Sie benötigen auch Informationen zum Schulungshaus, wie zum Beispiel:

- Gibt es eine Kantine oder empfehlenswerte Gaststätten in erreichbarer Nähe?
- Gibt es eine Cafeteria oder einen Getränkeautomaten?
- Wo erreiche ich Fachpersonal bei Defekten, wie beispielsweise einer defekten Beamerlampe?
- Gibt es eine Hausmeisterei bei technischen Störungen?
- Wo ist das nächste Telefon?
- Wo befinden sich die Toiletten?

Mit diesem Wissen begegnen Sie den häufigsten Fragen Ihrer Teilnehmer und zeichnen sich neben Ihrem Fachwissen als kompetenter und ortskundiger Kursleiter aus.

Dennoch muss Ihr Hauptaugenmerk auf dem Computerraum selbst liegen, denn dieser hat besonderen Einfluss auf Ihren Kurs. Wenden wir uns diesem Themenkomplex zu.

2.2 Gestaltung und Softwarevorbereitung

Vor dem Start

Betreten Sie vor Kursbeginn den Computerraum und werfen einen Blick in die Runde. Checken Sie dabei ab:

- Ist der Raum gelüftet?
- Stehen die Stühle ordentlich?
- Liegen Headset, Maus und Tastatur einigermaßen ordentlich da?
- Stehen die notwendigen Materialien wie Pinwände, Stifte oder Flipchart bereit?
- Ist das Beamerbild gut sichtbar oder muss verdunkelt werden?

Oft sind es nur Kleinigkeiten, die einen Computerraum wenig attraktiv erscheinen lassen.

Hier sieht man die typische Situation in einem Computerraum, nachdem der Raum verlassen wurde. Neben der Unordnung aus Stühlen, Maus, Headsets und Tastatur muss dringend gelüftet werden.

Nach etwa zwei weiteren Minuten sieht der Raum viel einladender aus.

Unterrichten Sie mehrmals in ein und demselben Computerraum, dann vereinbaren Sie mit dem Betreiber, wie Sie den Computerraum erwarten. Der Betreiber muss dafür sorgen, dass Sie den Computerraum so vorfinden, dass Sie sofort mit dem Kurs beginnen können.

Die Software

Manche Software bedarf vor der Verwendung in einem Kurs einer kritischen Reflexion. Sind alle Einstellungen teilnehmergemäß? Gibt es Klippen und Kanten, die sich mit wenigen Handgriffen entfernen lassen?

Icons auf den Desktop

Besonders für Anfänger oder bei vielen Programmen ist es sinnvoll, das zu startende Programm auf den Desktop zu legen. Die Teilnehmer sehen sofort, welches Programm gestartet werden soll, lästiges Durchklicken durch das Startmenü entfällt.

Deutlich sichtbare Menübefehle

Immer mehr der neueren Programme passen sich den Microsoft-Vorgaben mit Menübefehlen an, die immer nur die zuletzt aufgerufenen Menübefehle anzeigen. Gerade für Teilnehmer, die noch nicht häufig mit einem Programm gearbeitet habe, ist es sehr verwirrend, wenn Sie einen Menübefehl angeben und der Teilnehmer findet diesen Befehl nicht sofort in seinem Menü, nur weil er weggeklappt ist. Testen Sie selbst, wenn Sie im nebenstehenden Beispiel den Menüpunkt Klein- und Großschreibung suchen:

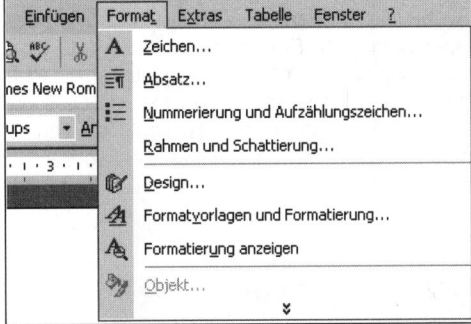

Im ausgeklappten Menü sehen Sie den Punkt sofort:

Achten Sie bei der Installation darauf, dass im Menü *Anpassen / Optionen* die richtige Anzeigeeinstellung getätigt ist.

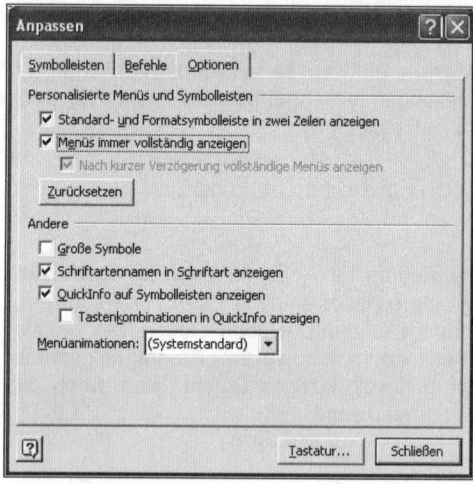

Richtig gelegte Pfade

Sollen die Teilnehmer sich beim Laden oder Speichern von Dokumenten nicht auf dem Schulungssystem verlaufen, passt man die Pfade vorher an die Gegebenheiten an. Dies gilt auch für Hilfsprogramme oder Tools, die von einem anderen Programm aufgerufen werden.

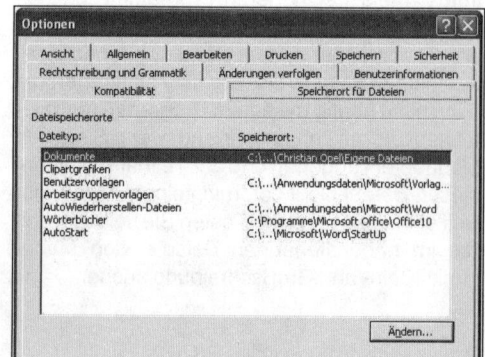

2.3 Vom Schulungsraum gesetzte Rahmenbedingungen

Der Frontalraum

In diesem Computerraum ist der Blick aller Teilnehmer nach vorn gerichtet. Die Computer und Monitore sind so aufgestellt, dass sie von Ihnen als Kursleiter bei Vortragsblöcken nicht eingesehen werden können. Diese Anordnung bietet sich besonders bei quadratischen Räumen oder bei Räumen an, die zur Projektionsrichtung eher breiter als lang sind.

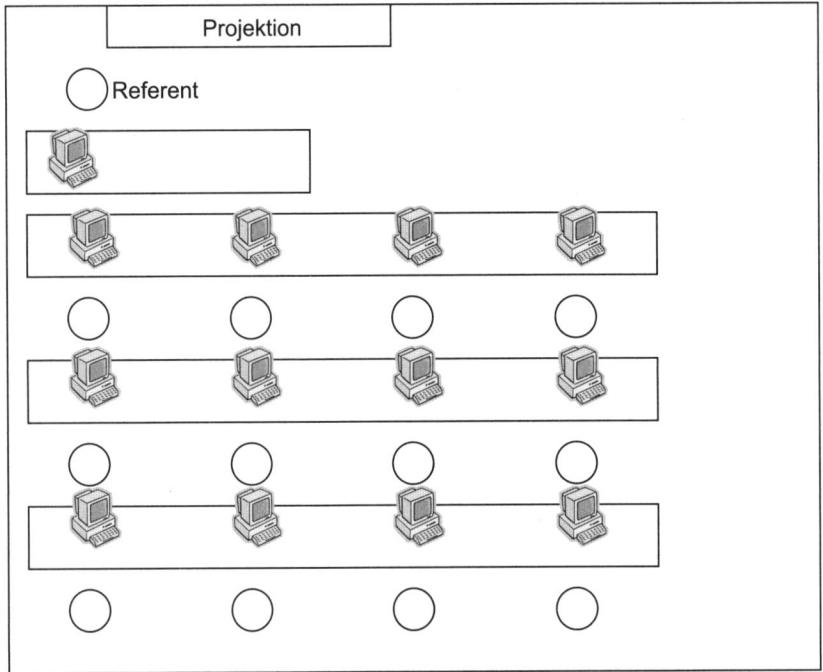

Positiv bei dieser Anordnung

- Die Teilnehmer haben gute Sicht zur Projektion oder zu Ihnen, wenn sie auf ihren Stühlen neben den blickversperrenden Monitor zur Seite rollen.
- Wenn Sie bei lang andauernden Arbeitsphasen hinten im Raum stehen, haben Sie alle Monitore im Blick.

Nachteile dieser Anordnung

- Bei Vortragsphasen, bei denen Sie an Ihrem eigenen PC stehen, können Sie nicht sehen, was die Teilnehmer an ihren PCs machen.
- Hat ein Teilnehmer Probleme, müssen Sie unter Umständen weite Wege zurücklegen, um ihm vor Ort helfen zu können.

Die U-Anordnung

Bei dieser Anordnung bilden die PC-Tische die Form eines U. Die Teilnehmer müssen sich bei Vortragsphasen etwas zur Projektion nach vorn drehen. Längliche Räume bieten sich für diese Anordnung an. Gegen diese Anordnung spricht der relativ hohe Platzbedarf, da der Raum in der Mitte nicht genutzt wird.

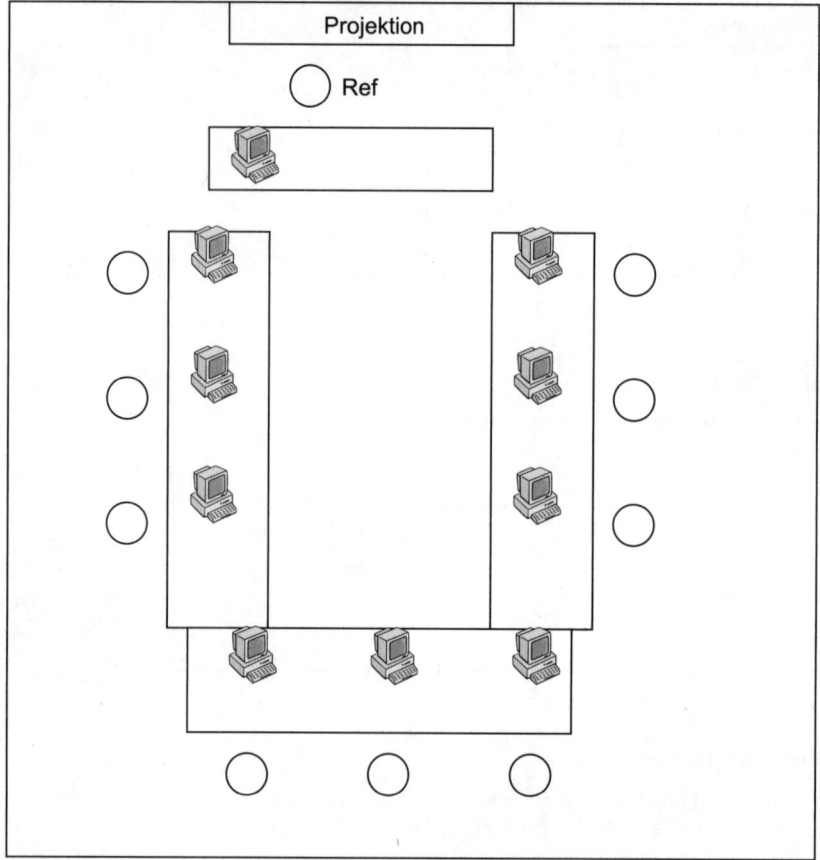

Positiv bei dieser Anordnung

- Die Teilnehmer haben nach leichtem Drehen ihrer Stühle gute Sicht zur Projektion oder zu Ihnen.
- Stehen Sie bei Arbeitsphasen hinten im Raum, haben Sie bis zu zwei Tischreihen mit den entsprechenden Monitoren im Blickfeld.
- Bei Gruppendiskussionen sehen sich die Teilnehmer gut gegenseitig.
- Bei auftretenden Problemen sind Sie (Ausnahme bildet die hinterste Reihe) verhältnismäßig schnell bei den Teilnehmern.

Nachteile dieser Anordnung

- Bei Vortragsphasen, die Sie an Ihrem eigenen PC durchführen, können Sie nicht sehen, was die Teilnehmer an ihrem PC machen.
- Hat ein Teilnehmer in der hinteren Reihe Probleme, müssen Sie unter Umständen weite Wege gehen.

Die Außenform

Ganz ähnlich der U-Form-Anordnung des letzten Beispiels ist die Außenform, bei der eigentlich nur die Geräte umgekehrt auf den Tischen stehen und die Teilnehmer innen sitzen. Aus Gründen der Sicht würde man allerdings auf die hintere Tischreihe verzichten. Diese Anordnung eignet sich vor allem für Räume mit einer sehr länglichen Geometrie:

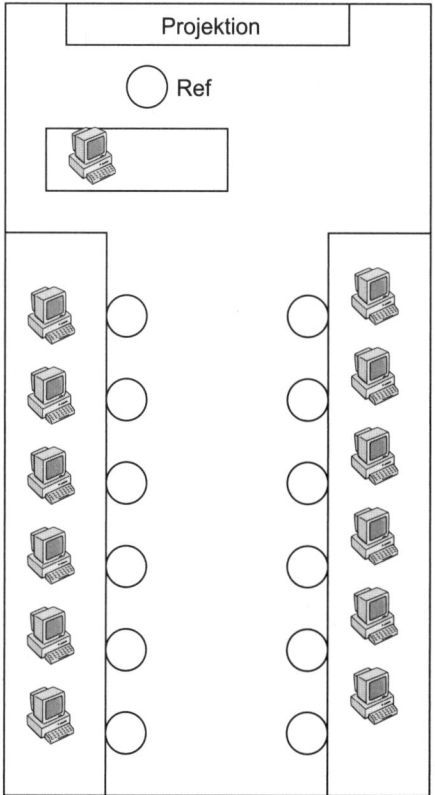

Diese Form kann eine positive Variation dadurch erhalten, dass ein Tisch im Inneren die Teilnehmer bei Vortragsphasen zusammenholt. Die Teilnehmer rollen auf den Drehstühlen nach innen, folgen dem Vortrag und rollen bei Arbeitsphasen zurück zu ihrem PC.

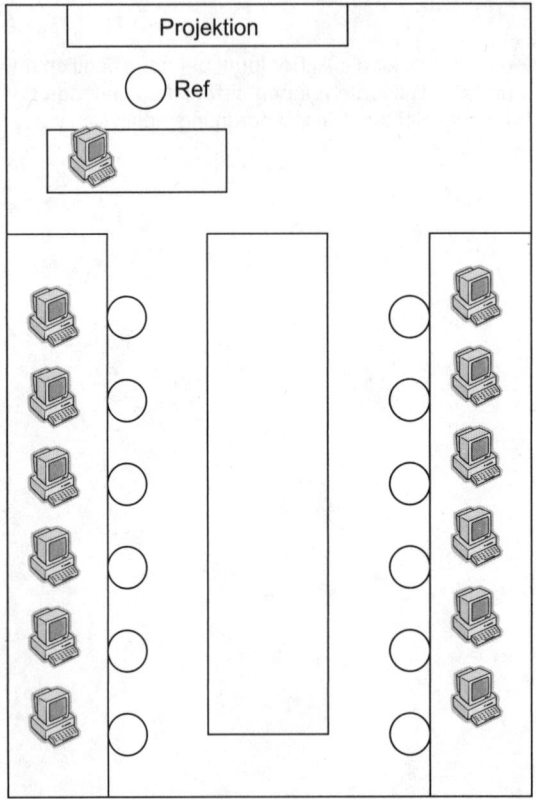

Positiv bei dieser Anordnung

- Bei auftretenden Problemen sind sie schnell bei den Teilnehmern.
- Sie haben alle Monitore gut im Blick.
- Ökonomische Ausnutzung eines schmalen Raums.

Nachteile dieser Anordnung

- Teilnehmer auf den hinteren Plätzen haben schlechte Sicht zu Ihnen und der Projektionsfläche.
- Bei Vorträgen müssen die Teilnehmer unter Umständen auf ihren Rollstühlen nach vorn rollen, um die Projektionsfläche besser sehen zu können.

Die Lerninselform

Diese Form entspricht vor allem moderneren Forderungen nach Team- und Gruppenarbeit. Die Computertische sind zu Tischkreisen zusammengestellt und ermöglichen das Gespräch und Arbeitsphasen in der Gruppe.

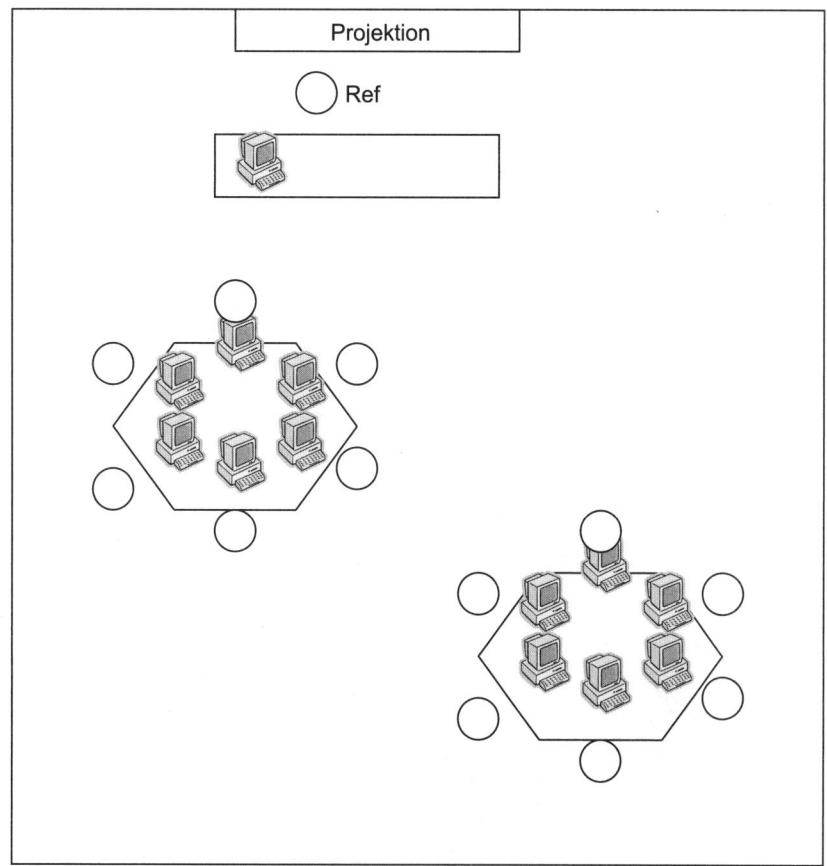

Positiv bei dieser Anordnung

- Teamarbeit wird unterstützt.
- Der Computerraum wirkt aufgelockert.
- Leichte Erreichbarkeit der Teilnehmer-PCs bei Problemen.
- Bei Vorträgen haben Sie einige PCs der Teilnehmer im Blick.

Nachteile dieser Anordnung

- Je nach Platz besteht eine schlechte Sicht zur Projektionswand; bei Vorträgen müssen die Teilnehmer auf ihren Dreh- und Rollstühlen in einen freien Bereich des Raums mit guter Sicht rollen.
- Die Anordnung verführt die Teilnehmer zum Reden, auch bei Vortragsteilen, was durchaus für Sie als Trainer störend sein kann.

Mischformen

Neben diesen Anordnungen sind zahlreiche Mischformen denkbar, die unter Umständen die jeweiligen Vor- und Nachteile miteinander verbinden oder ausmerzen.

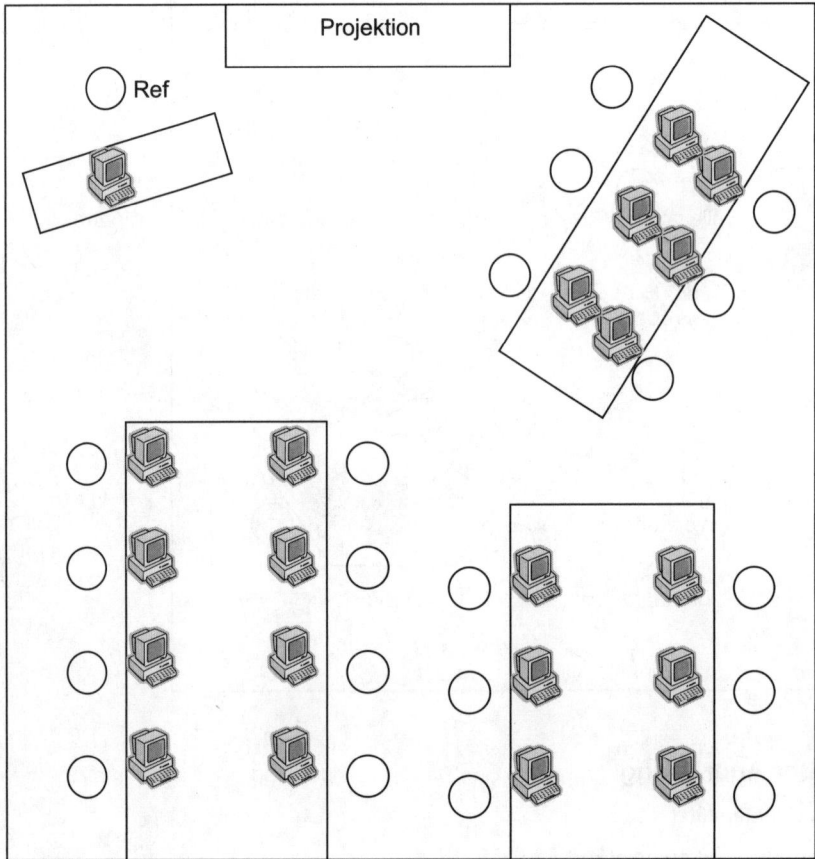

Positiv bei dieser Anordnung

- Von vielen Plätzen gute Sicht.
- Teamaufgaben und Einzelarbeit werden gut unterstützt.
- Gute Erreichbarkeit der Teilnehmer bei Problemen.
- Der vorhandene Platz wird sehr ökonomisch ausgenutzt.

Nachteile dieser Anordnung

- Schlechte Sicht am vorderen Tisch.
- Wenn die Teilnehmer hereinkommen oder hinausgehen, werden die Gehbereiche eng.
- Eine gute Lüftung sollte die Enge des Raums kompensieren.

Hinweis: Verwenden Sie in Ihrem Kurs Software, die auf einer Soundunterstützung beruht, muss der Computerraum auch diesen Anforderungen gerecht werden. Um Überlagerungen und Störungen zu vermeiden, sollte der Sound aus Kopfhörern/Headsets kommen. Planen Sie Teamarbeiten, so sollten sogar zwei Kopfhörersets vorgesehen sein.

Zusammenfassung

- Besorgen Sie sich alle notwendigen Informationen zu Ihrem Schulungsraum im Vorfeld.

- Sollten Sie selbst an der Planung eines Schulungsraums beteiligt werden, dann verwenden Sie die Informationen als Planungshilfe.

- Entwickeln Sie einen Blick für das Betreten Ihres Schulungsraums und sorgen Sie durch ein paar wenige Handgriffe für ein einladendes Erscheinungsbild.

- Vereinbaren Sie gegebenenfalls mit dem Betreiber des Schulungsraums, wie Sie den Raum zu Kursbeginn erwarten.

- Welche Computerraumanordnung erwartet mich als Referent?

- Wie stimme ich mein Vorgehen auf die Raumsituation ab?

- Welches unterrichtliche Vorgehen wird durch den Raum unterstützt und kann ich ausweiten, welche Arbeitsformen werden durch den Raum behindert und damit besser in ihrem Umfang gekürzt?

Modul 3

Kosten einer Schulung

> **Lernen Sie**
>
> - die Kosten Ihrer Schulung und
> - Ihre Honorarerwartungen einzuschätzen

EDV-Schulungen sind teuer. Damit Sie eine Preisvorstellung auch von Ihrem eigenen zu erwartenden Honorar bekommen, möchten wir Ihnen einige Hilfestellungen geben. Diese Ausführungen sollen Ihnen helfen, Ihren eigenen Marktwert und den Ihrer Schulung besser einschätzen zu können.

3.1 Die Kostenfrage

Die Kosten einer Schulung hängen zum einen von Ihrem Können und Ihrem Wissensstand ab, zum anderen von Ort und Art der Schulung. Nicht zuletzt ist die Länge des Projekts entscheidend.

Fangen wir zunächst mit Ihrem Können und Ihrem Wissensstand an. Für eine SAP-Schulung können Sie beispielsweise ein höheres Honorar verlangen als für einen MS Office-Kurs. Ihre Berufserfahrung spielt ebenfalls eine Rolle, sprich wie lange Sie bereits im Schulungsgeschäft tätig sind. Je länger Sie bereits Schulungen geben, desto höher kann Ihr Tagessatz ausfallen.

Genauso wichtig wie Ihr Können und Ihr Wissensstand für die Vereinbarung des Honorars, ist die Länge des Projekts. Wenn es sich nur um einen Schulungstag handelt, für den Sie von einer Firma beauftragt werden, kann Ihr Tagessatz höher ausfallen, als wenn Sie beispielsweise für mehrere Wochen für Ihre Tätigkeit eingekauft werden sollen. Die Länge eines Projekts entscheidet also auch über den Tagessatz. Haben Sie die Möglichkeit, über einen längeren Zeitraum, z.B. 2 Monate, für einen Auftraggeber zu arbeiten, und dies täglich, so wird Ihr Auftraggeber u.U. einen geringeren Tagessatz mit Ihnen vereinbaren wollen. Gerade wenn man am Anfang der eigenen Selbständigkeit steht, sich erst einen Namen machen möchte, sind längerfristige Projekte Gold wert. Sie haben erst mal ein geregeltes Einkommen. Bei längerfristigen Projekten kann es somit zu geringeren Tagessätzen kommen, als wenn Sie beispielsweise nur einen Schulungstag mit einem Auftraggeber vereinbaren.

Stehen Sie noch in der Anfangsphase Ihres Schulungsgeschäftes, sollten Sie nicht dem Dilemma verfallen, mit so genannten „Dumpingpreisen" Ihre Konkurrenz zu unterbieten. Haben Sie einmal einen niedrigen Tagessatz mit einer Firma vereinbart, so möchte diese Sie natürlich auch in Zukunft zu den günstigen Honoraren einkaufen können. Versuchen Sie Ihr Können von Anfang an für den Tagessatz zu verkaufen, den Sie als realistisch einschätzen und für den Sie auch arbeiten möchten. Im Nachhinein kann es u.U. schwer sein, einen höheren Tagessatz auszuhandeln.

> **Hinweis**
>
> Wenn Sie von Ihrem Auftraggeber nach einem Honorarpreis gefragt werden und Sie unsicher sind, was Sie verlangen können, gibt es im Internet Informationen zu Tagessätzen. Eine Internetadresse ist beispielsweise *http://www.gulp.de*, die Ihnen diesbezüglich hilft. Geben Sie einfach Ihre Berufserfahrung ein, die Dauer des Projekts, die Region, in der die Schulung stattfinden soll, und das Computerprogramm errechnet Ihnen daraufhin die möglichen Honorarbeträge. Vergessen Sie nicht, die 16% Mehrwertsteuer geltend zu machen, die Sie als Selbständiger dem Finanzamt abtreten müssen.

Sie sollten allerdings nicht nur einen Tagessatz verhandeln auf der Basis von 8 Stunden, sondern auch eine Regelung für die Überstunden finden. Sinnvoll wäre die Vereinbarung von 8 Stunden zzgl. eines Betrages von X Euro für jede anfallende Überstunde. Manche Auftraggeber versuchen in ihren Verträgen, die Überstunden mit dem Tagessatz abzugelten, andere wiederum möchten Sie nach den jeweils anfallenden Stunden bezahlen. Im letzteren Fall kann es dazu kommen, dass Sie zu einem Einsatzort gerufen werden, der Kurs aber kurzfristig ausfällt. Sie haben sich den ganzen Tag für die Schulung freigehalten, können Ihre Schulung jedoch nicht durchführen. Werden Sie nach einem Stundensatz pro anfallender Stunden bezahlt, fahren Sie unverrichteter Dinge mit kaum Einnahmen nach Hause.

> **Hinweis**
>
> Lesen Sie sich den Vertrag von Ihrem Auftraggeber gut durch. Achten Sie auch auf Stornierungsfristen. Sowohl Sie als auch der Auftraggeber sollten das Recht haben, innerhalb von einem bestimmten Zeitrahmen vom vereinbarten Vertrag zurückzutreten. Wird die Frist allerdings nicht eingehalten, sollten Stornierungsgebühren erhoben werden. Gerade in der Wirtschaft kommt es häufiger vor, dass Schulungen aus terminlichen Gründen verschoben oder abgesagt werden müssen. Sichern Sie sich im Vorfeld für solche Fälle ab. Ansonsten haben Sie bei kurzfristigen Stornierungen ohne derartige Vereinbarungen keine Einnahmen.

Bei Schulungsaufträgen kann es nicht nur zum Verhandeln eines Tagessatzes kommen, sondern es können noch andere Posten hinzukommen, beispielsweise Fahrtkosten, Tagesspesen, Schulungsunterlagen, Schulungsraum, usw.

Vergewissern Sie sich von Anfang an, an welchem Ort die Schulung stattfinden soll. Wird die Schulung in einem Umkreis von ca. 50 km von Ihrem Büro oder Heimatort stattfinden, so wäre es kleinlich, wenn Sie hier Ihrem Auftraggeber Anfahrtskosten und -zeit in Rechnung stellen würden. Bei längeren Strecken ist dies allerdings durchaus sinnvoll. Stellen Sie sich vor, Sie werden zu einem Einsatzort ca. 5 Stunden von Ihrem Büroort berufen. Sie müssen einen Tag vorher anreisen, es sei denn, Sie möchten bereits mitten in der Nacht aufbrechen. Die gleiche Zeit für die Hinfahrt müssen Sie auch für die Rückfahrt einkalkulieren. Versuchen Sie mit Ihrem Auftraggeber auszuhandeln, dass zumindest ein Teil der Fahrtstrecke, wenn nicht sogar die ganze von Ihnen in Rechnung gestellt werden kann. Eine andere Möglichkeit wäre, einen höheren Tagessatz zu verhandeln, der die Hin- und Rückreise bereits beinhaltet. Das kommt ganz auf den Auftraggeber und Ihr Verhandlungsgeschick an.

In der Regel werden Fahrtkosten sowie Übernachtungskosten vom Auftraggeber bezahlt. Lesen Sie sich aber Ihren Vertrag vorher gut durch und prüfen Sie, ob diese Posten wirklich übernommen werden. Oder fragen Sie nach, ob der Auftraggeber Ihnen im Vorfeld ein Bahn- oder Zugticket ausstellt und Ihnen zuschickt. Schwieriger wird es bei Hotelkosten. In der Regel muss der Gast die Hotelrechnung selbst begleichen, Rechnungen werden nur in Ausnahmefällen an eine Firma verschickt.

Hinweis: Prüfen Sie Ihren Vertrag dahingehend, ob die Fahrt- und Übernachtungskosten vom Auftraggeber übernommen werden.

Achten Sie darauf, von wem die Schulungsunterlagen zur Verfügung gestellt werden. Die Qualität der Schulungsunterlagen spielt bei jeder Schulung eine wichtige Rolle (siehe Modul „Beschaffung von Kursmaterial"). In der Regel übernimmt der Auftraggeber die Bereitstellung der Unterlagen. Verlassen Sie sich allerdings nicht darauf. Auch der Posten der Bereitstellung von Schulungsunterlagen sollte vertraglich geregelt sein. Nicht, dass Sie am Tag der Schulung ohne Unterlagen vor Ihren Teilnehmern stehen. Denn diese gehen in der Regel davon aus, Schulungsunterlagen zum Nacharbeiten mit nach Hause zu bekommen. Ist dies nicht der Fall, kann dies zu Verärgerungen seitens der Teilnehmer und somit zu einer bereits angespannten Stimmung am Schulungsbeginn kommen. Achten Sie auch auf eine Trainerunterlage. Diese sollte identisch mit dem Teilnehmerexemplar sein. Ansonsten führt es zu viel Verwirrung, wenn Sie eine andere Ausgabe als Ihre Teilnehmer haben. Es wirkt schlecht, wenn Sie einem Teilnehmer sein Exemplar während der Schulung wegnehmen müssen, um auf dem gleichen Unterlagen-Stand zu sein. Achten Sie im Vorfeld darauf, solche Peinlichkeiten zu vermeiden.

Hinweis: Lesen Sie sich den Vertrag vor der Unterzeichnung gut durch und vertreten Sie Ihre Position. Bei Detailfragen, wie z.B. Kündigungsfristen usw., scheuen Sie sich nicht, Ihren Rechtsanwalt zu befragen. Je mehr Sie im Vorfeld geklärt haben, desto weniger Ärger haben Sie im Nachhinein.

Zusammenfassung

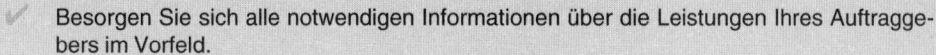
✓ Besorgen Sie sich alle notwendigen Informationen über die Leistungen Ihres Auftraggebers im Vorfeld.

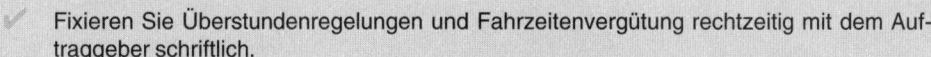
✓ Fixieren Sie Überstundenregelungen und Fahrzeitenvergütung rechtzeitig mit dem Auftraggeber schriftlich.

Modul 4

Art der Schulung

Neben dem Computerraum spielt die Art der Schulung eine weitere entscheidende Rolle in Ihrer Vorbereitungsphase. In diesem Modul legen wir unser Augenmerk auf die unterschiedlichen Schulungsmöglichkeiten und wollen auch hier die entsprechenden Anmerkungen für die Vorbereitungsphase geben.

> **Lernen Sie**
>
> - unterschiedliche Schulungsmöglichkeiten kennen
> - die unterschiedlichen Schulungsmöglichkeiten in Ihrer Planung zu berücksichtigen

4.1 Klassenraumschulung

Haben Sie Einfluss auf die Gestaltung des Schulungsraumes, so sollten darauf achten, maximal 12 Teilnehmer-PCs und einen Trainer PC im Schulungsraum aufstellen zu lassen. Sorgen Sie dafür, jeweils einem Teilnehmer einen PC zur Verfügung zu stellen. Sie sollten sich nicht auf einen Kompromiss einlassen, dass zwei Teilnehmer an einem PC arbeiten. Es sei denn, es ist organisatorisch nicht anders zu regeln oder es ist eine Schulung mit betonter Partnerarbeit, bei der der Umgang mit dem PC in den Hintergrund rückt. Ein Teilnehmer sollte aber in aller Regel allein vor seinem PC sitzen, da dies nicht nur den Lernerfolg, sondern auch die Motivation des Teilnehmers fördert. Reines Zusehen ist auf die Dauer ermüdend und lässt die Lust am Lernen sinken.

Alle Teilnehmer sollten gute Sicht zu dem von Ihnen auf der Leinwand abgebildeten PC-Bildschirm haben und Sie auch persönlich gut sehen können. Sollten Sie den Raum anders als erwartet vorfinden, also Teilnehmern die Sicht durch im Raum stehende Säulen verbaut sein, nehmen Sie sich die Zeit zum Umbau. Auch wenn es etwas Zeit kostet, den Raum umzugestalten, es ist sinnvoll investierte Zeit. Die Teilnehmer brauchen gute Sicht, um zu sehen, was Sie an Ihrem PC vorführen. Können Sie nicht gut sehen, müssen Sie unter Umständen Vorgänge mehrmals zeigen. Nicht nur bei Ihnen löst dies Frustration aus – „alles muss mehrmals gezeigt werden" – auch die Teilnehmer können genervt sein.

Es empfiehlt sich, den Teilnehmern die zu lernenden Arbeitsschritte zuerst vorzuführen. Die Teilnehmer sollten in dieser Zeit von ihrem eigenen Monitor hochsehen und dem folgen, was Sie gerade zeigen. Versuchen Sie Ihre Teilnehmer an diese Vorgehensweise zu gewöhnen, denn auf die Dauer wird Ihnen so das Arbeiten im Kurs leichter fallen. Sie müssen die Lernschritte nicht mehrmals zeigen, denn alle Teilnehmer sehen bereits beim ersten Vorführen zu. Die Teilnehmer können im Anschluss an Ihre Vorführungsphase erproben, ob Sie alles richtig gesehen und verstanden haben. Sehen Ihre Teilnehmer allerdings bei der ersten Demonstration nicht zu, sondern versuchen gleich die Schritte mit Ihnen gemeinsam nachzuvollziehen, kann es passieren, dass einige Teilnehmer „abgehängt" werden. Sie kommen als Referent in den Konflikt, ob Sie mit Ihren Arbeitsschritten zunächst fortfahren oder sich um den in den Arbeitsschritten verloren gegangen Teilnehmer kümmern sollten. Versuchen Sie derartige Situationen zu vermeiden, in dem Sie eine klare Struktur für Ihre Teilnehmer aufbauen. Erst werden die zu erlernenden Arbeitsschritte von Ihnen gezeigt, im Anschluss daran können die Teilnehmer sich selbst erproben. Gibt es anschließend noch Fragen können Arbeitsschritte erneut – entweder einem Teilnehmer allein oder der gesamten Gruppe – gezeigt werden.

> **Hinweis:** Achten Sie auf gemeinsame Lernsituationen, bei denen alle Teilnehmer den Lernstoff bis zum Ende Ihres Vortrages erleben und sich nicht bereits in dieser Phase ihrem eigenen Computer zuwenden, um die ersten Lernschritte nach zu machen.

Sie sollten die Arbeitsschritte allerdings nicht nur Ihren Teilnehmern auf der Projektionsfläche zeigen. Es ist hilfreich jeden Schritt deutlich zu sagen. Menschen lernen unterschiedlich. Je mehr Vermittlungskanäle angesprochen werden desto besser. Die Entfernung zur Leinwand mag unter Umständen für einige Teilnehmer zu weit weg zu sein, so dass sie den kleinen Mauszeiger oder die Menüleisten nicht deutlich sehen können. Wenn Sie Ihre Arbeitsschritte akustisch verdeutlichen, hilft dies Ihren Teilnehmern. Sie können Ihnen besser folgen.

> **Hinweis:** Achten Sie auf mehrkanaliges Lernen. Die Ansprache verschiedener Lernkanäle erhöht den Lernerfolg

4.2 Schulung am Arbeitsplatz

In der Regel finden Schulungen am Arbeitsplatz mit nur einem Teilnehmer statt. Allerdings kommt es häufig vor, dass zwei Teilnehmer (z. B. ein Vorgesetzter und seine Sekretärin) geschult werden. Die Teilnehmerzahl sollte zwei nicht überschreiten. Achten Sie darauf, dass jedem Teilnehmer ein PC zur Verfügung gestellt wird. Wie bei regulären Schulungen im Klassenraum nimmt Lernmotivation und -erfolg ab, wenn nicht jeder Teilnehmer das Erlernte selbst an einem PC ausprobieren kann. Sollten mehr als zwei Personen geschult werden und sollte die Schulung nicht in einem Klassenraum stattfinden, versuchen Sie aus einem Schulungstag zwei zu machen. Das wird sich für Sie selbst lohnen (nicht nur im Hinblick auf das Finanzielle, sondern auch auf Ihre Nerven) und vor allem auch für die Teilnehmer, die mehr Wissen mit nach Hause nehmen können.

Bei Schulungen am Arbeitsplatz brauchen Sie mehr Geduld mit dem Teilnehmer. Die zu schulende Person ist noch in ihrem Umfeld, ist demzufolge für alle noch ansprechbar (Telefon, bekannter Büroraum). Je nachdem, wen Sie schulen, kann es verstärkt zu Störungen kommen. Ein wichtiges Telefonat muss beantwortet werden, die Sekretärin braucht eine Unterschrift oder Information. Die Schulung kann noch durch weitere Faktoren gestört werden. Ein erneutes Einsetzen in das zu vermittelnde Thema ist ständig gegeben. Genau hier sind Sie gefordert. Sie müssen trotz Störungen abschätzen, bei welchen Inhalten Sie fortfahren möchten. Hat Ihr Schulungsteilnehmer noch die bereits von Ihnen gezeigten Schritte im Kopf oder ist er durch die Störung so unterbrochen worden, dass er das bereits von Ihnen Gezeigte vergessen hat. Sprechen Sie mit Ihrem Teilnehmer und seien Sie offen. Fragen Sie ihn, ab wo die Schritte erneut von Ihnen gezeigt werden sollen. Auf diese Weise vermeiden Sie unnötige Wiederholungen.

Seien Sie betont offen für Zwischenfragen und richten Sie sich nach Ihrem Schulungsteilnehmer. Gerade bei Einzelschulungen muss das Konzept stark der zu schulenden Person angepasst werden. Hat der Teilnehmer bereits Vorkenntnisse, sprechen Sie nicht das bereits Bekannte an. Ihr Schulungsteilnehmer wird sich langweilen und bei neuen Inhalten nur noch zur Hälfte hinhören, weil er ja sowieso schon alles kennt, was Sie sagen. Dennoch sollte der Stoff, der in der Schulung von Ihnen vermittelt werden soll, durchgenommen werden. Besprechen Sie zu Beginn Ihrer Schulung Ihren Kursverlauf. Fragen Sie, ob die Vorgehensweise mit Ihrem Teilnehmer konform ist. Teilen Sie ihm die Inhalte mit und stellen Sie ggf. mit ihm zusammen eine Gewichtung auf. Was kennt Ihr Kursteilnehmer, wo hat er noch Fragen, was ist inhaltlich neu.

> **Hinweis**
> Sprechen Sie bei Schulungen am Arbeitsplatz den Schulungsumfang mit Ihrem Teilnehmer durch und bestimmen Sie gegebenenfalls Schwerpunkte.

Während einer Schulung am Arbeitsplatz müssen Sie die Schritte genau im Kopf haben, die Sie vermitteln möchten. Denn es erweist sich als störend, wenn Sie ständig nach der Maus Ihres Teilnehmers greifen müssen, um sich selbst über die Menüleiste zu vergewissern. Sie sollten präzise Auskunft geben können, wo der Teilnehmer bestimmte Menübefehle finden kann. Dies setzt eine sehr gute Kenntnis über das jeweilige Computerprogramm voraus.

Ein Teilnehmer lernt am meisten, wenn er selbst die Schritte am Computer durchführt. Sie sollten in Einzelschulungen nicht der Versuchung erliegen, Ihrem Teilnehmer kurz alles schnell zu zeigen, denn davon profitiert er nicht. Sie sollten ihm die Schritte sagen, die er im Anschluss selbst ausprobieren kann. Es sollte noch genug Zeit zum Üben bleiben. Gerade Einzelschulungen verführen, den Stoff möglichst schnell durchzunehmen.

> **Hinweis**
> In Einzelschulungen gilt das Motto: Zeigen (bzw. Sagen) Sie die Schritte – Nachmachen – Üben. Nur so kann das Gelernte umgesetzt werden.

Der Vorteil von Einzelschulungen besteht gerade darin, das neu zu erlernende Computerprogramm direkt am Arbeitsplatz auszuprobieren und zu erarbeiten und es kann an diesen angepasst werden. Handelt es sich bei der Schulung beispielsweise um eine Einführung ins Internet, so können Sie Ihrem Teilnehmer die gewünschte Homepage oder einige wertvolle Lesezeichen einrichten. Viele Teilnehmer nutzen allerdings die Gelegenheit einer Einzelschulung, um weitere allgemeine Computerfragen zu klären. Darauf sollten Sie sich nur im Ausnahmefall einlassen. Denn oft kommt der Teilnehmer vom Hundertsten ins Tausende und wenn Sie sich dann entschließen, eine Frage nicht zu beantworten, weil Sie sich ansonsten zu weit vom eigentlichen Thema wegbewegen, kann der Teilnehmer unzufrieden werden. Diese Unzufriedenheit könnte sich auf dem Rückmeldebogen wieder spiegeln und Ihnen einen erneuten Auftrag bei der Firma verhindern. Setzen Sie daher von Anfang an Ihre Grenze. Teilen Sie Ihrem Schulungsteilnehmer mit, was Ihre momentane Aufgabe ist, und dass Sie gern zu einer anderer Zeit zu einem neuen Schulungsinhalt wiederkommen.

4.3 Schulung ohne Computerraum

Die hohe Kunst der Schulung zeigt sich, wenn Sie keinen Computerraum zur Verfügung haben. Damit ist nicht der Computerunterricht aus den Anfängen des EDV-Zeitalters gemeint, als tatsächlich der Informatikunterricht an der Tafel statt fand. Vielmehr ist hier an eine Situation gedacht, wenn mehrere Teilnehmer einer Verwaltungseinheit auf einem Programm geschult werden müssen. An allen Arbeitsplatzrechnern der Teilnehmer steht zwar das Programm und ein Computer zur Verfügung, aber Sie können auf keinen Computerraum zurückgreifen, auf deren Rechner das Programm installiert ist. Sie müssen in einem Schulungsraum die Arbeitsschritte vorführen und anschließend die Teilnehmer bitten, zu ihren Arbeitsplätzen zurück zu kehren, um das Gelernte dort durch zu probieren.

In dieser misslichen Situation sollte Ihnen mindestens ein Tageslichtprojektor mit vorbereiteten Folien und Screenshots mit den jeweils anzusprechenden Arbeitsschritten vorliegen. Besser wäre natürlich ein Laptop, auf dem das zu schulende Programm installiert ist. Via Beamer können die Arbeitsabläufe in ihrer Dynamik von den Teilnehmern miterlebt werden. In Ihrem Vortrag müssen Sie exakt abwägen, wieviel Unterrichtsinhalte sich Ihre Teilnehmer merken können, so dass sie das Gezeigte anschließend an ihrem PC nachvollziehen können. Hier ist langsames, genau strukturiertes Vorgehen genauso erforderlich, wie das exakte Dosieren der Lernmenge. Nutzen Sie Wiederholungen, um kritische Lerninhalte oder Arbeitsschritte bei den Teilnehmern zu festigen. Schicken Sie im Anschluss die Teilnehmer an Ihre PCs mit der Bitte, die gelernten Inhalte am eigenen Computer aus zu probieren. Versorgen Sie die Teilnehmer gegebenenfalls mit exakten Arbeitsaufträgen, wie das Gelernte eingegeben wird oder welche weiterführende Übungen gemacht werden sollen. Hier ist es durchaus hilfreich, mit exakten Arbeitsmaterialien den Lehrgang zu unterstützen. Fixieren Sie mit den Teilnehmern einen Zeitpunkt, zu dem sich alle wieder im Schulungsraum treffen sollen.

In der Phase der eigenen Erprobung sollten Sie die Teilnehmer, sofern möglich, an ihren Arbeitsplätzen aufzusuchen und bei auftretenden Problemen helfen. In der Regel werden Sie in dieser Phase nicht an allen Arbeitsplätzen unterstützend helfen können. Deshalb sollten vor Beginn der nächsten Schulungsphase offene Fragen geklärt werden.

4.4 Schulung mit unterschiedlichen Programmen

Es erweist sich als außerordentlich schwierig, unterschiedliche Programme einer Teilnehmergruppe nahe zu bringen. Stellen Sie sich vor, Sie müssten als Firmenvertreter Mitarbeitern einer anderen Firma die Breite Ihrer Produktpalette vorstellen oder als Referent eines Verlags einer Lerngruppe verschiedene Lehr- und Lernprogramme demonstrieren. In diesem Fall können Sie keine allgemeingültigen Anweisungen für die Gruppe geben. Ihnen wird es damit nur in einer Einführungs- und Schlussphase möglich sein, die Breite des Angebotes vorzustellen bzw. Fragen aus dem Teilnehmerkreis beantworten zu können. Die eigentliche Arbeitsphase an den Computern und Programmen lässt sich nicht moderieren. Hier hilft eine exakt geplante Vorbereitung. Die Arbeitsplätze müssen mit genau ausgearbeiteten Materialien versehen sein, die es den Teilnehmern selbst ermöglichen, das Programm ein Stück weit für sich gewinnbringend zu erkunden. Das Programm muss so installiert und eingestellt sein, dass der Teilnehmer sich auch exakt an der Stelle befindet, an der Ihre Arbeitsmaterialien anknüpfen. Ist ein Wechsel der Arbeitsstationen vorgesehen, so empfiehlt sich dies nach einer Pause vor zu nehmen, so dass Sie gegebenenfalls die ursprüngliche Installation wieder herstellen können.

Im Kapitel „Softwareschulung mit mehreren Programmen" in Modul 17 werden wir zu diesem Themenkomplex ein Beispiel anführen.

Zusammenfassung

✓ Jede Schulungssituation erfordert ihr ganz besonderes Vorgehen.

✓ Der Schulungsraum und die Art der Schulung bilden die äußeren Faktoren der Schulung, die in der Planung zu berücksichtigen sind.

Modul 5

Didaktischer Hintergrund

Etwas Theorie zum Unterricht muss sein, ist hilfreich bei der Planung, der Durchführung und der Reflexion über Ihren Unterricht. Wir versuchen deshalb, die trockene Materie entsprechend anschaulich zu vermitteln und die wesentlichen Elemente der Didaktik für Sie leicht nutzbar und deutlich werden zu lassen.

Lernen Sie

- mit Hilfe des Didaktischen Dreiecks Ihre Schulung zu reflektieren
- die Erweiterung auf den IT-Unterricht durch die Gegebenheiten des Computerraums einzuschätzen
- mit Hilfe von Lernzielen den Unterricht zu konzipieren
- die richtige Gewichtung von Beratung und Beurteilung
- die Kriterien zur Beobachtung und Beratung
- sowie die Kriterien zur Beurteilung kennen

5.1 Das Didaktische Dreieck

Wenden wir uns in diesem Abschnitt dem didaktischen Hintergrund unseres Handelns zu. Bedauerlicherweise leidet die Didaktik seit Jahren unter dem Dilemma, dass die didaktischen Modelle höchstens etwas für den Theoriebereich darstellen und sich auf dieser unterrichtsfernen Ebene als untauglich für den praktischen Bereich erweisen. Vor diesem Hintergrund mag es zunächst fraglich erscheinen, warum wir diesen Bereich überhaupt betrachten. Doch wer immer sich mit dem Bereich des Unterrichts befasst, verwendet dabei ein didaktisches Modell. So mag ein höchst einfaches Modell zunächst genügen, um sich den Grundprinzipien der unterrichtlichen Überlegungen zu nähern. Am Beispiel des Didaktischen Dreiecks werden wir das verdeutlichen.

Das Didaktische Dreieck geht von den Eckpunkten Referent, Teilnehmer und Inhalt aus. Diese Eckpunkte sind die wesentlichen Faktoren, die die Schulung bestimmen.

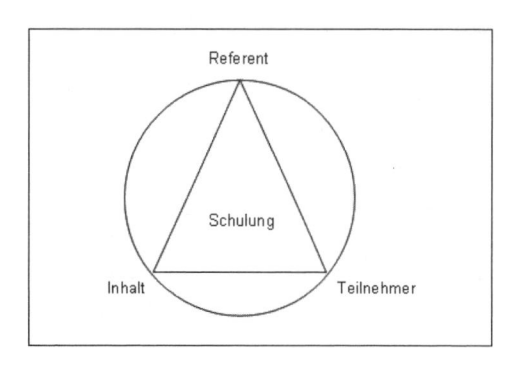

Für den Bereich des IT-Trainings bedarf dieses einfache Schema einer Erweiterung. Der Einfluss von Computerraum und seiner Hardwareausstattung müssen ebenfalls berücksichtigt werden. Der EDV-Raum mit seinen Möglichkeiten entscheidet letztendlich schon in der Planungsphase wesentlich über die Gestaltung und den Aufbau des Kurses.

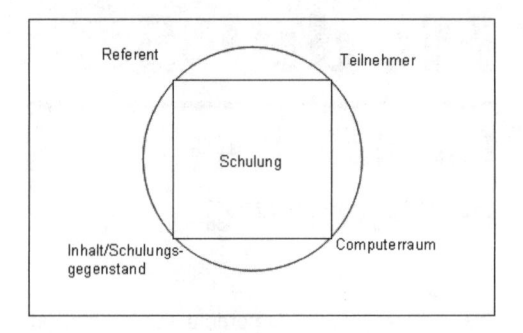

Tatsächlich stellt diese Struktur und deren Vergegenwärtigung eine einfache, aber brauchbare Hilfe dar, um Unterricht zu planen, zu beobachten und anschließend zu reflektieren. Beginnen wir mit der Planungsphase.

5.2 Planungsphase

Wer seine IT-Schulung plant, sollte nicht nur den Inhalt vor Augen haben. Ein Blick auf die eigenen Stärken und Schwächen mag helfen, die Schulung so zu gestalten, wie es dem eigenen Profil am ehesten entgegenkommt. Sind Sie ein Freund freier Arbeitsphasen, werden Sie diese Form verstärkt berücksichtigen. Neigen Sie zu referentenzentrierten Vortragsphasen, wird diese Form in der Planung stärkere Berücksichtigung finden. Dies zeigt die Ausrichtung auf die Persönlichkeit des Referenten in der Planungsphase, die oft unbewusst stattfindet.

Ebenso fließt oft unbewusst der Teilnehmerkreis in die Planung mit ein, wenn dieser Ihnen bekannt ist. Sind es besonders schwache oder leistungsstarke Teilnehmer, werden Sie Ihre Planung im Vorfeld darauf abstimmen. Haben Sie es mit einer besonders heterogenen Gruppe zu tun, werden Sie sich entsprechende Variationen in den Lehrinhalten überlegen, um allen Teilnehmern einen Gewinn aus Ihrer Veranstaltung zu gewähren.

Bei dieser Betrachtungsweise der Schulung ist es empfehlenswert, Gebrauch von einem Perspektivenwechsel zu machen. Aus verschiedenen Blickrichtungen sollten Sie Ihre Schulung zu planen und optimal zu gestalten versuchen. Den Hintergrund dafür liefert das didaktische Modell.

Von der reinen inhaltlichen Sicht wechseln Sie Ihre Blickrichtung auf die verschiedenen Eckpunkte und durchdenken aus diesen Blickwinkeln den Kursverlauf.

Wie im nebenstehenden Bild dargestellt, ist es hilfreich, dass Sie sich in die Rolle Ihrer Kursteilnehmer versetzen und aus deren Sicht Ihre geplante Schulung zu sehen und die Wechselwirkung zu den anderen unterrichtsrelevanten Größen.

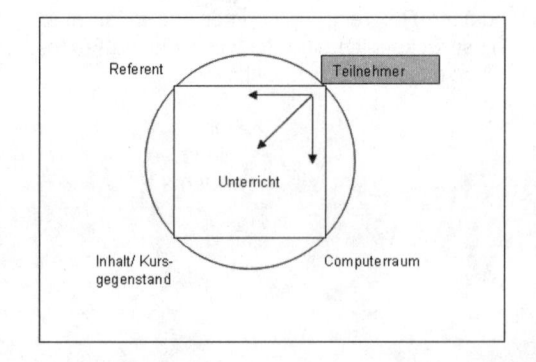

5.3 Durchführungsphase

Das Didaktische Dreieck hat für Sie eine Bedeutung, wenn Sie selbst einen Kurs beobachten oder Sie in Ihrem Kurs die Zeit finden, kurz über den Stand zu reflektieren. Typische Fragen dazu könnten sein:

- Wie weit sind Sie mit Ihren Inhalten?
- Warum kam eine Kurssequenz bei den Teilnehmern gut oder nicht so gut an?
- Welche Teilnehmer hatten Probleme und wo liegen die Ursachen?

Oft sind dies nur Gedankenblitze, die Ihnen aber sinnvolle Hilfen für den weiteren Verlauf geben. Müssen Sie den Kurs eines Kollegen/einer Kollegin beobachten, so sind dies genau die Punkte, die Sie sich für das anschließende Gespräch notieren und die die Grundlage für eine Beurteilung liefern.

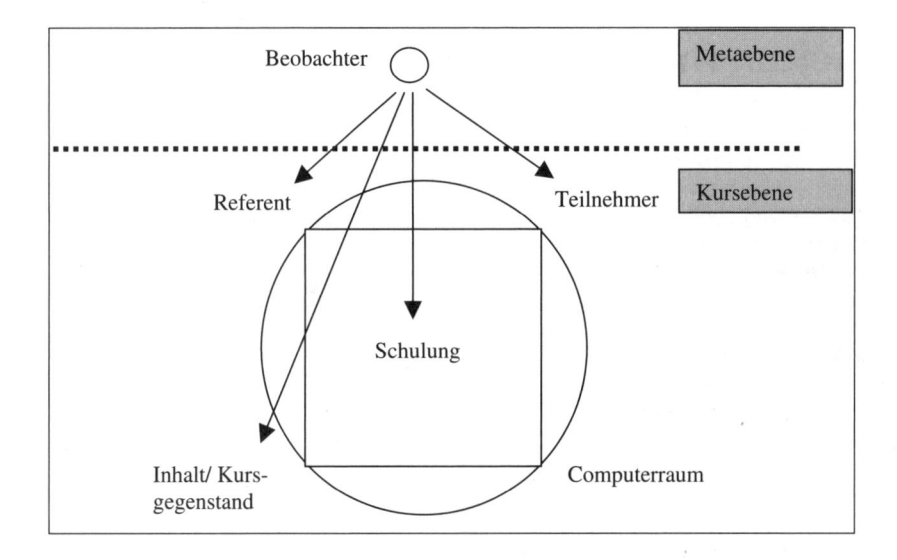

Sie wechseln bei dieser Betrachtungsweise auf eine andere Ebene, eine Metaebene, und beobachten Ihre Schulung von außen. Aus dieser Sicht nehmen Sie alle unterrichtswirksamen Größen wahr, registrieren Schwachstellen oder gelungene Aktionen und richten daraufhin Ihr weiteres Vorgehen oder Ihre Hinweise für ein Beratungsgespräch aus.

> **Hinweis**: Ein guter Trainer weist sich dadurch aus, dass er aufgrund seiner Erkenntnis über den momentanen Schulungsverlauf auch gegebenenfalls von seinem vorgeplanten Weg abweicht und ein anderes Vorgehen wählt, um den größtmöglichen Erfolg seines Kurses zu gewährleisten!

5.4 Nachbereitungsphase

In der Nachbetrachtung eines Kurses lassen Sie den Kurs vor Ihren eigenen Augen Revue passieren. Sie sollten reflektieren, was gut bzw. weniger gut gelaufen ist, und versuchen, die jeweiligen Elemente gewinnbringend für die nächste Veranstaltung zu optimieren. Diese Reflexionsphase wird zu oft vernachlässigt, freut man sich doch nach dem Kursende auf den Feierabend, eine Verschnaufpause oder den Heimweg. Nehmen Sie sich jedoch etwas Zeit und einen Zettel und notieren Sie sich für Ihren nächsten Kurs jene Punkte, die Sie stärker berücksichtigen sollten. Dies ist der effektivste Weg, Ihren Kurs permanent zu optimieren. Wer an dieser Stelle nicht bereit ist, ständig an sich zu arbeiten, macht auf längere Sicht Rückschritte.

Die Aufzählung zeigt, wie das Didaktische Dreieck hilft, die Schulung zu planen, zu beobachten und anschließend einer kritischen Betrachtung zu unterziehen.

5.5 Arbeiten mit Lernzielen

Die Strukturierung der Schulung durch Lernziele stellt eine zusätzliche Planungshilfe dar. Dabei wandert die Blickrichtung verstärkt auf den Lerninhalt. Er wird möglichst minutiös in kleine Schritte unterteilt, ohne dass dabei der Blick auf die Teilnehmer und den Referenten verloren gehen sollte. Kleinschrittig wird der Lernstoff in grobe und immer feinere Lernziele unterteilt. Die aufeinander aufbauenden Lernsequenzen sollen die Teilnehmer nacheinander erreichen.

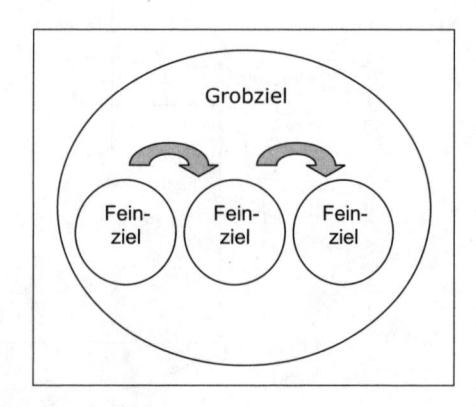

Betrachten wir dies am Beispiel des Zeigewerkzeugs von CorelDRAW:

- **Grobziel**:
  Die Teilnehmer sollen den Umgang mit dem Pfeilwerkzeug kennen lernen.

- **Ziel 1**:
  Die Teilnehmer sollen mit dem Pfeilwerkzeug einzelne Objekte verändern können.

- **Feinziel**:
  Die Teilnehmer sollen mit der Maus Objekte markieren können.

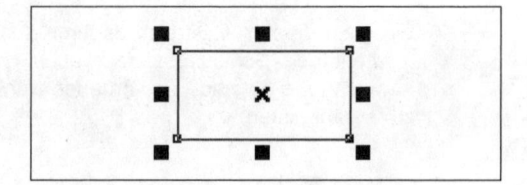

- **Feinziel**:
  Die Teilnehmer sollen Objekte verschieben können.

- **Feinziel**:
  Die Teilnehmer sollen mit dem Pfeilwerkzeug die Größe der Objekte verändern können.

Didaktischer Hintergrund

- **Unterziel 1:**
  Stauchen und Strecken in gewünschter Richtung der mittleren Markierungspunkte.

- **Unterziel 2:**
  Proportionale Größenänderungen mit den Eckpunkten realisieren.

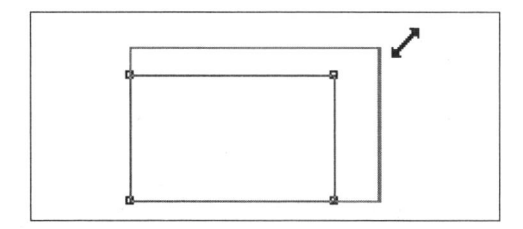

- **Feinziel:**
  Durch Doppelklick mit der Maus sollen die Teilnehmer Objekte drehen, den Drehpunkt verschieben und Objekte scheren können.

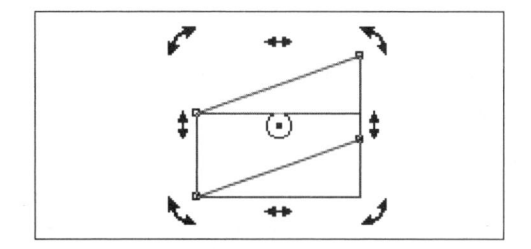

- **Feinziel:**
  Durch Rechts- und Linksklick mit der Maus auf die Farbpalette sollen den Objekten Füll- und Umrissfarben zugewiesen werden.

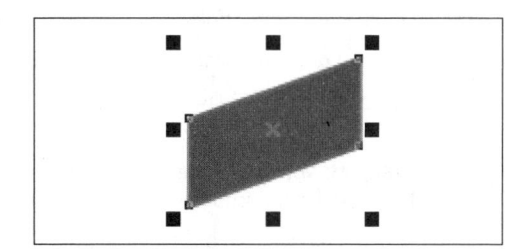

- **Feinziel:**
  Die Teilnehmer sollen das kontextsensitive Menü des Pfeilwerkzeuges kennen und auf Objekte anwenden können, beispielsweise um die Liniendicke zu verändern.

- **Ziel 2:**
  Die Teilnehmer sollen mehrere Elemente mit dem Pfeilwerkzeug bei gedrückter ⇧-Taste oder durch Überfahren mit der gedrückten Maustaste markieren können.

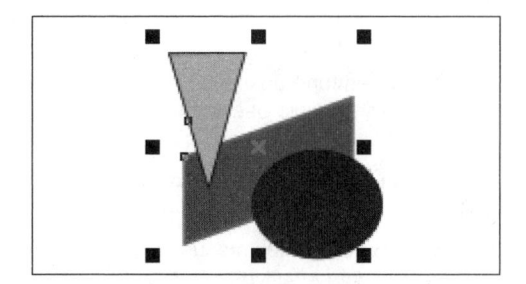

- **Feinziel:**
  Die Teilnehmer sollen die markierten Objekte verschieben und in der Größe ändern können.

Der IT-Tutor

- **Feinziel**:
  Die Teilnehmer sollen erkennen, dass durch Doppelklick sich mehrere Elemente zunächst nicht drehen lassen.

- **Feinziel**:
  Die Teilnehmer sollen erkennen, dass durch das Gruppieren von Objekten sich die Gruppe wieder wie ein einzelnes Element verhält.

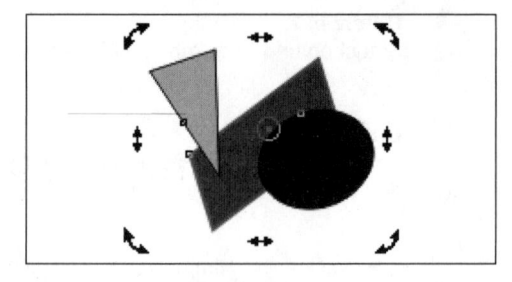

Mit Hilfe der Aufteilung in einzelne Lernziele können Sie mühelos Ihren Kursablauf planen und die Schrittfolge für Ihr Skript verwenden. Dennoch beinhaltet dieses Vorgehen eine Gefahr.

> **Hinweis**
>
> Achtung: Wenn Sie Ihren IT-Kurs lediglich über Lernziele planen, verlieren Sie die Interessen und Bedürfnisse Ihrer Teilnehmer leicht aus den Augen!

Zu sehr ist das Vorgehen am Stoff orientiert. Versetzen Sie sich als Trainer in die Rolle Ihrer Teilnehmer, die nun Lernziel für Lernziel systematisch abarbeiten. Hier gewinnt plötzlich das didaktische Modell seine Bedeutung. Die Teilnehmer Ihres Kurses werden bei diesem Vorgehen mit ihren Bedürfnissen und Fähigkeiten nur unzureichend berücksichtigt. Wieder hilft der Perspektivenwechsel in die Rolle Ihrer Teilnehmer. Folgende Fragen können weiterhelfen:

- Wie können die Teilnehmer Lernziele selbst erreichen?
- Wie können Sie die Teilnehmer durch eigene Aktivitäten selbst am Kursgeschehen teilhaben lassen?
- Wie trete ich von der Rolle des Referenten zurück und verhalte mich eher in der Rolle des Moderators, der am Ende seine Lernziele durch die Teilnehmer selbst erarbeiten lässt?

So tritt nach der Aufstellung der Lernziele die Gestaltung der Schulungsphase als letzter Planungsschritt in den Vordergrund. Im Abschnitt „Wechsel von Arbeitsformen" in Modul 8 werden wir diesen Punkt ausführlich darstellen. Für unser hier aufgeführtes Beispiel sei an folgende Möglichkeit gedacht:

- Sie geben das Pfeilwerkzeug vor und lassen die Teilnehmer selbst damit experimentieren.
- Nach einer vorgegebenen Zeit tragen die Teilnehmer ihre Erkenntnisse im Umgang mit dem Pfeilwerkzeug zusammen.
- Fehlende Funktionen, die nicht entdeckt wurden, regen Sie gezielt zum Experimentieren an, z.B.: „Probieren Sie einmal, was geschieht, wenn Sie den Drehpunkt verschieben und dann die Figur drehen."
- Den gesamten Funktionsumfang fassen Sie anschließend nochmals geordnet zusammen und verweisen auf die passenden Stellen im Skript, in denen diese Funktionen ausführlich schriftlich aufgeführt sind.
- Lassen Sie ein fertiges Bild mit mehreren Elementen einladen und versuchen Sie, mehrere Elemente gleichzeitig zu verändern.
- Mit Hilfe des Kontextmenüs sollen Elemente verändert werden.

Jeweils nach den Übungsphasen stellen Ihnen Ihre Teilnehmer ihre Feststellungen vor. Als Referent fällt Ihnen jeweils nur die Aufgabe zu, die Lernsequenz zu moderieren. Doch genau dies zeichnet den guten Trainer aus, der sich zurücknehmen kann und den Erkenntnisgewinn seinen Teilnehmern überlässt. Nicht der Trainer steht im Mittelpunkt des Kurses, es sind die Teilnehmer, die aktiv den Lernprozess erleben!

5.6 Training für Trainer

Noch ist kein Meister vom Himmel gefallen. Selbst erfahrene EDV-Anwender sind nicht aufgrund allein dieser Tatsache schon gute Trainer. Deshalb wollen wir in diesem Kapitel betrachten, wie Sie IT-Trainer schulen können bzw. welche Mechanismen Sie erwarten, wenn Sie als Trainer geschult werden sollten.

Beratung und Beurteilung

Beratung und Beurteilung durch ein und dieselbe Person sind in der Regel in hohem Maße unvereinbar, schließt doch eine Beratung in der Regel mit ein, dass im Hinterkopf dabei ein Gerüst für die spätere Beurteilung zurückbleibt. Dennoch lässt sich dieses Dilemma oft aus Personalgründen nicht umgehen, zumal weitere Probleme dadurch entstehen, dass eine weitere Person die Beurteilung übernimmt und zwangsläufig andere Kriterien für die Beurteilung heranzieht, als dies der Berater getan hat.

Ein gutes Unternehmen wird zunächst seinen neuen IT-Trainern einen erfahrenen Trainer als Berater zur Seite stellen. Er wird die erste Zeit bei inhaltlichen Fragen, methodischen Problemen und den ersten Unterrichtsstunden zur Seite stehen und die neuen Kollegen so in das Aufgabengebiet einführen. Erst im Anschluss an diese Phase kann die Beurteilung erfolgen:

| Phase der Beratung | ⇨ | Phase der Beurteilung |

Während der Beratungsphase muss zunächst geklärt werden, welche Einflussmöglichkeiten der zukünftige Trainer überhaupt auf seinen Unterricht hat:

- Müssen Unterrichtsmaterial und Kursinhalt selbst erarbeitet werden?
- Welche Kriterien sind für die Firma bei der Unterrichtung von besonderem Interesse?

In der Beratungsphase wird der Berater nach den Kriterien, die im Wesentlichen dem Didaktischen Dreieck entspringen, den Unterricht des neuen Kollegen begutachten. Dabei werden folgende Fragen eine Rolle spielen:

- Wie ist das Auftreten des Trainers zu sehen (Kleidung, Sprache, Gestik)?
- Wie erfolgt die Ansprache der Teilnehmer (Rhetorische Elemente)?
- Wie erfolgreich war die Gliederung des Unterrichts?
- Wie sahen die Einführungs-, Lern- und Schlussphasen aus?
- Wie erfolgte das Eingehen auf Fragen und Probleme der Teilnehmer?
- Wie erfolgten Hilfestellungen bei Übungsphasen?
- Wie gelang der Medieneinsatz?

Während der Schulung beobachtet der Berater die Kurssituation aus seiner Metaposition und macht sich Notizen. Folgendermaßen kann ein Bewertungsbogen aussehen:

Name des Trainers: _____

Zu bewertende Punkte	1	2	3	4	Bemerkung
Auftreten vor der Gruppe	x				Ruhige, geduldige Art
Ansprechen der Teilnehmer	x				
Eingehen auf Fragen	x				Beantwortet souverän die Fragen
Erklärungen / Verständlichkeit		x			
Visualisierung / Darstellungen	x				
Systematische Aufbereitung des Unterrichtsmaterials	x				
Nachvollziehbarkeit des Unterrichts anhand Skript	x				
Skript	x				
Logischer Aufbau	x				
Nachvollziehbarkeit der Aufgaben anhand der Skripte		x			
Einleitung für Aufgaben		x			
Auswertungen der Aufgaben			x		
Arbeitsmethoden					
Mediengerechte Vermittlung der Inhalte	x				Beamer, Flipchart, Overhead
Verwenden von Folien / Beamern / digitalen Medien / Flipchart	x				
Umgang mit der englischen Sprache (fließend / verständlich)	x				
Unterrichtsmaterial	x				
Verfügbarkeit für Teilnehmer Präsenz / E-Mail / Telefon					
Prüfungsmodalitäten / Inhalte					
Pünktlichkeit	x				

Fachliche Kompetenz	
Reaktion der Teilnehmer	x

Eine weitere Beurteilungsliste finden Sie im Anhang.

Im Anschluss daran versucht er, die Erkenntnisse möglichst fundiert in die anschließende Nachbetrachtung einfließen zu lassen. Eine solche Kursbeobachtung könnte folgende Elemente enthalten:

Zeit	Unterrichtsgegenstand	Anzusprechende Punkte
9.30–9.45 Uhr	Heuristische Internetadressensuche durch Eingabe von *www.Firma.de*	Ausweiten auf bekannte Adressen aus Funk und Fernsehen
9.45–10.00 Uhr	Eigene Suche von Internetadressen durch die Teilnehmer	Trainer sollte sich vom Pult lösen und durch die Reihen gehen und Hilfen anbieten
10.00–10.15 Uhr	Kaffeepause	Erfolgte ein Hinweis mit der Bitte auf pünktliche Rückkehr
10.20–10.40 Uhr	Suche von Internetseiten mit Hilfe von Katalogen	Frage eines Teilnehmers zu Softwarekatalogen nicht beantwortet
...		

Die Unterrichtsbeobachtung wird zum Kern des Nachbetrachtungsgesprächs, das gleichzeitig wieder als Vorbereitung für den nächsten Unterrichtsgang dient.

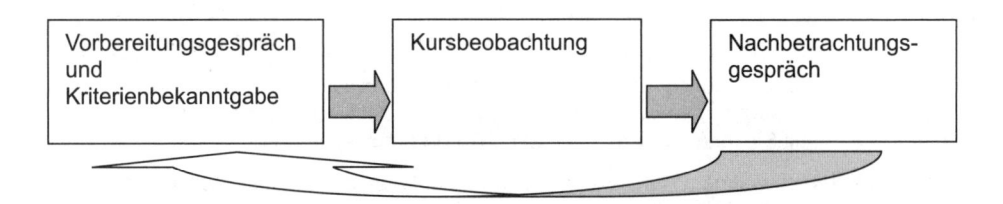

Vorbereitungsgespräch und Kriterienbekanntgabe → Kursbeobachtung → Nachbetrachtungsgespräch

Einen ganz wesentlichen Punkt stellt das Nachbetrachtungsgespräch dar. Dabei kann es nicht darum gehen, den neuen Trainer Punkt für Punkt auf seine Fehler aufmerksam zu machen. Vielmehr

- soll der Trainer die Möglichkeit haben, selbst seinen Eindruck vom Kurs wiedergeben zu können.
- soll im Zwiegespräch die zu kritisierenden Punkte so angesprochen werden, dass der Trainer möglichst selbst Verbesserungsvorschläge entwickeln und aufgreifen kann.
- soll konstruktive Kritik geübt werden.

Beurteilungsgespräch

Bei der Beurteilung gleicht das Vorgehen sehr der Beratung. Es handelt sich um die gleichen Kriterien, die gleiche Beobachtungssituation und das gleiche abschließende Gespräch. Der Unterschied besteht darin, dass als Ergebnis eine Beurteilung in verbaler Form oder mit einer Note steht und nicht zwangsläufig das Ergebnis wieder in eine neuerliche Kurssituation einfließt. Wer zum ersten Mal eine Beurteilung erstellt, tut gut daran, die von ihm als relevant erachteten Kriterien zu gewichten und mit einer Note zu versehen. So kann er aufgrund dieser Aufstellung leichter seine Entscheidung am Ende dokumentieren.

Rolle des Trainers

Neben der festgeschriebenen Rolle als Trainer haben Sie als Trainer so ganz nebenbei noch weitere Rollen zu erfüllen:

- **Entertainer:**
  Sie sind während des Kurses ganz automatisch auch der Entertainer und Alleinunterhalter für Ihren Kurs, der kompetent durch das arrangierte Kursprogramm leitet.
- **Spezialist:**
  Treten Fragen zum Programm oder zum Computer auf, werden diese zunächst an Sie gerichtet. Sie sind kraft Ihres Amtes die herausragende Expertenfigur, die sich im schlimmsten Falle bis zum nächsten Tag um die Lösung des Problems kümmert.
- **Redner:**
  Als Trainer sind Sie gleichzeitig das rhetorische Rückgrat der Veranstaltung und müssen sich im Kurs durch Ihre sprachliche Ausdrucksfähigkeit beweisen.
- **Teamleiter:**
  Ihnen fällt natürlich für die Gruppe auch eine besondere Verantwortung zu, die Team- oder Gruppenbildung zu organisieren, zu überwachen und zu initiieren.
- **Organisator:**
  Sie organisieren die Unterlagen, das Kursgeschehen oder den Kaffee. Hier dürfen Sie Ihr organisatorisches Geschick unter Beweis stellen.

Diesen Aufgaben stellen Sie sich, wenn auch größtenteils unbewusst, in jedem Kurs. Dies gilt natürlich auch bei Beurteilungssituationen. Ein Großteil dieser Aufgaben wird Ihnen schnell zur Routine, bei anderen werden Sie etwas mehr Übung und vielleicht auch helfende Rückmeldungen der Teilnehmer benötigen, damit Sie Ihren ganz eigenen Stil beim Unterrichten finden.

Reflektieren Sie selbst nach einem Kurs, welche Rolle Sie gut ausgefüllt haben. Was gelang Ihnen gut bei der Unterhaltung der Teilnehmer, wo förderten Sie besonders effektiv die Gruppenbildung oder welches organisatorische Talent haben Sie an den Tag gelegt. Versuchen Sie positive Entwicklungen zu wiederholen, negative zu vermeiden. So optimieren Sie ebenfalls in kürzester Zeit Ihr IT-Training.

Zusammenfassung

✓ Durchdenken Sie Ihren Kurs aus verschiedenen Perspektiven.

✓ Planen Sie genau die einzelnen Lernschritte.

Zusammenfassung

- ✓ Lassen Sie möglichst viele der Lernschritte von den Teilnehmern selbst erarbeiten.

- ✓ Sollten Sie selbst an der Planung eines Schulungsraums beteiligt werden, dann verwenden Sie die Informationen als Planungshilfe. Durchdenken Sie die Ihnen wichtigen Kriterien.

- ✓ Wenn Sie Trainer schulen, teilen Sie ihnen die Beurteilungskriterien mit.

- ✓ Machen Sie sich Notizen bei der Kursbeobachtung.

- ✓ Beraten Sie nach der Schulung Ihren Trainer.

- ✓ Verwenden Sie denselben Kriterienkatalog bei jeder anstehenden Beurteilung.

- ✓ Die Rolle des Trainers erfordert von Ihnen noch weitere Aufgaben, die über die einfache Wissensvermittlung hinausgehen. Wachsen Sie langsam in diese Rolle hinein.

Modul 6

Strukturierung

Ein Kurs hat eine innere Struktur, die Sie in Ihre Kursplanung schon im Vorfeld einfließen lassen sollten. Hier gilt es, Einstiegs-, Haupt- und Schlussphase zeitlich und inhaltlich zu gestalten sowie die passende Abfolge von Lern- und Erholungssequenzen zu definieren.

Lernen Sie

- die Einstiegs- und Schlussphase zu gestalten
- den passenden Pausenrhythmus zu finden
- die Vorteile von aufeinanderfolgenden Kursteilen kennen

6.1 Der Einstieg

Unabhängig, wie Sie Ihren Kurs gestalten möchten, eine Einstiegs- und Schlussphase ist entscheidend für den Kurserfolg.

| Einstiegsphase | Kurs | Schlussphase |

Wenden wir uns zunächst der Einstiegsphase zu. Vieles in ihr ist für den weiteren Kursverlauf von entscheidender Bedeutung. Ein kluger Kopf brachte diesen Sachverhalt mit folgendem Ausspruch auf den Punkt: „You never get a second chance for a first impression!", was soviel bedeutet wie: „Du bekommst nie eine zweite Chance für den ersten Eindruck!" Seien Sie sich dieses Umstandes bewusst und gestalten Sie die Einstiegsphase Ihres Kurses mit besonderer Sorgfalt.

Dazu gehört insbesondere die Vorbereitung des Schulungsraums. Achten Sie darauf,

- dass der Raum gereinigt und gelüftet wurde;
- (je nach Kurstyp) Namensschilder für die Teilnehmer bereitliegen, wenn diese untereinander nicht bekannt sind;
- die Unterrichtsmaterialien bereit liegen;
- die Präsentationshilfsmittel einsatzbereit sind;
- der Raum freundlich gestaltet ist;
- ein Willkommensschild die Teilnehmer begrüßt;
- der Weg zum Vortragsraum für die Teilnehmer ausgeschildert ist.

Dies beinhaltet auch die frühzeitige Herrichtung des Schulungsraums vor Kursbeginn, Überprüfung der vereinbarten Installation und die Vorbereitung des Raums nach obigen Vorstellungen.

Die Namensschilder

Natürlich kennen Sie die beliebten Namensschilder der Kongresse und Kurse. Nach einem schnellen Blick auf das Schild können Sie den Teilnehmer mit Namen ansprechen. Solche Namensschilder sind auch für Ihren Computerkurs eine große Hilfe.

Traditionelle Namensschilder, die mit einer Sicherheitsnadel am Pullover oder Jacket angebracht werden, haben allerdings einen entscheidenden Nachteil bei einem Computerkurs. Sitzen Ihre Teilnehmer vor den Computern und rufen Sie zu sich für Hilfestellungen, können Sie das Namensschild nicht sehen. Der Vorteil der Schilder geht für Sie und die anderen Teilnehmer verloren.

Als zweckmäßig haben sich deshalb Namensschilder erwiesen, die man am Monitor befestigt.

So ist der Name sowohl für den Referenten als auch für die Teilnehmer leicht zu erkennen, und der Computerarbeitsplatz hat gleich eine persönliche Note.

Wegweiser

Damit Ihre Teilnehmer gerade in einem weitläufigen Gebäude nicht umherirren müssen, empfiehlt es sich, an günstig gelegenen Punkten Hinweisschilder anzubringen. Hierfür eignet sich eine Tafel oder Flipchart.

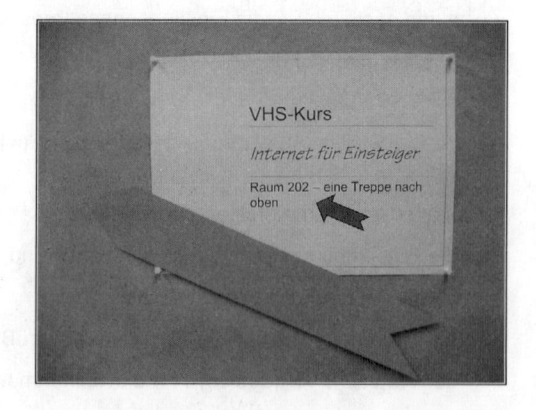

Dekoration

Haben Sei ein Gespür für die Raumdekoration, dann nutzen Sie dieses Talent und schaffen ein angenehmes und freundliches Äußere des Computerraums.

Nutzen Sie den Anfang vor dem Anfang

Selten werden Ihre Kursteilnehmer alle gleichzeitig den Raum betreten. Nutzen Sie die Phase der hereinkommenden Teilnehmer schon für erste positive Kontakte wie beispielsweise Händeschütteln, der Nachfrage nach der Anreise und den überstandenen Staus. Geben Sie so den Teilnehmern das Gefühl, willkommen zu sein. Dies baut Hemmschwellen ab und sorgt für eine positive Grundstimmung. Oft wird auch ein schriftlicher Willkommensgruß als angenehme Auflockerung empfunden.

Es geht los

Stellen Sie sich vor Ihre Gruppe. Warten Sie, bis der letzte Teilnehmer Ihnen seine Aufmerksamkeit schenkt, und begrüßen Sie den Kurs. Suchen Sie dabei unbedingt den Blickkontakt. Zunächst sollten Sie sich kurz selbst den Teilnehmern vorstellen, so dass diese ein Bild von Ihnen erhalten. Sie sollten nicht vergessen, Ihren Namen zu nennen und diesen auch auf der Tafel oder auf dem Flipchart zum besseren Einprägen zu notieren. Geben Sie unter Umständen folgende Informationen:

- Name der Firma
- Tätigkeit in der Firma
- Selbständigkeit
- Motivation an den Kursen
- Länge der Beschäftigung mit dem Thema
- Ort des Arbeitsplatzes

Entscheiden Sie selbst, welche Informationen Sie Ihren Teilnehmern anvertrauen möchten. Sie sollten bei der Wahrheit bleiben, aber dennoch einen kompetenten Eindruck bei Ihren Teilnehmern hinterlassen. Denn am Ende der Einführung sollten Ihre Teilnehmer das Gefühl haben, sie haben es mit einer gut ausgebildeten Person zu tun, die ihnen den Seminarinhalt kompetent vermitteln wird.

Lernen Sie die Teilnehmer kennen

Bitten Sie Ihre Teilnehmer, nachdem Sie kurz einige Worte über sich gesagt haben, sich vorzustellen. Dafür gibt es mehrere Möglichkeiten: Sie können Ihre Teilnehmer bitten, dass sich einer nach dem anderen (Uhrzeigersinn) vorstellt. Eine andere Variante wäre, den Teilnehmern fünf Minuten Zeit zu geben, um sich mit dem jeweiligen Nachbarn zu unterhalten. Im Anschluss an die Phase können sich die Teilnehmer entweder selbst oder den Nachbarn vorstellen. Hilfreich ist bei dieser Methode, Ihren Kursteilnehmern Vorschläge zu machen, nach welchen Informationen diese den Nachbarn befragen könnten. Eine willkürliche Herangehensweise – also die Teilnehmer „machen zu lassen" – führt zu Frustrationen auf Seiten der Teilnehmer und zu einem bereits schlechten Start des Kurses. Sie sollten Ihren Teilnehmern zu jeder Zeit das Gefühl vermitteln, dass Sie wissen, was Sie tun. Wenn Sie Ihren Teilnehmern die Aufgabenstellung geben, sich mit Ihrem Nachbarn zu unterhalten, um diesen oder sich selbst im Anschluss vorzustellen, fördert dies bereits die Gruppendynamik. Teilnehmer verlieren anfängliche Hemmungen, sich mit unbekannten Personen einen Lernstoff anzueignen. Diese Methode braucht allerdings mehr Zeit, als wenn sich die Teilnehmer allein vorstellen.

Die Vorstellungsrunde und die Dauer des Kurses sollten in einem sinnvollen Verhältnis stehen. Dauert Ihr Seminar nur einen Tag, sollte die Vorstellungsrunde kurz gehalten werden, denn es sollte noch genug Zeit für die Vermittlung des Lernstoffs vorhanden bleiben. Zudem ist es schwer, eine gute Gruppendynamik innerhalb eines Kurstages herzustellen. Verwenden Sie mehr Zeit für die Vorstellungsrunde bei zweitägigen und länger andauernden Kursen.

Klären Sie die Formalien

Nutzen Sie die Einstiegsphase, um alle Formalien und Pausen zu erklären. Eine von Ihnen vorbereitete Kursübersicht kann sich hier anbieten. Dies gibt Ihren Teilnehmern eine Struktur des Kurses, und sie wissen, woran sie sind und worauf sie sich einzustellen haben. Es vereinfacht Ihnen als Dozent den Kursverlauf, da Sie nicht ständig erneut Entscheidungen über Pausenzeit und -länge treffen und sich daran erinnern müssen, welche Formalitäten Sie noch nicht besprochen haben. Folgende Punkte sollten auf jeden Fall angesprochen werden:

- Kursdauer
- Beginn und Ende eines Kurstages (bei mehrtägigen Veranstaltungen das Kursende)
- Mittagessensmöglichkeiten
- Räumlichkeiten im Seminarhaus usw.

Lassen Sie Ihre Teilnehmer mitentscheiden, wann der Kurs beginnen soll (manche Teilnehmer müssen beispielsweise mit öffentlichen Verkehrsmitteln anreisen und können somit wesentlich früher oder wesentlich später als der offiziell festgelegte Kursbeginn am Schulungsort sein). Geben Sie diesen Teilnehmern die Möglichkeit, Ihre Anfahrtsprobleme mitzuteilen. Dies zeigt den Teilnehmern, dass ihre Bedürfnisse gehört werden, auch wenn die Gruppe im Nachhinein entscheiden sollte, einen anderen Startzeitpunkt zu wählen. Achten Sie auf jeden Fall auf ausreichende Pausenphasen. Es nützt weder Ihnen noch den Teilnehmern, wenn gerade auf Pausen und somit auf die Regenerierungsphase verzichtet wird. Neben der Mittagspause sollten Sie auf genügend Kaffee- und Rauchpausen am Vor- und Nachmittag achten. Die Praxis hat gezeigt, dass Teilnehmer am Vormittag aufnahmefähiger sind als am Nachmittag. Versuchen Sie alle 1½ Stunden, eine 10- bis 15-minütige Pause einzurichten. Teilen Sie diese Pausenzeiten Ihren Teilnehmern bereits in der Einführungsphase mit, so dass diese sich danach richten können.

Achten Sie unbedingt darauf, Ihre angekündigten Pausen einzuhalten. Natürlich kann eine Stoffsequenz nicht auf die Sekunde genau geplant werden. Und es verführt, den Stoff erst abzuschließen, bevor Sie Ihre Teilnehmer in die Pause schicken möchten. Sprechen Sie eine Verschiebung der Pausenzeit mit Ihren Teilnehmern ab. Stellen Sie sie beispielsweise vor die Alternative, den Stoff abzuschließen oder die geplante Pause einzulegen. Versuchen Sie ein Gespür für die Teilnehmer zu bekommen. Vielleicht ist eine Pause sinnvoller, anstatt mit der Stoffvermittlung fortzufahren.

Es gibt unterschiedliche Seminargruppen in Bezug auf die Aufnahmefähigkeit. Wenn Sie merken, eine Teilnehmergruppe kann Ihnen nicht mehr folgen, und es wäre sinnvoll, eine kurze Pause einzulegen, weichen Sie von Ihrem Konzept ab. Denn wenn die Teilnehmer nicht mehr aufnahmefähig sind, nützt Ihnen auch keine noch so gut didaktisch und methodisch aufgebaute Lernsequenz. Kurze Pausen können Wunder bewirken und im Anschluss zu einem konzentrierteren Arbeiten führen.

Je strukturierter Ihr Kurs aufgebaut ist, desto besser können Ihnen Ihre Teilnehmer folgen. Geben Sie nach jeder größeren Sequenz Ihren Teilnehmern die Möglichkeit, offene Fragen zu klären. Sie sollten auch kurze Zusammenfassungen nach jeder Lernsequenz geben. Die Teilnehmer können somit noch einmal den gelernten Stoff rekapitulieren, und es fällt ihnen einfacher, Fragen zu stellen, da Ihnen der gesamte Stoff in einer Kurzfassung noch einmal dargeboten wurde.

Holen Sie die Teilnehmer dort ab, wo sie stehen

Der Erfolg Ihres Computerkurses hängt stark davon ab, wie gut Sie die fachlichen Kenntnisse Ihrer Teilnehmer einschätzen können. Sie müssen darauf achten, dass die Teilnehmer nicht über- oder unterfordert werden. Jeder Teilnehmer im Kurs sollte am Ende eines Seminars den Kursraum verlassen und das Gefühl haben, etwas gelernt zu haben. Aber nicht nur die Einstufung des Fachwissens ist wichtig: Sie müssen auch schnell einen persönlichen und zwischenmenschlichen Kontakt zu Ihren Kursteilnehmern aufbauen. Ihre Teilnehmer legen schneller die Hemmung ab, wenn ihnen etwas an Ihrem Kurs, sei es Inhalt oder Seminarstil, missfällt. Je eher Sie von Missbilligungen erfahren, desto besser. Sie können jederzeit Änderungen an Ihrem Konzept vornehmen. Es ist schlecht, derartige Kritik erst am Ende eines Kurses, beispielsweise auf dem Feedback-Bogen, zu erhalten. Die Teilnehmer gehen unter Umständen unzufrieden nach Hause, und Sie sind ebenfalls nicht glücklich mit dem Ergebnis.

Wie sollten Sie vorgehen?

Die Kenntnisse Ihrer Teilnehmer können Sie entweder in der Vorstellungsrunde erfragen, oder aber Sie können bereits auf vorgefertigten Blättern den Kenntnisstand Ihrer Teilnehmer abfragen. Bitten Sie Ihre Teilnehmer, ein Kreuz oder einen Klebepunkt in den Bereich zu setzen, in den sie sich einstufen (Anfänger – Kenner – Experte). Es wird schwierig sein, sich die Einstufungen aller Teilnehmer sofort zu merken. Wichtig ist, dass Sie den vermeintlich Schwächsten und Stärksten der Gruppe herausfiltern können. Dies wird Ihnen im Verlauf des Kurses helfen, das fachliche Mittelmaß zu finden und das Lerntempo festzulegen.

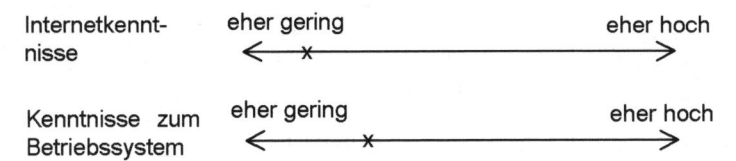

Internetkenntnisse	eher gering ←—x————————→ eher hoch
Kenntnisse zum Betriebssystem	eher gering ←————x——————→ eher hoch

Halten Sie sich immer eines vor Augen: Es ist schwer, es allen Teilnehmern gerecht zu machen.

Notfalls Start vor dem Start

Manchmal ist es notwendig, vor dem eigentlichen Start mit der Programmschulung erst einen Exkurs zu machen, um den Teilnehmern die zu erreichenden Ziele mit dem zu schulenden Programm zu verdeutlichen. Hierzu zwei Beispiele:

Beispiel 1:
Bei einer Schulung zu einem MindMap-Programm, das in einer Abteilung auf allen Rechnern installiert wurde, stellen Sie fest, dass noch niemand in der Teilnehmergruppe mit MindMaps gearbeitet hat. Es macht keinen Sinn, hier mit der Programmschulung zu beginnen, da sowohl das Programm als auch der damit zu erzielende Nutzen unklar bleiben wird. Demzufolge bietet es sich an, Ihren Teilnehmern einen Wocheneinkaufszettel zusammenzustellen mit den Geschäften, in denen sie Waren einzukaufen gedenken. Das Beispiel ist jedem Teilnehmer geläufig, auf einem Flipchart werden die notwendigen Artikel geschrieben und jeweils neu hinzukommende Wünsche an dem passenden Geschäft notiert. Das so erstellte MindMap vermittelt den Teilnehmern nicht nur eine Vorstellung von der Handhabung der MindMaps, es kann sogleich dazu dienen, mit dem Programm auf dem PC umgesetzt zu werden. So können die Teilnehmer zunächst sogar ihre Ideen mit einbringen, haben eine Vorstellung vom Nutzen der MindMaps, und ihnen gelingt die Umsetzung auf dem neuen Computerprogramm.

Beispiel 2:
Eine Abteilung soll mit Projektmanagementsoftware geschult werden. Sie stellen bei der Eröffnungsrunde fest, den Teilnehmern sind die Grundlagen des Projektmanagements nicht geläufig. Sie verwenden deshalb zunächst als Einstiegsbeispiel aus dem Büroalltag das Kaffeekochen. Das Projekt wird in einzelne Schritte zerlegt und dient nach der schriftlichen Fixierung und Aufarbeitung als Grundlage für die ersten elektronischen Umsetzungen.

6.2   Der gekonnte Schluss

Das Ende eines Kurses bedarf einer genauen Planung. Je nach Länge des Kurses müssen Sie zwischen 10 Minuten und einer halben Stunde für das Kursende einplanen. Wollen Sie ein gelungenes Kursende erzielen, müssen sie also rechtzeitig die Kursinhalte beenden.

Der Stoff ist noch nicht fertig

Für viele Trainer gibt es ein entscheidendes Problem: „Aber ich wollte doch noch...!" Hier muss es zunächst heißen, Ruhe zu bewahren. Haben Sie das Kursende vorher mit den Teilnehmern vereinbart, haben diese auch das Recht darauf, dass Sie als Trainer den vorgegebenen Zeitrahmen einhalten. In der Regel werden Sie sowieso zumeist zu viel Stoff eingeplant haben. Sie müssen etwa eine Stunde vor Kursende im Gespür haben, welche Inhalte Sie noch ansprechen können und welche wegfallen müssen (Wir werden dies an anderer Stelle näher betrachten.). Haben Sie die inhaltliche Arbeit beendet, liegt es nun an Ihnen, den Ausstieg zu finden. Als wichtiges Element hat sich hier bewährt, in einer kurzen Übersicht den Kurs und seine Inhalte nochmals kurz für die Teilnehmer Revue passieren zu lassen. So spulen die Teilnehmer den vergangenen Kurs vor ihrem inneren Auge nochmals ab und gewinnen dabei eine Vorstellung über ihren Lernfortschritt innerhalb des Kurses. Dies ist für Sie durchaus hilfreich, wenn anschließend die Teilnehmer zu Wort kommen, ihre Kurskritik äußern und anschließend vielleicht noch Evaluationsbögen ausfüllen sollen. Beenden Sie Ihren Rückblick mit einem Dank an die Teilnehmer für ihre Aufmerksamkeit, und geben Sie sodann das Wort Ihren Teilnehmern.

Die Schlussrunde

Am Ende des Kurses sollten Ihre Teilnehmer die Möglichkeit haben, sich zum Kurs zu äußern. Verwenden Sie als Einstieg in die Schlussrunde vielleicht eine der folgenden Formulierungen:

Strukturierung

- „Am Ende des Kurses möchte ich Sie bitten, mir Ihre Eindrücke vom Kurs mitzuteilen, um es im nächsten Kurs noch besser machen zu können."
- „Zum Kursende möchte ich Sie bitten, mir Ihren Eindruck vom Kurs mitzuteilen."

Je nach Kurslänge wählen Sie für diese Schlussrunde eine der folgenden Formen.

- Wenn es ein kurzer Kurs war, genügt es, den Teilnehmern frei das Wort zu erteilen. Wer sich äußern möchte, wird dies tun. Die anderen werden sich gegebenenfalls mit Kopfnicken anschließen. Erhalten Sie keine weiteren Rückmeldungen, beschließen Sie die Runde.
- Bei längeren Kursen sollte jeder Teilnehmer zu Wort kommen. Sie können dazu der Reihe nach die Teilnehmer zu Wort kommen lassen. Der Nachteil dieser Methode sind unter Umständen die „Vielredner", die die Möglichkeit zu sehr langen Beiträgen nutzen. Teilnehmer, die zum Schluss ihr Feedback geben, werden oft auf das vorher Gesagte Bezug nehmen. Wiederholungen lassen sich dabei nicht vermeiden. Etwas mehr Abwechslung bringt ein kleines Sandsäckchen, das sich die Teilnehmer als Zeichen des „Dranseins" zuwerfen. Hat ein Teilnehmer alles gesagt, was er wollte, wird das Sandsäckchen an den nächsten weitergeworfen. Eine höchst effiziente Form stellt hier das Blitzlicht dar. Dabei soll jeder Teilnehmer in maximal zwei Sätzen seine Kurseindrücke wiedergeben. So kommen alle zu Wort, und „Vielredner" werden etwas gezügelt.

> **Hinweis**
> Kommentieren Sie die Rückmeldungen der Teilnehmer nicht. Es macht keinen Sinn, am Ende der Veranstaltung sich für irgendetwas zu rechtfertigen. Haben die Teilnehmer ihren Eindruck geäußert, so ist dies der Eindruck, den sie im Kurs gewonnen habe. Die Rückmeldung der Teilnehmer ist für Sie als Hilfe zu verstehen, es im nächsten Kurs anders bzw. besser zu machen. Deshalb nutzen Sie diese Rückmeldungen und bedanken Sie sich anschließend dafür.

Das Ende

Nach der Schlussrunde, dem Ausfüllen der Formalien, wie Evaluationsbogen oder Reisekostenabrechnungen, dem Verteilen der Teilnehmerbestätigungen werden die Teilnehmer den Raum nach und nach verlassen. Wenden Sie sich hier nicht von ihnen ab, sondern stehen Sie bereit für eventuelle Fragen, für Teilnehmer, die Ihnen noch privat etwas mitteilen möchten, oder nur für jene, die ihnen persönlich noch mal Dank sagen und die Hand schütteln möchten.

In manchen Kursen entsteht auch eine nähere Beziehung unter den Kursteilnehmern. Sind die Teilnehmer nicht aus derselben Abteilung einer Firma, so kann durchaus der Wunsch unter den Teilnehmern bestehen, weiter über E-Mail in Kontakt zu bleiben. Unterstützen Sie die Teilnehmer dadurch, eine E-Mail-Liste zu erstellen und diese zu vervielfältigen.

6.3 Die Gesamtstruktur

Die häufigste Form eines EDV-Kurses ist der Blockunterricht. In einem zeitlichen Rahmen werden die gewünschten Inhalte vermittelt. Diese Form ist durchaus effizient und kostengünstig. Viele Teilnehmerrückmeldungen unterstreichen allerdings den Wunsch, sich nach einer gewissen Zeit zu dem Thema noch mal zu treffen. In der Zwischenzeit können am eigenen Arbeitsplatz Erfahrungen im Umgang mit dem Programm gesammelt, die Kursinhalte durch das eigene Tun vertieft werden und neue Fragen und Probleme auftauchen. Hier lohnt durchaus die Überlegung, dem Kurs folgende Struktur zu geben:

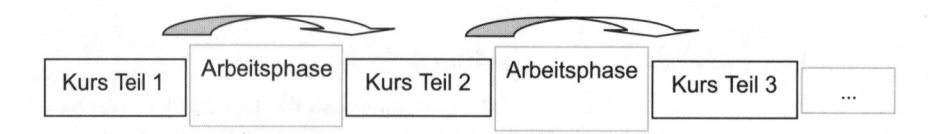

| Kurs Teil 1 | Arbeitsphase | Kurs Teil 2 | Arbeitsphase | Kurs Teil 3 | ... |

Diese Aufteilung bietet zusätzlich die Chance, Kursinhalte zu wiederholen und nach Lösungen für die aufgetauchten Probleme zu suchen.

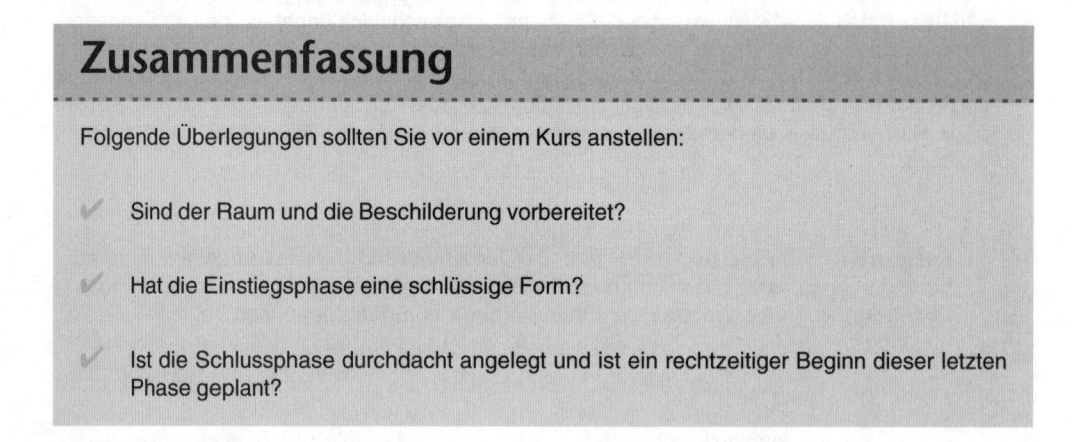

Zusammenfassung

Folgende Überlegungen sollten Sie vor einem Kurs anstellen:

✓ Sind der Raum und die Beschilderung vorbereitet?

✓ Hat die Einstiegsphase eine schlüssige Form?

✓ Ist die Schlussphase durchdacht angelegt und ist ein rechtzeitiger Beginn dieser letzten Phase geplant?

Modul 7

Visualisierung & Co.

Neben der Struktur gibt es Grundprinzipien für die Gestaltung der Unterrichtsinhalte, denen wir in diesem Modul unsere Aufmerksamkeit zuwenden. Eine gründliche Beachtung dieser Prinzipien bereits bei der Planungsphase eines Kurses kann hier schon über den Erfolg der Veranstaltung mit entscheiden.

> **Lernen Sie**
> - Kursinhalte zu visualisieren
> - das Prinzip der Vereinfachung zu verinnerlichen
> - Klarheit als wichtigen Wesenszug einer Veranstaltung kennen
> - Wiederholungen sinnvoll schon in der Vortragsphase einzusetzen

7.1 Visualisieren

Sie kennen sicher das Sprichwort: „Ein Bild sagt mehr als tausend Worte!" Dieser Spruch gilt umso mehr, wenn komplexe Sachverhalte schnell und übersichtlich für Teilnehmer dargestellt werden können. Nutzen Sie dabei die Möglichkeiten, die Ihnen zusätzlich neben der Beamerprojektion im Raum zur Verfügung stehen. Tafel, Whiteboard, Flipchart oder Overheadfolie können wertvolle Dienste leisten.

Wir haben in diesem Buch versucht, Ihnen mit anschaulichen Grafiken komplexere Zusammenhänge im Bild darzustellen. Nutzen Sie die Bildressource, wenn Sie wesentliche Inhalte leicht verständlich Ihren Teilnehmern vermitteln und sie längerfristig im Gedächtnis der Teilnehmer verankern möchten. Machen Sie sich zunächst selbst ein Bild über Ihre eigene Vorstellungsmöglichkeit. So wie Sie sich den Lerngegenstand in Bildern vorstellen, wäre es eine Hilfe für Ihre Teilnehmer. Die Prinzipien für die Darstellung lassen sich an folgenden Punkten festmachen:

- Welche Inhalte möchte ich vermitteln?
- Wie stelle ich diesen Inhalt bildlich dar?
- Welches Ziel verfolge ich mit der Darstellung?
- Welche Zielgruppe mit welchen Voraussetzungen habe ich vor mir?

Alle Punkte sind miteinander verwoben, wobei der zweite Punkt die entscheidende Größe darstellt. Sie werden sehen, mit etwas Übung werden Sie bald gehöriges Geschick in diesem Bereich entwickeln. Betrachten wir dies an verschiedenen Beispielen.

Raumgestaltung

Im Abschnitt „Vom Schulungsraum gesetzte Rahmenbedingungen" in Modul 2 fanden Sie die Raumgestaltung in U-Form. In einer Grafik konnten Sie diesen Computerraum betrachten. Ohne näheres Hinsehen war Ihnen die Anordnung mit einem Blick klar. Versuchen Sie stattdessen, diese Anordnung verbal zu beschreiben. Eine Vielzahl an Worten wäre dafür notwendig ohne die Gewähr, den Sachverhalt präzise vermittelt zu haben.

Internet

Sie wollen Ihren Teilnehmern den Weg der einzelnen „Internetpakete" vom Server, auf dem sich die Daten befinden, bis hin zum Empfangsrechner demonstrieren und den Sinn des Internets dahin erklären, dass durchaus Strecken in dem Netz ausfallen können und die Pakete, wenn auch über Umwege, ihren Zielrechner erreichen.

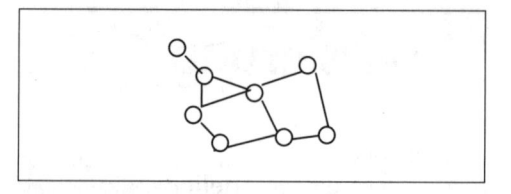

Eine einfache Skizze am Flipchart genügt. Mit ihr demonstrieren Sie den Verlauf der Pakete bzw. die Umwege, wenn eine Stelle im Netz gestört ist. Dazu genügt eine weitere Farbe auf dem Flipchart, und schon sind die Pakete auf Umwegen an ihrem Ziel.

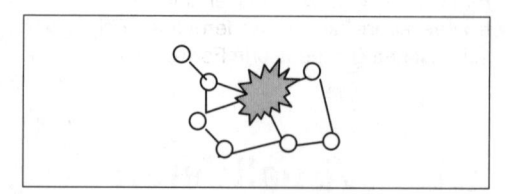

Haben Sie Angst davor, nicht zeichnen zu können? Keine Sorge, denn Qualität ist bei solch einer Skizze nicht gefordert. Die Verdeutlichung zählt und Ihre Erklärungen, die Sie beim Entwickeln der Skizze geben.

Suchmaschinen

Suchmaschinen bieten intelligente Suchmethoden, bei denen man mit „and", „or", „not" und „near" seine Suche präzisiert. Einem Teilnehmerkreis, dem diese Art der Abfrage noch fremd ist, verdeutlicht man dies mit einfachen Mengendiagrammen und einer Tabelle, in denen die Teilnehmer mit Beispielen versehen die spezielle Suche nachvollziehen und sich optisch vorstellen können:

Verknüpfung	Vorstellung der Auswahl	Beispiel
AND		Berlin AND Bundestag
OR		Berlin ODER Bundestag
NOT		Berlin AND NOT Bundestag

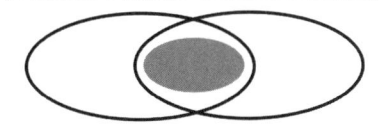

NEAR   Berlin NEAR Bundestag

...

Formeln in einer Tabellenkalkulation

Einsteigern in eine Tabellenkalkulation macht es immer wieder Mühe, den Unterschied zwischen einer Zahl und einer Formel zu erkennen.

In Zelle A12 steht eine Formel, in den Zellen A1 bis A3 nur Zahlen. Doch in der Anzeige verwirrt dies, weswegen auch die neueren Tabellenkalkulationen ein kleines schwarzes Dreieck für Formelfelder erhalten. Doch für den Tabellenneuling ist dieser Umstand verwirrend. Deshalb ist es für ihn hilfreich, wenn er eine Vorstellung dafür entwickelt, in zwei Ebenen bei der Tabellenkalkulation zu denken. Das eine ist die normale Ansicht, so wie das Blatt auf dem Bildschirm erscheint, das andere eine Ansicht, die sozusagen darunter liegt und die Formeln zur Berechnung der Ergebnisse enthält.

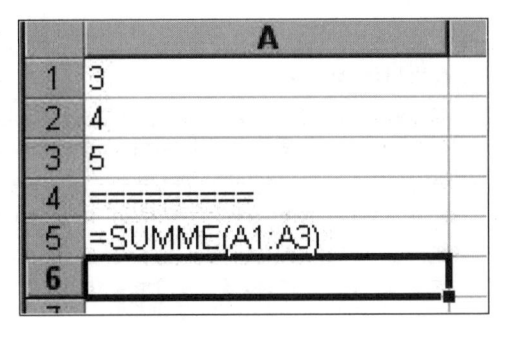

Die Ebene, die darunter liegt, lässt sich dann anschaulich vielleicht mit einer vorbereiteten Folie verdeutlichen:

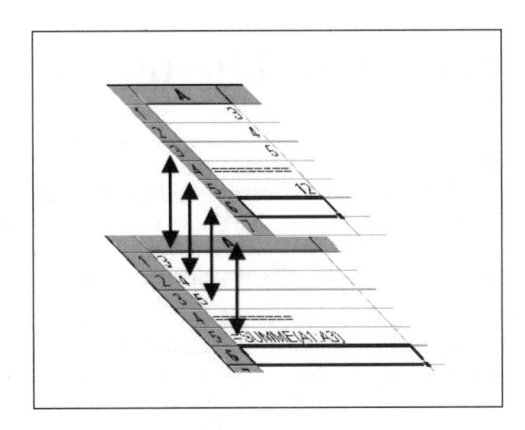

PowerPoint

Für die Teilnehmer eines *PowerPoint*-Kurses möchten Sie die Platzierung von Animationen auf zwei Arten verdeutlichen. Haben die Teilnehmer diesen Sachverhalt verinnerlicht, werden sie bei der Gestaltung einer Präsentation gezielt nach diesen Gestaltungselementen suchen. Ihr Schaubild unterstützt dabei diesen Prozess der Verinnerlichung.

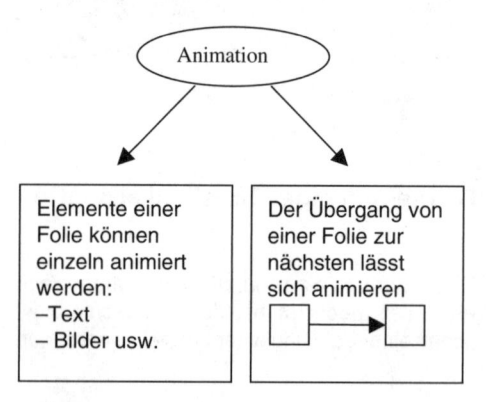

Animation

Elemente einer Folie können einzeln animiert werden:
– Text
– Bilder usw.

Der Übergang von einer Folie zur nächsten lässt sich animieren

7.2 Tipps für die Visualisierung

Egal, ob Sie mit PowerPoint oder auf einem Flipchart visualisieren, folgende Faustregeln sollten Sie im Vorfeld beherzigen:

- Reduzieren Sie die Anzahl der mit der Visualisierung angestrebten Aussagen auf maximal drei bis vier, sonst verliert sich der Visualisierungseffekt in der Masse wieder.
- Nutzen Sie nur einen Bruchteil des zur Verfügung stehenden Raumes auf Ihrem Flipchart oder Ihrem Whiteboard, denn der freie Raum sorgt für die Konzentration auf das Wesentliche.
- Beschränken Sie sich bei der Darstellung auf zwei, höchstens drei Farben zur Hervorhebung: z.B. Schwarz für die Schrift, Blau für Wesentliches und Rot für kritische Inhalte.
- Arbeiten Sie neben der Farbe mit visuellen Hervorhebungen, wie Umkreisen, Wolken oder Rahmen von wichtigen Begriffen und Überschriften.

7.3 Visualisierung benötigt Erklärung

Die Beispiele und die dazu verwendeten Einleitungen zeigen auf, wie sehr Visualisierungen ergänzende Erklärungen benötigen. Das Bild allein stellt nur das Orientierungsgerüst für die Vorstellung im Kopf dar. Erst die mit der Visualisierung einhergehende Erläuterung liefert den Zusammenhang zu der dargestellten Grafik. So entsteht aus der Darstellung und dem erklärenden Kommentar bei den Teilnehmern die zu vermittelnde Vorstellung.

Als weitere Komponente tritt die für die Visualisierung und Erläuterung benötigte Zeit hinzu. Einerseits darf die Erklärung nicht zu langatmig sein; wenn schon alle Teilnehmer den Sachverhalt verstanden haben, brauchen Sie nicht weiter zu erklären. Umgekehrt genügen Visualisierung und erklärende Kommentare nicht, wenn der Lerngegenstand zu komplex ist und die Teilnehmer den Inhalt noch nicht verstanden haben und Sie schon zum nächsten Thema übergehen. Hier müssen Sie ein feines Gespür entwickeln, wann die Erklärungen reichen oder ob zusätzliche Informationen notwendig sind.

> **Hinweis:** Um herauszufinden, ob Ihre Erklärungen ausreichen, sollten Sie keine Frage stellen wie: „Haben Sie das verstanden?" Sie werden kaum eine ehrliche Antwort erwarten können. Stellen Sie stattdessen eine Verständnisfrage, bei der Sie den dargestellten Sachverhalt leicht abwandeln. Denken Sie an das erste Beispiel mit dem Internet zurück. Hier könnten Sie die Frage anschließen: „Wo müssten überall die Leitungen unterbrochen werden, so dass die Nachrichtenpakete nicht mehr zum Ziel kommen?"

7.4 Klarheit und Einfachheit

Eng einher mit der Visualisierung gehen die Begriffe *Einfachheit* und *Klarheit*. Visualisierung dient von Hause aus beiden, doch gehören Klarheit und Einfachheit auch im gesamten Kontext einer EDV-Schulung zu den Schlüsselelementen des Erfolgs. So grundsätzlich logisch deren Bedeutung auch ist, so schwierig stellt sich die Umsetzung und Vermittlung dieser Fähigkeit dar. Sie selbst erinnern sich sicherlich an Lehrer oder Professoren, die Inhalte mit wenigen Worten passend beschrieben haben, andere wiederum konnten mit einem großen Wortschwall das Wesentliche so vernebeln, dass es niemand verstanden hat.

Zunächst muss aus der Fülle an Informationen rund um einen zu unterrichtenden Gegenstand das Wesentliche herausgefiltert werden:

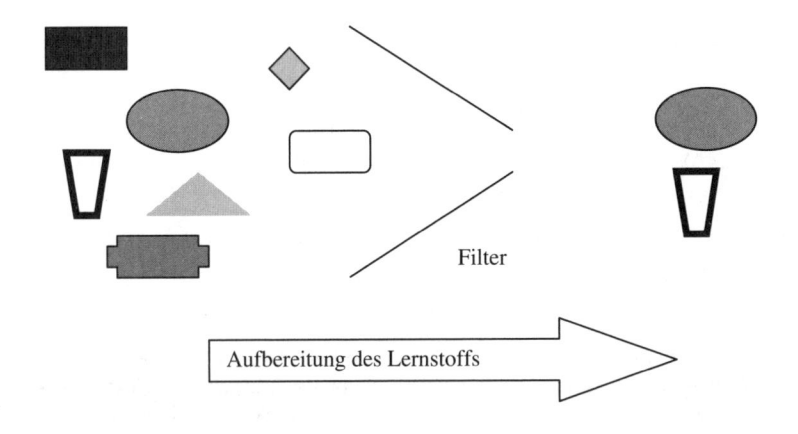

Dabei spielt Ihr Wissen um den Lernstoff den Filter, der die absolut wesentlichen Elemente herausfiltert. Zur Reduzierung auf das Wesentliche gehört ebenso die verbale Reduktion auf genau die zu bearbeitenden Sachverhalte.

So konnten viele Trainingseinheiten zum Internet verfolgt werden, in denen eine hoch interessierte Teilnehmerschaft darauf wartet, endlich zu erfahren, welchen Nutzen das Internet bietet und wie sie an die begehrte Information gelangt. Doch die Referenten zogen es zunächst vor, von der Geschichte des Internets zu berichten, den Datentransport im Internet, den verschiedenen Protokollen und schließlich von den Domainbezeichnungen zu referieren. Als dann nach über eineinhalb Stunden der Referent zum ersten Mal den Computer einschaltete, war das Interesse bei einem Großteil der Teilnehmer bereits erlahmt.

Ein Kollege zeichnete dabei folgendes Bild: Man muss die Kursteilnehmer zunächst im Hubschrauber auf den Berg bringen, ihnen dort die wundervolle Aussicht zeigen und ihre Begeisterung daran wecken, dann sind sie auch bereit, beim nächsten Mal den steinigen Weg zum Gipfel zu Fuß zu gehen.

Übertragen wir dies auf den Fall, Sie möchten Formeln in Excel einführen.

Natürlich können Sie

- die Formelerkennungszeichen in Excel und anderen Tabellenkalkulationen ansprechen;
- den Unterschied zwischen Formeln und Funktionen erläutern;
- die gültigen Rechenzeichen aufzählen;
- einen Überblick über alle möglichen Funktionstypen liefern.

Anschließend ändern Sie ein paar Werte, und die Teilnehmer erkennen, dass die Formel sofort das richtige Ergebnis anpasst. Sie werden die Begeisterung der Teilnehmer spüren, die Sie dafür vorbereitet haben, sich all den Problemen, die oben beschrieben wurden, zu öffnen.

> **Hinweis**
> Sie haben in den Beispielen gesehen, wie Einfachheit, Klarheit und Visualisierung eine Einheit zum Kurserfolg bilden. Nehmen Sie sich in der Vor- und Nachbereitung immer wieder die Zeit, um Ihre Planung nach diesen Kriterien zu untersuchen.

7.5 Handhabung

Erklären Sie immer gleiche Funktionsabläufe nach dem einfachsten Prinzip für die Teilnehmern und immer gleich! Sie kennen die Windows-Zwischenablage, das Kopieren und Einfügen. Um diese Funktionalität einzusetzen, gibt es verschiedene Wege:

- Tastenkombinationen [Strg] + [C] und [Strg] + [V]
- Menübefehle unter *Bearbeiten / Kopieren* und *Bearbeiten / Einfügen*
- die Befehlsleiste

Der routinierte Windows-Anwender wird natürlich mit der Tastenkombination arbeiten. Ein Einsteiger hat hier erheblich größere Probleme und kann zunächst sicherlich mit der ungewohnten Tastaturbedienung nur wenig anfangen, geschweige denn sich diese Kombination merken. Als Trainer müssen Sie sich dieses Umstandes bewusst sein und Ihre eigene Routine hinten anstellen und für Ihre Teilnehmer andere Wege gehen. So empfiehlt sich hier die Methode mit den Menübefehlen. Sicherlich sind diese am umständlichsten von allen drei Methoden, doch dadurch, dass

- die Menübefehle selbsterklärend beschriftet sind und
- in allen Programmen an der gleichen Stelle zu finden sind,

ist diese Methode den anderen Vorgehensweisen zu Beginn vorzuziehen. Jedes Mal, wenn Sie mit der Zwischenablage arbeiten, erklären Sie es auf diese gleiche Art und Weise.

Verdeutlichen Sie vor allem dann, wenn Sie Daten über die Windows-Zwischenablage mit verschiedenen Programmen austauschen, die Funktion der Zwischenablage so, dass die Teilnehmer eine bildliche Vorstellung von der Windows-Zwischenablage gewinnen.

Verwenden Sie greifbare Gegenstände in Ihrem Unterrichtsraum und demonstrieren Sie damit die Ablage und den Zugriff aus anderen Programmen.

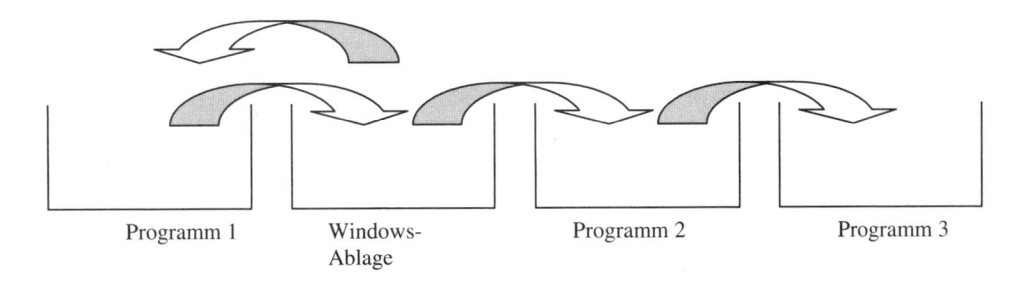

Programm 1	Windows-Ablage	Programm 2	Programm 3

Wird dieser Vorgang immer wieder wiederholt, dann weisen Sie irgendwann auf die Menükurzbefehle [Strg] + [C] und [Strg] + [V] hin, die in den Menüs stehen, und demonstrieren diese Kurzform. Der ein oder andere Teilnehmer wird die Tastenbefehle übernehmen. Wenn Sie das Gefühl haben, dass schon viele der Teilnehmer diese Kurzform verwenden und den anderen Teilnehmern dieses Vorgehen bekannt ist, können Sie bei Erklärungen ganz auf diese Form verzichten. Damit ist der Lernprozess zur Zwischenablage abgeschlossen, die Vorgehensweise über Menüs klar und die Kurzform bekannt.

Zusammenfassung

Folgende Fragen können Sie sich zur Visualisierung stellen:

- Sind die Erklärungen einfach und ohne Ballast gestaltet?
- Sind die Arbeitsanweisungen klar gehalten?
- An welchen Stellen helfen Visualisierungen weiter?
- Verwenden Sie immer das gleiche Vorgehen, bis ein Lerngegenstand verinnerlicht ist. Dabei ist nicht die Geschwindigkeit des Vorgehens, sondern die Einfachheit für den Teilnehmer die ausschlaggebende Größe.

Modul 8

Einführung des Stoffs

In diesem Modul kommen wir zu einem Schlüsselthema für das Gelingen eines EDV-Kurses. Die richtige gezielte Einführung des Unterrichtsgegenstandes. Haben wir bereits im letzten Modul mit der Einfachheit, Klarheit und Visualisierung die Eckpfosten gesetzt, so geht es in diesem Modul über Variationen bei der Einführung. Erwerben Sei ein Reservoir an verschiedenen Methoden, um nach Bedarf auf diese Methodenvielfalt zurückgreifen und vor allem einen Kurs abwechslungsreich gestalten zu können.

> **Lernen Sie**
>
> - verschiedene Methoden der Gestaltung kennen
> - die Vor- und Nachteile des jeweiligen Vorgehens einzuschätzen
> - das richtige Vorgehen für die jeweilige Teilnehmergruppe einschätzen zu können
> - Verschiedene Methoden kennen
> - deren Vor- und Nachteile einzuschätzen
> - die verschiedenen Ziele und Erwartungen an Ihren Kurs einzuschätzen

8.1 Die Methodenwahl

Auf den folgenden Seiten werden Sie mit einer Vielzahl an Einführungsmethoden konfrontiert. Nicht alle Methoden eignen sich in gleicher Weise. Sie werden sicherlich selbst bei einigen Methoden die Stirn runzeln. Das mag daran liegen, dass Sie von Ihrem Typ die eine oder andere Methode ablehnen. Dann hat es auch wenig Sinn, diese Methoden mit Gewalt einzusetzen. Ein anderer Grund mag der Gedanke an Ihre Zielgruppe sein. Eine Gruppe hoch dotierter Manager mag weniger flexibel auf unterschiedliche Methoden reagieren als eine Gruppe von Berufsanfängern, die frisch von der Universität kommt. Ihrem Fingerspitzengefühl für die richtige Methode im richtigen Moment obliegt es, die richtige Wahl zu treffen. Dazu allerdings brauchen Sie die möglichst große Bandbreite der Methodenvielfalt, um vielleicht sogar noch während des Kursverlaufs von Ihrem geplanten Vorgehen abzuweichen und so den Kurserfolg zu optimieren.

Allerdings sollten Sie sich ebenso vor Augen halten, die Motivation wird durch Abwechslung in der Gestaltung der Lernsequenzen erhöht. Die Konzentration bleibt Ihren Kursteilnehmern erhalten, und ihre Zufriedenheit mit dem Kurs steigt. Halten Sie sich neben den verschiedenen Methoden noch folgende Überlegung vor Augen: Motivation entsteht auch und besonders dadurch, dass die Software die eigene praktische Arbeit erleichtert und Ihre Tipps hilfreich im Alltag sind. Deshalb sollten Sie Ihre Inhalte nicht nur nach verschiedenen Methoden aufbereiten, sondern auch immer wieder darauf achten, dass die Kursinhalte mit den Arbeitsabläufen der Teilnehmer immer korrespondieren.

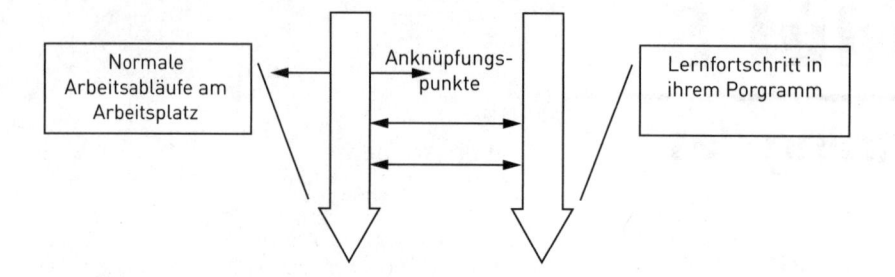

```
[Normale Arbeitsabläufe am Arbeitsplatz]  ←→  Anknüpfungs-punkte  ←→  [Lernfortschritt in ihrem Porgramm]
                    ⬇                                                              ⬇
```

Bei dieser Art offenbart sich für die Teilnehmer immer wieder der Nutzen des Kurses, und die Motivation zur Mitarbeit steigt spürbar an.

Neben diesem Motivationsbeispiel unterscheidet man zwischen der extrinsischen und intrinsischen Motivation. Die sogenannte intrinsische Motivation resultiert aus dem reinen Interesse Ihrer Teilnehmer aus dem Stoff heraus und ist eigentlich jene, auf die man zunächst bauen und die man unterstützen sollte. Die extrinsische Motivation ist eine Begeisterung an Ihrem Kurs, die nichts mir den eigentlichen Kursinhalten zu tun hat. Das kann ein Faibel und Interesse an Ihrer Person sein, die Freude, nicht zur regulären Arbeit zu müssen, der vermeintliche Wissensvorsprung gegenüber den Kollegen und vieles mehr. Auch wenn die Motivation am Erlernen des Stoffs Ihnen am hilfreichsten sein wird, unterschätzen Sie nicht die positiven Effekte, die ebenso aus der extrinsischen Motivation erwachsen können. Am Beispiel des Zauberns im nächsten Kapitel wird Ihnen dieser Umstand bewusst werden.

Von Heinrich Roth (1962, 244 ff.) stammen Überlegungen zur Strukturierung einer Schulunterrichtsstunde. Diese Überlegungen zur sogenannten Artikulation von Unterricht sind gelungene Ansätze, einen Spannungsbogen für 45 Minuten Schulunterricht aufzuzeichnen. Seine sechs Strukturierungselemente lauten:

1. Stufe der Motivation
2. Stufe der Schwierigkeit
3. Stufe der Lösung
4. Stufe des Tuns und Ausführens
5. Stufe des Behaltens und Einübens
6. Stufe des Bereitstellens und des Transfers

Derartige Überlegungen für einen ganzen Kurstag oder mehrtägigen EDV-Kurs existieren nicht. Die einzig erkennbaren klaren Elemente sind der Kursanfang und das Kursende. Für die Gestaltung des wesentlichen Zwischenraums sind Sie in hohem Maß gefordert. Um Abwechslung in diesen Bereich zu bringen, müssen Sie die Vorgehensweise immer wieder ändern und ein Gespür für das optimale Durchgehen entwickeln. Sie selbst gestalten Ihren ganz persönlichen Spannungsbogen durch unterschiedliche Methoden. Passen Sie also die verschiedenen Formen Ihrer eigenen Vorstellung vom Kursverlauf an.

Immer wieder liest man von Vergleichen eines Computerkurses mit einem Theaterstück. Der Spannungsbogen müsse permanent ansteigen und schließlich im letzten Akt zum Höhepunkt gelangen, um dann mit dem Kursende auszuklingen. Diese Vorstellungen sind sehr theoretisch und nur in Ansätzen zu erreichen. Statt die Dramaturgie Ihres Kurses im Auge zu haben, sind die Interessen Ihrer Teilnehmer, der erzielte Lernerfolg und die Zufriedenheit aller Beteiligten höher zu bewerten. Ein Mittel, um dies zu erreichen, ist immer wieder der besagte Methodenwechsel bei gleichzeitiger Berücksichtigung der Kondition der Teilnehmer. Ein Thema kann hervorragend am Morgen den Teilnehmern frontal präsentiert werden, am Nachmittag bietet sich bei gleicher Lernsequenz und gleichem Teilnehmerkreis eher eine eigenaktive Lernmethode an. Dennoch lohnt ein Blick zurück auf das Artikulationsmodell von Heinrich Roth. In einem EDV-Kurs finden Sie ähnliche Elemente wieder. Die Motivation entspringt dem zukünftigen Umgang mit dem Programm, der damit verbundenen Arbeitserleichterung oder den vollkommen neuen Möglichkeiten, die die Software eröffnet.

Viele Teilnehmer verspüren eine Stufe, die von Schwierigkeiten geprägt ist. Es stellt sich eine gewisse Hemmnis im Umgang mit der neu zu erlernenden Software ein. Einige haben vielleicht sogar Ängste, sich vor den anderen Kursteilnehmern zu blamieren. Auch kann es beim Lernvorgang zu Verständnisproblemen oder gar Blockaden kommen. Versuchen Sie diese Reaktionen rechtzeitig zu erkennen und durch einfühlsames verständnisvolles Verhalten gegenzusteuern.

Im Gegensatz zu der Stufe, die die Schwierigkeit Ihrer Teilnehmer zum Vorschein bringt, werden Sie immer wieder die Freude bei Ihren Teilnehmern feststellen, wenn sie einen Kniff im Umgang mit der neuen Software verstanden haben. Dann schwingt eine gehörige Portion Stolz und Euphorie mit. Nutzen Sie diese Stimmung, um auf weitere Kursinhalte hinzuweisen, gerade daraus schöpfen viele Teilnehmer ihre Motivation zur Weiterarbeit.

Die folgenden Phasen, die Stufe des Tuns und Ausführens als auch die Stufe des Behaltens und Einübens, sind die typischen Elemente der Übungsphase. Die neuen Kursinhalte werden trainiert und vertieft.

Die letzte Stufe, die Stufe des Transfers, stellt das wohl wichtigste Kursziel dar. Die Teilnehmer sollen ja in die Lage versetzt werden, die Kursinhalte am eigenen Computerarbeitsplatz möglichst gewinnbringend einzusetzen. Dazu müssen Kursaufbau und -inhalte den Teilnehmer befähigen, die neu erlernten Fertigkeiten am eigenen Arbeitsplatz erfolgreich auf die dort vorhandenen Probleme zu übertragen. Hier zeigt sich letztendlich der wirkliche Erfolg Ihres Kurses, wenn das Erlernte auch wirklich am Arbeitsplatz zielgerichtet auf die eigenen Problemstellungen angewandt werden kann.

> **Hinweis:** Die Artikulationsstufen lassen sich zwar nicht direkt auf einen Computerkurs übertragen, doch stellen die Elemente wichtige Orientierungspunkte dar für die Gestaltung der Übungen.

8.2 Wechsel von Arbeitsformen

In diesem Abschnitt werden die unterschiedlichen Arbeitsformen vorgestellt. Die Aufzählung erhebt keinen Anspruch auf Vollständigkeit. Im Zuge Ihrer Referententätigkeit werden Sie Ihre eigenen Arbeitsformen entwickeln, die diese Liste ergänzen können.

Der Vortrag

Diese Methode wird am häufigsten verwendet, als alleinige Methode für einen Kurs wirkt sie jedoch schnell ermüdend. Aus diesem Grund ist bei Didaktikern diese Form verpönt, doch sollten Sie sich nicht nur vor Augen halten, dass ein Großteil Ihrer Erklärungen im Kurs nach diesem Schema verlaufen wird. Ein gelungener Vortrag stellt für Ihre Teilnehmer durchaus einen Gewinn dar. Entsprechend gründlich sollte der Vortrag vorbereitet sein. Das beginnt mit der exakten Planung, was Sie thematisch ansprechen wollen, den Überlegungen der Visualisierung, dem Einsatz von Hilfsmitteln und endet schließlich bei einer genauen Zeiteinteilung. Ihr Vortrag sollte die 10-Minuten-Grenze nicht überschreiten, denn dann lassen Aufmerksamkeit und Konzentration Ihrer Teilnehmer rapide nach. Spätestens dann sollte ein Wechsel der Arbeitsform stattfinden. Als Hilfsmittel eignen sich alle Ihnen zur Verfügung stehenden Visualisierungshilfen. Bevorzugt werden Sie allerdings den Beamer einsetzen, um den zu demonstrierenden Vorgang den Teilnehmern zu zeigen.

Beispiel

Sie führen das Pfeilwerkzeug in CorelDRAW ein. Dazu haben Sie vor Beginn des Vortrags zwei Objekte gezeichnet, die Ihnen jetzt zur Demonstration in Ihrem Vortrag dienen. Folgende Aktionen können jetzt zur Verdeutlichung des Pfeilwerkzeugs angewendet werden:

- Objekte nacheinander markieren
- Objekte verschieben
- Größe von Objekten und Proportionen ändern
- Objekte drehen
- Gemeinsames Markieren von mehreren Objekten

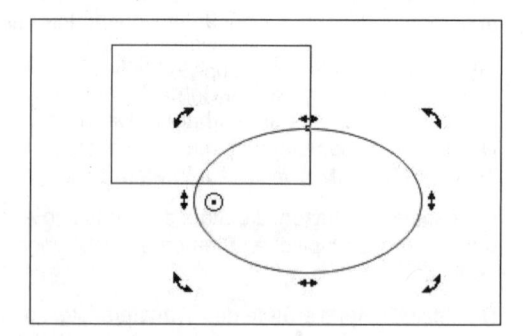

Damit haben Sie etwa die Aufnahmekapazität erreicht, die von den Teilnehmern noch zu erfassen ist. Alle Arbeitsschritte haben Sie den Teilnehmern über Beamer vorgeführt. Bevor Sie Ihre Teilnehmer auffordern, die Aktionen nachzumachen, wiederholen Sie die Aktionen nochmals in chronologischer Reihenfolge, damit die Teilnehmer sich die Reihenfolge besser einprägen können, und lassen Sie die Teilnehmer beim zweiten Durchgang an ihren eigenen PCs mitarbeiten.

Vorteil der Methode

Diese Schiene hat ein äußerst rationelles Vorgehen, und vor allem trifft dieses Vorgehen den Erwartungshorizont der allermeisten Kursteilnehmer. Gegen einen gut präsentierten Vortrag ist nichts einzuwenden, er bedarf aber einer gründlichen Vorbereitung.

Nachteil der Methode

Da die konzentrierte passive Aufmerksamkeit der Teilnehmer gefordert ist, werden die Teilnehmer schnell müde. Dies gilt vor allem bei längeren Vorträgen. Die Aufnahmefähigkeit Ihrer Teilnehmer wird am Nachmittag noch geringer. Da die Inhalte nur von Ihnen präsentiert und nicht von den Teilnehmern selbst erarbeitet werden, darf der Grad der Festigung der Inhalte bei den Teilnehmern nicht überschätzt werden. Eine gründliche und intensive Übungsphase ist hier unbedingt erforderlich.

Darauf ist zu achten

- Gute verbale Vorbereitung des Vortrags
- Gute Sichtverhältnisse Ihrer Teilnehmer auf das Beamerbild oder andere Präsentationsmittel
- Rhetorische Sprachmittel – wie Pausen und Wiederholungen – ganz gezielt einsetzen
- Zeitbegrenzung auf etwa 10 Minuten

Selbstständiges Lernen

Ein durchaus probates Mittel ist es, die Teilnehmer selbst in die Rolle eines Entdeckers zu versetzen. Dies ist jetzt nicht so zu verstehen, dass Sie Ihre Trainerrolle aufgeben und stattdessen Ihren Teilnehmern die Rolle übertragen, sich selbst das Programm beizubringen. Sie arrangieren geschickt die Lernsituation, aus der heraus die Teilnehmer „sich selbst auf den Weg machen". Zwar mag der Weg etwas länger dauern, als wenn Sie die Anweisungen vorgeben. Doch ist der Lernerfolg dabei nicht zu unterschätzen.

Beispiel

In einem Bildbearbeitungsprogramm haben Sie einige Effekte eingeführt und Bilder mit diesen Effekten entfremdet. Die Anzahl der möglichen Effekte übersteigt die zur Verfügung stehende Zeit bei weitem, deswegen geben Sie die Aufgabe an Ihre Teilnehmer, weitere Effekte an vorhandenen Bildern auszuprobieren. In einer anschließenden Diskussionsrunde werden die effektivsten Verfremdungseffekte im Gruppengespräch vorgestellt.

Vorteil der Methode

Durch die eigene Aktivität und das selbstständige Entdecken wird das Interesse bei den Teilnehmern geweckt. Im Mittelpunkt steht nun das eigene Entdecken, Ausschöpfen der Varianten und Beurteilen der Ergebnisse. Das gemeinsame Gespräch fördert die Gruppenzusammengehörigkeit, und das Gelernte können Ihre Teilnehmer leichter behalten, weil sie die Inhalte selbst erarbeitet haben. Hinzu kommt das Zutrauen, selbst in dem Programm die Funktionalität nach Ende des Kurses auszuprobieren, schließlich haben sie ja den Effekt selbst schon einmal entdeckt.

Nachteil der Methode

Dieses Vorgehen erfordert mehr Zeit als die Frontalmethode. Planen Sie gleichzeitig ein, in dieser Phase vielen Teilnehmern direkt helfen zu müssen, die je nach Lernfortschritt zusätzlicher Hilfe und Anregung bedürfen.

Bedenken Sie: Nicht alle Teilnehmer machen die gleichen Erfahrungen beim Erkunden des Programms.

Darauf ist zu achten

Die Anweisungen müssen klar und verständlich gegeben sein. Die Teilnehmer müssen genau wissen, was in dieser Phase zu erledigen ist. Geben Sie den Teilnehmern nach der Arbeitsphase Zeit, sich gegenseitig auf einen etwa gleichen Kenntnisstand zu bringen. Ein exakt gleicher Kenntnisstand wäre zwar wünschenswert, ist jedoch auch im Fall der Vortragsmethode, bei der alle das Gleiche hören, nicht gewährleistet

Vorgefertigte Lernsequenzen

Kleinere Lerneinheiten lassen sich mit einer Screencam aufzeichnen. Die aufgezeichneten Lernsequenzen stellen Sie Ihren Kursteilnehmern an passender Stelle zur Verfügung. Sie orientieren sich am Bildschirm über den neuen Unterrichtsinhalt, sehen dynamisch den Vorgang und vollziehen das Gezeigte mit dem Programm nach.

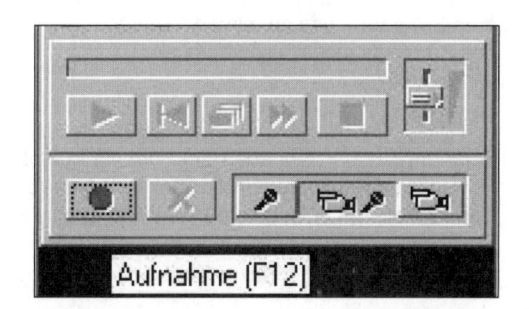

Die Screencam-Programme, wie beispielsweise Lotus Screencam, lassen sich leicht bedienen und speichern nicht nur die Aktionen und Arbeitsschritte auf dem Bildschirm mit einem Mikrofon werden zusätzlich Ihre Erklärungen aufgezeichnet. Komplexere Programme bieten zusätzlich Optionen an, um Programmelemente mit einem Rahmen zu umgeben und hervorzuheben. Ähnliche Effekte erreichen Sie allerdings auch, wenn Sie mit der Maus die wichtigen Schaltelemente umkreisen.

Beispiel

In CorelDRAW zeigen Sie die Funktion eines Werkzeugs und die Einstellungsmöglichkeiten mit der kontextsensitiven Werkzeugleiste. Sie demonstrieren das Werkzeug, zeigen die Variationsmöglichkeiten, erklären und demonstrieren diese.

Vorteil der Methode

Der Hauptvorteil der Methode liegt in der Variation innerhalb Ihres Kurses. Daneben haben Ihre Teilnehmer durch diese Methode die Möglichkeit, die zu lernende Sequenz dynamisch am eigenen Monitor zu erleben, mehrfach anzusehen und anschließend dort auch auszuprobieren.

Nachteil der Methode

Diese Methode erfordert eine gründliche Vorbereitung. Am besten legen Sie ein kleines Ablaufprotokoll neben Ihre Tastatur, wenn Sie die Sequenz aufzeichnen. Schnell hat man sich einmal verhaspelt oder versprochen, dann muss die Sequenz nochmals aufgezeichnet werden. Denn ähnlich wie bei Nachrichtensprechern werden Versprecher in den aufgezeichneten Sequenzen viel deutlicher hervortreten, als wenn Ihnen der gleiche Versprecher im normalen Kurs unterläuft. Unter Umständen können Sie die Lernsequenz bereits im Vorfeld aufzeichnen und Ihren Teilnehmern das fertige Produkt zu Übungszwecken zur Verfügung stellen.

Darauf ist zu achten

Verwenden Sie ein gutes Mikrofon und sprechen Sie besonders deutlich. Versuchen Sie dabei, Atemgeräusche zu vermeiden. Die aufgezeichneten Sequenzen sind in der Regel große Dateien, die Sie auf CD brennen sollten und an die Teilnehmer möglichst über ein Netzwerk so verteilen, dass sie lokal darauf zugreifen können. Vergessen Sie auch nicht, wenigstens den Real Player vor Schulungsbeginn auf allen Rechnern zu installieren. Nicht immer werden alle aufgezeichneten Aktionen korrekt wiedergegeben. An den Teilnehmer-PCs sollten Kopfhörer vorhanden sein, damit der Ton einerseits gehört werden kann, andererseits die Teilnehmer sich nicht gegenseitig stören.

Zielvorgaben und eigenes Entdecken

Ganz ähnlich der Methode des eigenen Entdeckens geben Sie bei dieser Vermittlungsform das Ziel vor. Die Teilnehmer wissen, was am Schluss als Zielprodukt herauskommen soll. Doch der Weg zum Ziel ist unklar und muss entdeckt werden. Diese Methode eignet sich aus diesem Grund nicht für Einstiegsphasen in ein Programm. Die Teilnehmer sollten bereits etwas bewandert sein im Umgang mit dem Programm und die ein oder anderen Kniffe kennen. Mit diesen Kenntnissen muss die Lösung des Problems möglich sein!

Beispiel

In einem *Excel*-Kurs haben Sie Formeln in Ihrer Anwendung demonstriert und durchgesprochen. Runden und Rechenregeln sind bekannt. Nun kommt aus dem Kreis der Teilnehmer der Wunsch auf, das Ergebnis einer Rechnung auf Viertel genau zu berechnen.

Sie geben diese Aufgabe an die Teilnehmer mit der Behauptung zurück, sie könnten die Aufgabe bereits mit den ihnen bekannten Mitteln lösen. Wer zuerst auf die Lösung kommt, stellt das Ergebnis schließlich den anderen Teilnehmern vor. Ist die Aufgabe zu schwierig, können Sie zwischendurch kleinere Hilfen geben. Die Lösung finden Sie übrigens in folgender Formel:

```
=runden(Zellwert*4;0)/4
```

Eine Hilfe könnte sein, dass runde Werte, durch 4 geteilt, Viertelwerte ergeben.

Vorteil der Methode

Diese Methode hat etwas von einem Wettbewerbscharakter oder einer Knobelaufgabe. Beides spornt die Teilnehmer zu eigener Aktivität an, die Aufgabe wird wesentlich tiefer durchdacht, als wenn Sie die Lösung einfach präsentieren. Zusätzlich erhalten einige Teilnehmer die Möglichkeit, ihre Überlegungen vorzutragen. Dies stärkt das Gruppengefühl und die Motivation bei der Mitarbeit.

Nachteil der Methode

Bei einem Wettbewerb gibt es immer Verlierer, die enttäuscht sind, selbst bei Erwachsenen. Nehmen Sie die Spitze dadurch, dass Sie denjenigen vortragen lassen, der das Ergebnis herausgefunden hat, und bedanken Sie sich bei allen Teilnehmern. Unter Umständen findet niemand die Lösung, und Sie müssen das Ergebnis präsentieren.

Darauf ist zu achten

Lassen Sie Ihre Teilnehmer nicht zu lange nach einer Lösung suchen. Wenn Sie spüren, die „Luft ist draußen" und die Motivation lässt nach, sind Sie gefordert. Brechen Sie die Suche ab und wenden Sie sich der Auflösung zu.

Experten-Lernen

Hier bilden sich die Teilnehmer selbst zu Experten aus, die anschließend ihre Mitteilnehmer, die bis dahin selbst zu Experten in anderen Bereichen geworden sind, selbst auf einen gemeinsamen Wissensstand bringen.

Beispiel

Sie geben einen Kurs zur Internetseitengestaltung. Ihre zwölf Teilnehmer teilen Sie in einer ersten Runde in drei Gruppen ein, die unterschiedliche Aufgaben zu bearbeiten haben:

- Die erste Gruppe erlernt den Umgang mit einem Seitengestaltungsprogramm wie FrontPage. Die wichtigsten Funktionen, Linkerstellung und Gestaltung einer Seite werden in der Gruppe nach einer genauen Anleitung (oder Screencam-Präsentation) erarbeitet.

- Die zweite Gruppe beschäftigt sich mit der digitalen Kamera und anschließender Bearbeitung der Bilder in einem Bildbearbeitungsprogramm sowie das Abspeichern der Bilder im Internetformat.

- Die dritte Gruppe übt das Hoch- und Runterladen von Dateien auf einen Server.

Runde 1

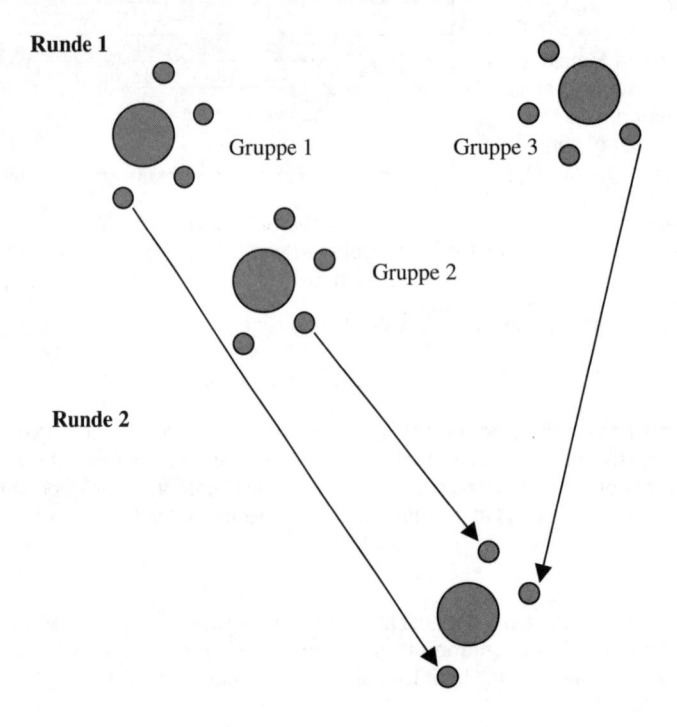

Gruppe 1   Gruppe 3

Gruppe 2

Runde 2

Nach der ersten Arbeitsphase werden neue Gruppen gebildet, in denen jeweils ein Experte aus den drei Gruppen sitzt. Ein klarer Arbeitsauftrag, bei dem alle Fähigkeiten der Experten einfließen müssen, kann nun erfolgen. Beispielsweise muss eine Internetpräsentation der Tagungsstätte ins Netz gestellt werden. Um das Ziel erfolgreich zu erreichen, müssen jetzt die Informationen untereinander einfließen. Die Experten liefern je nach Bedarf das notwendige Wissen zur Lösung der Aufgabenstellung.

Vorteil der Methode

Jeder Teilnehmer wird zu einem Experten ausgebildet, dessen Wissen in der Gruppe unverzichtbar ist. Die Teamfähigkeit und das Gruppengefühl wird gefördert, und schließlich werden die Ergebnisse als Gruppenleistung präsentiert.

Nachteil der Methode

Nicht alle Experten sind gleich kompetent, und ein gewisser „Qualitätsverlust" von Inhalten von der ersten zur zweiten Arbeitsphase ist zu verzeichnen.

Darauf ist zu achten

Der zu erlernende Wissensumfang in den ersten Expertengruppen sollte ungefähr gleich sein und in den Gruppen auch jeweils einer der benötigten Experten sitzen. Sollten die Zahlen nicht aufgehen, können Gruppen ihre Experten auch untereinander als Notbehelf ausleihen.

Stationen-Lernen

Ein ganzer Parcours steht bereit, um unterschiedliche Lerninhalte anzubieten. Die Teilnehmer wechseln nach einer gewissen Zeit ihren Arbeitsplatz und arbeiten an der nächsten Arbeitsstation, bis alle Stationen durchlaufen sind.

Beispiel

Ihre Gruppe möchte unterschiedliche Programme kennen lernen. Sie haben die jeweilige Software auf Rechner installiert, notwendige Demonstrationsdaten eingeladen und eine exakte Anleitung neben den Rechner gelegt. Jetzt gehen die Teilnehmer möglichst in Zweier-Teams von Station zu Station und testen die Software nach Ihren Arbeitsanweisungen.

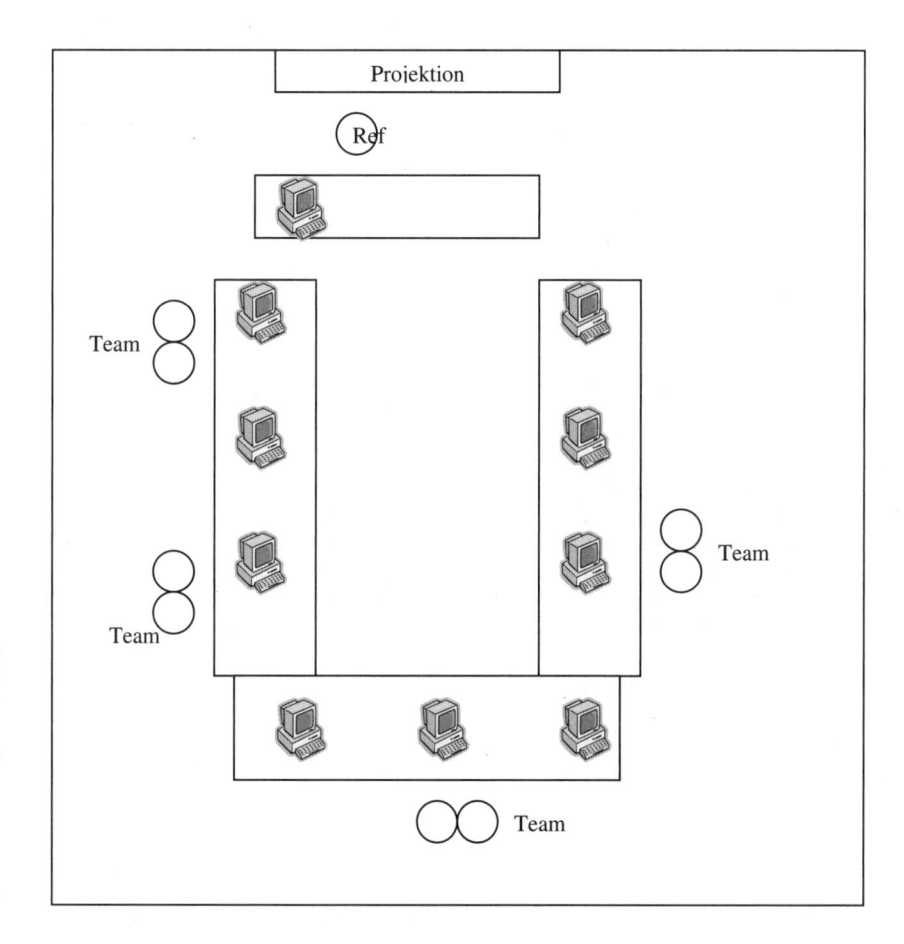

Sind Ihre Teilnehmer im Team und haben Sie mehr Stationen als Teams, so können die Teilnehmer auch zeitlich versetzt die Stationen wechseln, ohne dass es zu Wartezeiten vor belegten Stationen kommt.

Vorteil der Methode

Im Team können sich die Teilnehmer besprechen und unbekannte Software gemeinsam begutachten. So erhalten die Teilnehmer eine Fülle an Eindrücken in kurzer Zeit.

Nachteil der Methode

Diese Methode mag gut für den Breitenüberblick über eine Vielzahl an Softwareprodukten oder für Messeveranstaltungen geeignet sein. Eine intensive, gezielte Schulung in einem Produkt ist ohne geführte Anleitung in dieser Form nicht zu erwarten.

Darauf ist zu achten

Auch und gerade diese Form erfordert eine gezielte und intensive Vorbereitung, Ausarbeitung von Handreichungen und eine permanente Trainerpräsenz.

Zielvorgabe ohne eigenes Entdecken

Statt den Teilnehmern nach und nach die Funktionen zu erklären, zeigen Sie zunächst das fertige Produkt und erzeugen so den Wunsch, so etwas selbst zu erzeugen. Die Motivation ist da, sich dann selbst schwierigen Themen zu widmen.

Beispiel

Das Schreibbüro einer Firma macht mit Ihnen eine *Word*-Schulung. In dem Büro werden häufig Anträge noch von Hand ausgefüllt. Einen Antrag hatten Sie sich im Vorfeld des Kurses besorgt und als Formular gestaltet, so dass es jetzt die Teilnehmer auf ihrem Monitor ausfüllen und ausdrucken können. Mit den perfekt lesbaren Formularen in der Hand wird der Wunsch in der Gruppe laut: „Da könnten wir ja noch mehr Formulare auf dem Bildschirm ausfüllen...!" Jetzt haben sie die Motivation, die Teilnehmer widmen sich begeistert der Formularerstellung, denn sie kennen schon den Nutzen, den sie davontragen.

Vorteil der Methode

Den erstrebenswerten Nutzen erkennen die Teilnehmer am Beispiel und sind dadurch hoch motiviert, das Ziel zu erreichen, selbst solche Formulare mit Word zu gestalten.

Nachteil der Methode

Nicht jedes Beispiel eignet sich für diese Methode, und Sie nehmen natürlich etwas Spannung aus der sich anschließenden Lernsequenz, da das Ergebnis ja schon bekannt ist.

Darauf ist zu achten

Das Ergebnis, das Sie vorstellen, sollte die Teilnehmer auch wirklich interessieren. Zeigen Sie stattdessen den Teilnehmern ein Ziel, wo diese überhaupt nicht hin wollen, werden Sie Probleme bekommen, Ihre Gruppe bei der anschließenden Lernsequenz bei der Stange zu halten.

Theater spielen

Keine Sorge, hier sind keine künstlerischen Auftritte gemeint, sondern eine besondere Form der Verdeutlichung. Diese Form entspringt der Überlegung, die verdeckten Vorgänge im Rechner den Teilnehmern durch Vorspielen bildlich vor Augen zu führen.

Beispiel

Vielleicht erinnern Sie sich an die Programmierung der Wertezuweisung

```
Let x=10
x=x+1
Print x
```

Die mittlere Zeile ist nicht nur mathematisch falsch, für Programmierneulinge ist die ganze Syntax verwirrend, der Umgang mit einer Variablen vielleicht auch nicht geläufig. Doch der Ablauf dieser Programmzeilen lässt sich für Programmieranfänger wunderbar durch ein kleines Schauspiel verdeutlichen: Spielen Sie Computer!

Hervorragend eignet sich hierfür eine Tafel oder ein Whiteboard. Sie stehen für den großen (RAM-) Speicher des Computers. Bei der Zeile Let x=10 gehen Sie den „großen Speicherbereich" ab, bis Sie an irgendeiner Stelle im Speicher mit einem Marker oder Kreide ein x markieren und darunter, quasi im Schuhkarton mit der Aufschrift x die Zahl 10 schreiben. Danach gehen Sie zu Ihrer Ausgangsstellung zurück. Im nächsten Schritt soll zum Inhalt an der Stelle x 1 addiert werden. Sie gehen also wieder zu Ihrer Speicherstelle x, sehen nach, welcher Wert sich dort befindet, das ist nun 10. Addieren Sie die 1 hinzu und tragen Sie dort den Wert 11 ein, indem Sie 10 weglöschen. Danach gehen Sie zur Ausgangsstellung zurück, um sich dort den nächsten Schritt anzusehen. Print x bedeutet für den Computer, wieder an der Speicherstelle für x nachzusehen, welcher Wert dort steht. Der Wert muss ausgelesen und an die Leitung weitergegeben werden, die zum Drucker führt.

Vorteil der Methode

Sie kommen dabei vielleicht etwas ins Schwitzen, doch dürfte die Vorführung der Vorstellung vom Ablauf des Programms im Rechner nützlich sein.

Nachteil der Methode

Sie dürfen das Schauspiel natürlich nicht übertreiben. Ein gesundes Gespür, ob diese Form der Einführung neuer Inhalte bei Ihren Teilnehmern ankommt, ist eine wichtige Voraussetzung.

Darauf ist zu achten

Versuchen Sie, mit möglichst wenig zusätzlichen Utensilien auszukommen. Die Methode lebt von der Spontaneität. Der Lehrgangsleiter begibt sich hier seinen Teilnehmern zuliebe in eine neue Rolle, die so lange akzeptiert wird, wie er dieses Mittel zur Verdeutlichung und nicht zur Selbstdarstellung verwendet.

In eine Geschichte verpacken

Dies ist eigentlich keine Methode, dennoch eine geschickte Art, den Lerngegenstand interessant zu verpacken.

Beispiel

In einem Kurs zur Bildbearbeitung führen Sie das Retuschieren eines Bildes ein. Statt nun einfach das Retuschieren in seinen handwerklichen Abläufen zu erklären, wecken Sie das Interesse durch eine passende Geschichte. Bei einem Familienfoto ist die Tante Paula zu sehen, die in Ungnade gefallen ist. Das Familienfoto muss also abgeändert werden, Tante Paula muss raus. Da jeder diese Familiendramen kennt, gewinnt die trockene Aufgabe plötzlich einen nachvollziehbaren persönlichen Bezug.

Vorteil der Methode

Mit wenigen Sätzen schaffen Sie eine Atmosphäre, bei der die Handlung etwas in den Hintergrund rückt und jeder eine gewisse amüsierte persönliche Betroffenheit verspürt. Die Tätigkeit gewinnt einen humorvollen Aspekt, dem die Teilnehmer gerne erliegen.

Nachteil der Methode

Bei diesem Vorgehen sollte man nicht übertreiben und nicht zuviel Gebrauch von solchen Geschichten machen. Die Geschichte darf auch den Unterrichtsgegenstand nicht lächerlich machen.

Ergänzung

Selbst für die Fortführung eignet sich diese Beispiel. Haben Sie die Tante entfernt, so können die Funktionen Ausschneiden und Einfügen demonstriert werden unter dem Hinweis, dass die Tante wieder in den Familienkreis aufgenommen wurde und zurück auf das Familienfoto kommen soll.

Darauf ist zu achten

Durch die Geschichte gewinnt ein technisch trockener Ablauf eine persönliche Komponente. Dies weckt nicht nur die Betroffenheit bei den Teilnehmern, der Inhalt gewinnt an Klarheit, worum es eigentlich bei dieser Aufgabenstellung geht. Der Erinnerungseffekt ist deutlich höher, und es kann Ihnen durchaus nach Jahren passieren, dass ein ehemaliger Kursteilnehmer Sie auf solch eine Geschichte anspricht, die er bleibend mit Ihnen, dem Kurs und dem Inhalt verbindet.

Die „rote Faden"-Methode

Bietet sich für Ihren Kurs ein Beispiel an, das Sie kontinuierlich wieder aufgreifen und mit den neu hinzukommenden Werkzeugen komplettieren können, dann lohnt es sich u.U., dies immer wieder einzuladen, daran weiter zu arbeiten, bis schließlich ein komplettes Endprodukt entstanden ist. Dies kann ein Tätigkeitsprojekt in einem Büro mit MS Project sein oder ein fertig gestalteter Ausdruck mit einem Desktop-Publishing-Programm.

Beispiel

In einer *CorelDRAW*-Schulung für Grafiker wird das Deckblatt eines Gedichtbandes für Herbstgedichte immer weiter verfeinert. Das Thema spricht den Teilnehmerkreis direkt an, die einzelnen Komponenten werden erklärt: Rechteckwerkzeug – Farbverlauf – Knotenwerkzeug – Gaußscher Schatten – Sprühdose u.v.m. Ist jeweils das Werkzeug erklärt, werden die neu erworbenen Kenntnisse zur Gestaltung dieses Deckblattes verwendet.

Vorteil der Methode

Die Teilnehmer sehen nicht nur das einzelne Werkzeug auf dem Blatt im Einsatz, durch das gestaltete Projekt sieht nicht nur das Ganze realitätsnäher und beeindruckender aus. Das neu hinzukommende Werkzeug zeigt seine Wirkung gleich am realen Objekt. Das öffnet die Bereitschaft, die Werkzeuge einzusetzen und sich die Funktionen zu merken.

Nachteil der Methode

Nicht alle Funktionen, die Sie ansprechen wollen, werden Ihr Beispiel erfüllen. Manchmal ist es dann durchaus sinnvoll, etwas zwischendurch ohne dieses Beispiel zu erläutern oder die Inhalte für das Beispiel so umzustellen, dass erst das Projekt abgeschlossen wird und anschließend die weiteren Funktionen besprochen werden.

Darauf ist zu achten

Das Beispiel darf nicht penetrant immer wieder aufgegriffen werden, bis irgendwann die Teilnehmer von diesem Projekt nichts mehr hören wollen. Verwenden Sie überschaubare Aufgaben, die spätestens nach einem Schulungstag gewechselt werden.

Die Diskussion

Eigentlich stellt die Diskussion keine eigene Methode dar, bietet aber im Kursverlauf ein besonders abwechslungsreiches Moment und lockert den Kurs gewinnbringend auf.

Beispiel

Sie halten einen *Outlook*-Kurs und haben die Kalenderfunktion erklärt. Zudem konnten die Teilnehmer sehen, wie über Outlook Gesprächstermine festgelegt werden können und das Programm in den Kalendern der Mitarbeiter nach freien Terminen aller einzuladenden Personen sucht. Diese interessante Funktion begeisterte die Teilnehmer, die alle in der gleichen Abteilung arbeiten, und Sie regen an, zu diskutieren, wie zukünftig gemeinsam mit dem Werkzeug gearbeitet wird. Gleichzeitig stehen Sie als Experte parat, um auf nichterfüllbare Wünsche durch das Programm hinzuweisen oder Realisierungsvorschläge zu geben bzw. diese in Ihr weiteres Kursprogramm zu integrieren.

Vorteil der Methode

Alle Teilnehmer sind in der Diskussion angesprochen, fühlen sich beteiligt und können ihre Interessen einbringen. Der Motivationsgrad in der Gruppe steigt, die möglichen Umsetzungsvorstellungen wecken ein hohes Interesse am weiteren Kursverlauf, und das Kursgeschehen profitiert von der Abwechslung.

Nachteil der Methode

Einige Teilnehmer könnten die Diskussion zur Selbstdarstellung nutzen und mit langen Redebeiträgen die anderen Teilnehmer verärgern. Hier sind Sie zudem als Leiter einer Diskussion gefordert.

> **Hinweis**
> Sind Sie noch unerfahren in der Leitung einer Diskussion, dann wagen Sie sich erst an eine kleine, zeitlich sehr begrenzte Diskussion heran. Größere Diskussionsrunden leiten Sie später, wenn Sie mehr Sicherheit gewonnen haben.

Darauf ist zu achten

Sie müssen rechtzeitig erkennen, wann die Diskussion sich „totläuft" oder Inhalte diskutiert werden, die nichts mehr mit Ihrem Kurs zu tun haben. Hier müssen Sie das Fingerspitzengefühl haben, die Diskussion wieder in die Bahn zu lenken oder mit anderen Inhalten fortzufahren.

Arbeitsteiliges Gruppenlernen

Ähnlich zu allen Gruppenmethoden ist das arbeitsteilige Gruppenlernen, bei dem unterschiedlich schwierige Aufgabenstellungen dem unterschiedlichen Kenntnisstand der Teilnehmer gerecht werden und die Teilnehmer je nach Ihrem Lern- und Leistungsvermögen gefordert werden.

Beispiel

In Ihrem Internetkurs sollen eigene Internetseiten gestaltet werden. Während einige Kursteilnehmer schon sehr weit sind und sich mit Aufgaben wie dem Verlinken von Bildern in Tabellen beschäftigen, sind andere Teilnehmer noch nicht so weit und sind dabei, die Verlinkung zwischen der Startseite und ersten Inhaltsseite erfolgreich zu meistern. Im Anschluss daran bieten Sie eine Seite an, die auf alle Gruppenseiten verweist. So hat jeder das Gefühl, etwas Wertvolles beigetragen zu haben. Zudem können die perfekteren Seiten als Anreiz dienen, die dort integrierten Tricks auch noch zu erlernen.

Vorteil der Methode

Alle Teilnehmer sind ihrer Leistungsmöglichkeit nach ausgelastet, nicht überfordert, und das Ergebnis der Arbeit kommt einer gemeinsamen Sache zugute.

Nachteil der Methode

Sind die Gruppenunterschiede zu groß, können die Ergebnisse der schwächeren Gruppe leicht zu stark gegenüber den anderen Ergebnissen abfallen und zu Frustrationen führen.

Darauf ist zu achten

Die Ergebnisse der Gruppen sind von Ihnen in gleicher Weise zu würdigen.

Projektmethode

Eine besondere Form der Gruppen- oder Partnerarbeit stellt die Projektmethode dar. Hier ist aber nicht die Gruppe im zentralen Blick, sondern das Ergebnis eines Projekts.

Beispiel

Ihr *Excel*-Kurs für Steuerberater ist soweit gediehen, dass den Teilnehmern die wichtigsten Funktionen und Grafiken bekannt sind. Jetzt finden sich die Steuerberater in Gruppen zwischen drei und fünf Teilnehmern, die unterschiedliche Aufgaben aus ihrem Bereich mit Excel umsetzen. Dazu werden Grafiken für die Klientenberatung erstellt.

Vorteil der Methode

Die Teilnehmer arbeiten zielgerichtet an einer Aufgabe aus ihrem Bereich, deren Ergebnis für die direkte Arbeit von Nutzen ist. Gleichzeitig können die Teilnehmer im kollegialen Gespräch ihre eigenen Erfahrungen einbringen. Durch geschickte Gruppenwahl können schwächere Teilnehmer an einfacheren Aufgaben arbeiten.

Nachteil der Methode

Nicht jede Gruppe wird immer ihr Ziel erreichen, und die Gruppen werden zu unterschiedlichen Zeiten fertig werden.

> **Hinweis**
>
> Planen Sie nach der Projektarbeit eine längere Pause ein, um den unterschiedlichen Zeitbedarf durch eine flexible Pausenregelung aufzufangen.

Darauf ist zu achten

Die Projektaufgaben dürfen nicht zu schwer sein. Sprechen Sie mit den Teilnehmern durch, welchen Umfang das Projekt hat, und geben Sie eine Zeitvorgabe zur Orientierung.

8.3 Ziele einer Schulung

Im Vorfeld Ihres Kurses gibt es unterschiedliche Ziele und Erwartungen an Sie und Ihr Training. Sind Sie sich über diese Erwartungen im Klaren und resümieren Sie am Ende des Kurses das Erreichte.

Das IT-Training ist eine zielgerichtete Schulung. Doch das Ziel Ihrer Schulung kann je nach Sicht der beteiligten Personen vollkommen unterschiedlich sein. Zu verzeichnen sind folgende Ziele:

- Das Ziel des Auftraggebers: In der Regel in kürzester Zeit kostengünstig die Mitarbeiter auf ein bestimmtes Programm zu schulen, um schnellstmöglich mit dem Wissen einen Vorteil für das Unternehmen zu erreichen.
- Das Ziel der Teilnehmer: Möglichst gewinnbringend die Inhalte für den eigenen Tätigkeitsbereich zu erlernen, dabei nicht überfordert zu werden und, wenn möglich, das Training in einer angenehmen und unterhaltsamen Atmosphäre zu erleben.
- Ihre Ziele als Trainer: Im Training möglichst viele der vom Auftraggeber vorgegebenen Ziele zu erreichen und gleichzeitig die Teilnehmer so weit zufrieden zu stellen, dass Sie gute Beurteilungen und vielleicht einen Folgeauftrag bekommen.

Die Ziele des Auftraggebers erfahren Sie bei Auftragserteilung, bei den Vorgesprächen bzw. über Ihr Unternehmen.

Die Wünsche, Vorstellungen und Erwartungen der Teilnehmer können Sie durch eine Abfrage an der Pinnwand zum Kursbeginn erfragen. Diese Wand eignet sich am Kursende bestens dazu, die Erwartungen mit dem Kursverlauf zu vergleichen. Welche Ziele wurden erreicht und was blieb aus welchen Gründen nicht erfüllt.

Da diese Ziele der beteiligten Parteien nicht alle auf den gleichen Punkt zeigen, stecken Sie in einem Dilemma. Glücklicherweise zeigt der Alltag, dass wenigstens die Ziele in der Regel in die gleiche Richtung weisen:

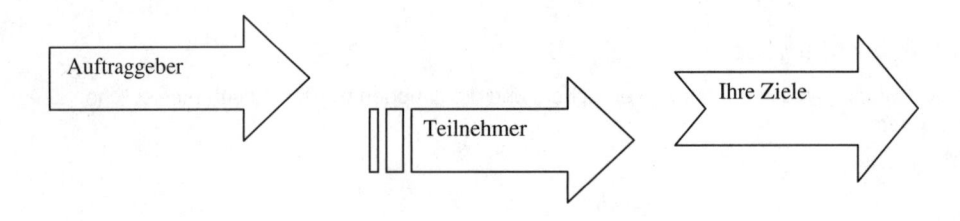

Auftraggeber → Teilnehmer → Ihre Ziele

Die Ziele Ihrer Veranstaltung richten sich nach allen Wünschen der Beteiligten. Das Maß aller Dinge wird aber weder die Wunschvorstellung des Auftragsgebers noch die erhofften übertriebenen Erwartungen des ein oder anderen Teilnehmers sein. Die Realität des Kurses wird am Ende zeigen, wie nahe man dem gesteckten Ziel gekommen ist.

Lernen Sie rechtzeitig auch zu begründen, warum nicht alle avisierten Ziele erreicht wurden. Selbst wenn Sie eine Schulung schon mehrmals gehalten haben, werden Sie feststellen, jede Schulung verläuft anders. Je nach Situation und Teilnehmer werden Sie inhaltlich unterschiedliche Ziele erreichen. Bereiten Sie sich darauf vor, dass Sie dies gegebenenfalls dem Auftraggeber vermitteln müssen.

Zusammenfassung

Stellen Sie sich bei der Planung folgende Fragen:

- Sind Abwechslungen für die Erklärungsphasen eingeplant?

- Kann – je nach Kursverlauf – auf alternative Formen ausgewichen werden?

- Unterricht lebt von der Vielfalt. Nutzen Sie unterschiedliche Möglichkeiten zur Abwechslung, aber auch danach, welche Methode sich gerade für einen Lerngegenstand anbietet.

- Ein versierter Trainer wird immer ein großes Methoden-Repertoire zur Verfügung haben, um seine Kurse abwechslungsreich zu gestalten und den Lernerfolg zu erhöhen.

- Halten Sie sich immer vor Augen: Lernen = Inhalt + Unterhaltung

- Seien Sie sich über das Ziel Ihrer Schulung im Klaren und dämpfen Sie unter Umständen zu hohe Erwartungen.

- Notieren Sie für sich Gründe, wenn am Kursende nicht alle gesteckten Ziele erreicht wurden.

Modul 9

Einplanung und Gestaltung von Übungsphasen

Lernen Sie

- Übungsphasen zu gestalten
- Variations- und Differenzierungsmöglichkeiten in der Übungsphase kennen
- mit Gruppen- und Partneraufgaben Übungsphasen effizient zu gestalten

Nachdem Sie im letzen Modul verschiedene Einführungsphasen kennen gelernt haben, folgt nun ein Blick auf den Übungsteil. Verwendet man bei der Planung zumeist viel Zeit auf die Gestaltung der Einführungsphase, so wird die wichtige Übungsphase oft vernachlässigt. Dabei ist sie von entscheidender Bedeutung für den Erfolg des Kurses.

9.1 Das Schema der Übungsphasen

Werfen wir zunächst einen Blick auf den Ablauf einer Lernsequenz:

Einführungsphase	Übungsphase 1	Übungsphase 2	Gruppen-/Partnerarbeit

Nach der Einführungsphase schließt sich die Übungsphase an, die etwa doppelt so viel Zeit in Anspruch nehmen sollte wie die Zeit für die Einführung. Dieser Zeitrahmen wird leicht unterschätzt, vor allem, wenn der Trainer in der Materie zu sehr bewandert ist. Schwierigkeiten können dann schnell übersehen und der Zeitbedarf für den Lernprozess als zu gering eingeschätzt werden. Es ist daher wichtig, genügend Zeit für die Übungsphase einzuplanen und gleichzeitig die notwendigen Übungen gut vorzubereiten.

9.2 Übungsphase 1

Im Anschluss an die Einführungsphase sollten die Teilnehmer den gerade frisch gelernten Inhalt zunächst einmal in sehr ähnlicher Weise wie in der Einführungsphase üben können. Eine bereits erweiterte andere Aufgabenstellung schafft hier nur Verwirrung. Haben Sie beispielsweise in Word die Funktion *Summe(Bereich)* in einer Tabelle eingeführt, dann sollte das jetzt folgende Beispiel genau dieser Aufgabenstellung gerecht werden, d.h. die Teilnehmer können an einer vorbereiteten Tabelle die Summe berechnen. Variationen sind hier nicht gefragt, eher die Überlegung, ob zur Festigung ein Beispiel ausreichend ist oder ein weiteres Beispiel angeführt werden muss.

Um die Bedeutung dieser Übungsphase zu unterstreichen, halten Sie sich folgende Zahlen aus der Lerntheorie vor Augen:

Wir behalten zirka

- 10%   von dem, was wir lesen
- 20%   von dem, was wir hören
- 30%   von dem, was wir sehen
- 50%   von dem, was wir hören und sehen
- 70%   von dem, was wir selbst sagen, aber
- 90%   von dem, was wir selbst tun

Konfuzius hat dies in folgende Worte gefasst:

Erzähle mir
Und ich vergesse.
Zeige mir
Und ich erinnere mich.
Lass es mich tun
Und ich begreife.

Diese Aufzählung und Worte unterstreichen die Bedeutung der Übungsphase. Neben der großen Bedeutung für den Lernerfolg bietet diese Phase auch Ihnen besonderen Raum, der nicht zu unterschätzen ist. Während die Teilnehmer ihre Aufgaben lösen, haben Sie Zeit, den Teilnehmern zu helfen, die nicht weiterkommen, die noch persönlichen Klärungsbedarf haben oder bei denen ein Problem auftritt. Hierzu gehen Sie durch den Raum und werfen einen Blick auf die Monitore der Teilnehmer. Bei Problemen werden die Teilnehmer Sie ansprechen, wenn Sie in ihre Nähe kommen. Vermeiden Sie deshalb möglichst, an Ihrem Referenten-PC sitzen zu bleiben, denn damit bauen Sie eine künstliche Hürde zu Ihren Teilnehmern auf. Spätestens an dieser Stelle wird auch deutlich, dass ein erfolgreicher Computerkurs mit Teilnehmerzahlen über 12 kaum bewerkstelligt werden kann. Nebenbei ist hier die Möglichkeit für Sie gegeben, sich mit einem Blick in Ihre Vorbereitung auf den nächsten Lernabschnitt vorzubereiten.

Der Hintergrund

Bei den Teilnehmern wird der neue Stoff zunächst im Kurzzeitgedächtnis gespeichert. Was dort ankommt, ist zunächst nicht für den dauernden Verbleib in unserem Gedächtnis gedacht. Wir würden verrückt werden, wenn das Kurzzeitgedächtnis alle Informationen behalten würde. Stellen Sie sich vor, Sie wüssten den Inhalt aller gesehenen Werbesendungen, aller Partygespräche oder kennen noch alle Autonummern, die Sie je gesehen haben. Was aber gemerkt werden muss, geht den Weg vom Kurzzeitgedächtnis in das Langzeitgedächtnis. Dieser Weg kann ein einmaliges Ereignis sein, das sich tief einprägt, oder es ist ein Sachverhalt, der sich dadurch einprägt, dass er durch Wiederholungen und aktives Tun an Bedeutung gewinnt:

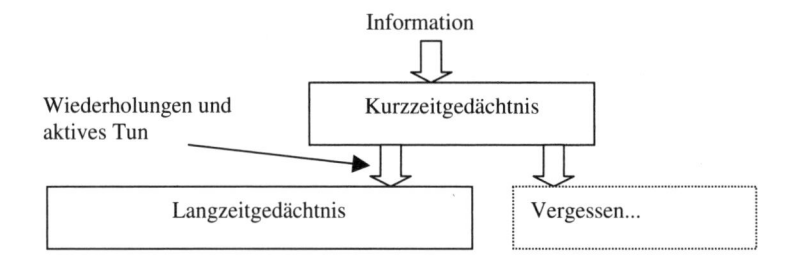

Für Ihre Lerninhalte ist der Weg vorgezeichnet, durch Wiederholungen wird der Stoff für das Langzeitgedächtnis vorbereitet.

Folgende schematische Lernkurve spiegelt den Weg des Vergessens gut wieder: Der Wert des Behaltens sinkt schnell, wenn nur einmal etwas gehört wurde. Wesentlich besser prägt sich der Lerngegenstand nach der ersten und erst recht nach der zweiten Wiederholung ein.

Was bedeutet dies in der Praxis für Ihren Kurs? Betrachten wir dies an Beispielen.

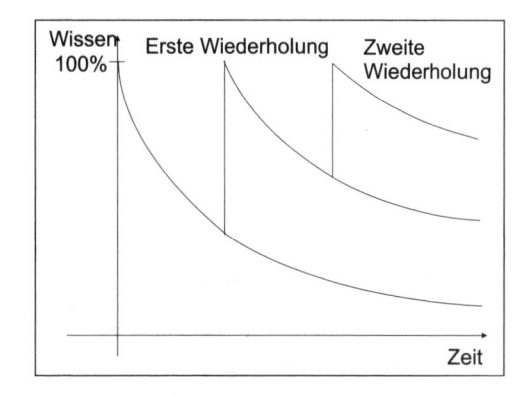

Beispiele aus der Praxis

Beispiel 1

Sie haben Ihren Teilnehmern eine allgemeine Einführung ins World Wide Web gegeben und ihnen die Bedienung eines Internet Browsers erklärt. Nun können Sie Ihren Teilnehmern die Suche im World Wide Web verdeutlichen. Hier bietet es sich an, zunächst mit Intuition an die Erschließung der Internetadresse heranzugehen. Dies bedeutet, dass die Teilnehmer aufgefordert werden, die Homepage des Verlags „vmi Buch" zu erraten. Die Teilnehmer sollten von den bis dahin vermittelten Kenntnissen her in der Lage sein, die Adresse *http://www.vmi-Buch.de* zu nennen und sie im Anschluss daran durch Eingabe in die Adresszeile des Browsers im World Wide Web zu überprüfen. Hier kann selbst von Anfängern erwartet werden, die gezeigten Arbeitsschritte nachzumachen. Weitere Beispiele aus den Rubriken „Wirtschaft, Politik, Unterhaltung" können Sie auf bereits vorgefertigten Aufgabenzetteln an die Teilnehmer verteilen oder über ein vorbereitetes Dokument als Datei über den Beamer präsentieren und sie zum Lösen der Aufgaben auffordern.

Bei dieser recht einfachen Aufgabenstellung verlieren die Teilnehmer ihre Ehrfurcht vor dem ihnen bis dahin unbekannten Internet und finden Zutrauen zu ihren Fähigkeiten. Beides ist wichtig für die Motivation in einer Schulung.

Erst im zweiten Schritt, nachdem die intuitive Suche im Internet abgeschlossen und anhand weiterer Beispiele vertieft wurde, sollte eine weitere Suchmöglichkeit dargestellt werden. Sie sollten jedoch darauf achten, die Teilnehmer nicht mit zu komplexen Sachverhalten zu überfordern. Daher würde es sich anbieten, zunächst die Kataloge einzuführen, die von ihrer Komplexität her einfacher zu verstehen sind (z.B. „yahoo", „web.de"). Fordern Sie beispielsweise Ihre Teilnehmer auf, ein Buch in der Stuttgarter Landesbibliothek mit Hilfe des Kataloges „yahoo" zu finden.

Erst nachdem die Kataloge und ihre Struktur verstanden wurden, sollten Sie im nächsten Schritt die Suchmaschinen („Altavista") mit der einfachen und erweiterten Suchmöglichkeit thematisieren. Hier bietet es sich z.B. an, nach dem Geburtstag von Michael Jackson zu forschen. Dies können Ihre Teilnehmer zunächst mit Hilfe der einfachen Internetsuche, im Anschluss mit der erweiterten Suche probieren.

Sie sollten darauf achten, die Beispiele im Vorfeld alle durchprobiert zu haben, denn das Internet ist schnelllebig und Internetseiten, die es gestern noch gegeben hat, mögen heute nicht mehr im Netz stehen. Finden Ihre Teilnehmer nicht die von Ihnen geforderten Seiten, ruft dies bei ihnen Frustration hervor, und die bereits vorhandene Motivation mit dem Medium könnte vorübergehend wieder verloren gehen. Sie müssen dann viel Energie aufwenden, um die Teilnehmer erneut zu faszinieren.

Der logische Aufbau von weniger komplexen zu komplizierteren Inhalten ist empfehlenswert. Auch sollten Sie darauf achten, genügend Übungsbeispiele zu geben, wobei Sie die unterschiedlichen Niveaus der Teilnehmer berücksichtigen sollten. Sie können beispielsweise Arbeitsblätter vorbereiten, die von ihrer Reihenfolge her immer komplizierter werden. Aber es reicht nicht, die Übungszettel den Teilnehmern auszuhändigen und sie mit den Aufgaben „allein zu lassen". Denn dies ruft gerade bei schwächeren Kursteilnehmern Frustrationsmomente hervor. Sie fühlen sich nicht ernst genommen, wissen nicht, wie sie die Aufgaben lösen können. Hier können Sie bereits im Vorfeld ein Lösungsblatt vorbereiten, welches Sie dann den Teilnehmern aushändigen. Oder aber Sie lassen einen Kursteilnehmer die Antwort formulieren und führen dann an Ihrem Computer für alle sichtbar die Lösung durch.

Beispiel 2

Sie haben in einem Grafikkurs mit CorelDRAW ein Logo entwickelt und den Teilnehmern die Konstruktion zusammen mit Ihren grafischen Überlegungen erläutert. Die fertige Grafik zeigt nun der Beamer an der Wand, und Sie geben den Arbeitsauftrag, diese Grafik nachzugestalten.

Allein mit dem fertigen Bild wird der Teilnehmer nicht in der Lage sein, die Grafik nachzugestalten, selbst wenn hier eigentlich nur drei grafische Elemente verwendet wurden.

Hier sind zusätzliche Hilfen durch schriftliche Arbeitsaufträge notwendig. Dies liegt vor allem daran, dass einzelne Schritte auf mehrere Aktionen auf dem Bildschirm verteilt sind. Also muss eine exakte Beschreibung der einzelnen Arbeitsschritte erfolgen und genau dokumentiert sein. Hier die grafische Dokumentation der ersten Schritte:

Jetzt wird der Blick nicht nur auf den Menüpunkt Vieleck gelenkt, der Teilnehmer findet zusätzlich die Einstellungen für die Eckenzahl und die Strichstärke. So werden in Screenshots Schritt für Schritt die Arbeitsanweisungen bildlich dargestellt. Damit kann das Nachvollziehen der Übungen später sogar am eigenen Rechner erfolgen.

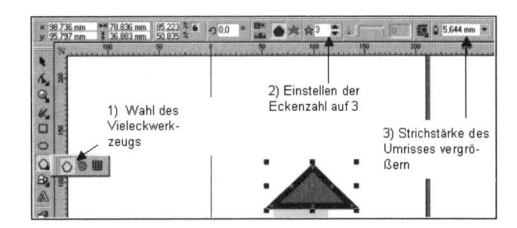

1) Wahl des Vieleckwerkzeugs
2) Einstellen der Eckenzahl auf 3
3) Strichstärke des Umrisses vergrößern

Im zweiten Schritt wird ein graues Rechteck ohne Rand gezeichnet. Die Schwierigkeit an dieser Stelle liegt im Linksklick (für die Füllung) und im Rechtsklick (für den Rand) verborgen. Auch dies sollte in der Dokumentation deutlich werden.

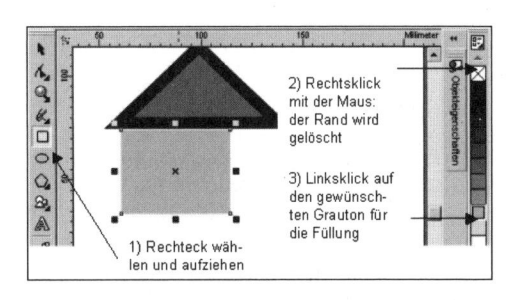

1) Rechteck wählen und aufziehen
2) Rechtsklick mit der Maus: der Rand wird gelöscht
3) Linksklick auf den gewünschten Grauton für die Füllung

Im dritten Schritt wird der Text geschrieben, die Größe des Textes angepasst und mit Schatten hinterlegt. Vor allem die Hinterlegung des Schattens bedarf einer gründlichen Demonstration und in der Anleitung einer genauen Beschreibung.

Schrift exakt platzieren und in der Größe anpassen

Der Knackpunkt ist die Verwendung des Schattens:

Schatten wählen und von der Mitte des Objektes nach außen ziehen, bis der gewünschte Abstand erreicht ist.

Hilfsmittel Interaktiver hinterlegter Schatten

Ein Hinweis zum notwendigen Zeitrahmen. Kalkulieren Sie für diese Übungsphase unbedingt genügend Zeit ein. Ein erfahrener Anwender wird für die einfache Tabelle nur zwei bis vier Minuten benötigen, ein Anfänger leicht bis zu zehn Minuten. Das Gleiche gilt für die *Corel*-Lernsequenz, kalkulieren Sie gut 10 bis 15 Minuten für diese Einheit. Ergänzend zur Gestaltung der Elemente müht sich der Anfänger mit dem Löschen, Verschieben und der Größenänderung der Objekte.

9.3 Übungsphase 2

Noch anspruchsvoller gestaltet sich die zweite Übungsphase. Frei nach dem Motto „Einmal ist keinmal" sollte der Stoff vertieft werden. Die zweite Trainingsrunde bietet zusätzlich die Möglichkeit der Differenzierung. Teilnehmern, die den vermittelten Lerninhalt gut beherrschen, bietet diese Phase die Möglichkeit, die neuen Erkenntnisse selbst auszuprobieren. Andere Teilnehmer, die schon bei der ersten Phase Probleme hatten, können hier die Chance bekommen, an einem einfacheren Beispiel die Übung nochmals zu vertiefen. Entscheidend muss sein, dass die zusätzlichen Aktivitäten der schnelleren Teilnehmer nicht plötzlich für die ganze Gruppe als Voraussetzungen für das weitere Vorgehen verwendet werden. Selbst der langsamste Teilnehmer muss mit seinen erlernten Fähigkeiten in der Lage sein, dem Kursprogramm weiter zu folgen. Sie sind gefordert, nach recht kurzer Zeit das Leistungsniveau Ihrer Gruppe einzuschätzen. Dies ist sicherlich nicht einfach. Versuchen Sie, es allen Teilnehmern recht zu machen, ansonsten lösen Sie Frustrationsmomente aus. Der schlechte Teilnehmer wird nicht mehr folgen, weil er „sowieso nichts mehr versteht". Ein sehr guter Teilnehmer fühlt sich unterfordert und völlig falsch aufgehoben in dem Kurs, weil er „ja schon alles weiß".

Wie könnten differenzierte Übungen für unsere Beispiele aussehen?

Beispiel 1

Die Teilnehmer des Internetkurses erhalten nach Einführung der intuitiven Suche die Aufgabenstellung, eine Bahnfahrt zu organisieren. Lassen Sie solche Aufgaben immer anhand praktischer und realitätsnaher Beispiele üben. Die Teilnehmer finden verstärkt Bezug und werden vertrauter zu dem ihnen noch fremden Medium. Ein vertiefendes Beispiel bei Katalogen könnte die Suche nach dem Wetter am folgenden Tag werden. Lassen Sie Ihre Teilnehmer den Wetterbericht in unterschiedlichen Katalogen suchen. Ihren Teilnehmern wird auffallen, dass die Vorhersage – je nach gewähltem Katalog und Anbieter – unterschiedlich ausfallen wird. Sie können an dieser Stelle darauf hinweisen, dass das Internet frei zugänglich ist und jeder die Möglichkeit hat, etwas zu veröffentlichen. Eine Reflexion über diese Eigenschaft des Internets könnte an dieser Stelle hilfreich sein.

Eine vertiefende Übungsphase zum Thema Suchmaschine können Sie abhängig von Ihrer Teilnehmergruppe gestalten.

Beispiel 2

Eine kombinierte Anwendung des Erlernten bietet das zweite Firmenlogo in CorelDRAW. Anders als bei der Internet-Recherche kommen hier keine neuen Elemente hinzu. Dafür bietet das Logo Gestaltungsanregungen. Hier kann auf eine exakte Beschreibug der einzelnen Schritte verzichtet werden, es muss nur die Überlegung angestellt werden, ob die Teilnehmer schon auf die unterschiedliche Platzierung der Elemente im Vorder- und Hintergrund hingewiesen wurden. Andernfalls sollte hier der Hinweis erfolgen, dass mit dem Polygon begonnen werden muss und die anderen Elemente folgen.

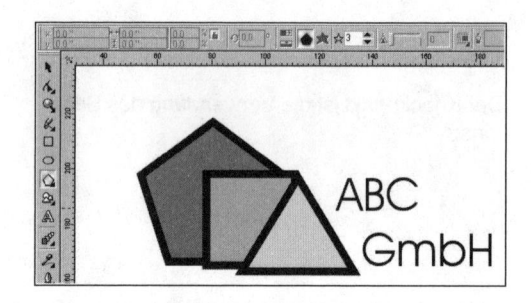

Zusätzliche Differenzierungsmöglichkeiten bietet die Aufgabe, eigene kreative Vorschläge für ein Firmenlogo zu entwerfen (dies ist schon eine Hinführung zur folgenden Partnerarbeit).

Bedenken Sie, dass Ihre Beispiele unter Umständen niemals von Ihren Kursteilnehmern in der im Kurs gezeigten Form umgesetzt werden. Stattdessen müssen sie durch die Übungsphase Sicherheit gewinnen, damit sie die Inhalte und das Vorgehen auf ihre eigenen Problemfelder mit dem zu erlernenden Programm transferieren können.

Hinweis: Zum Beenden einer Übungsphase könnten Sie zu Kursbeginn ein Musikstück vereinbaren, das Sie zum Ende der Übungsphase einspielen. Die Teilnehmer wissen dann, dass die Übungsphase zu Ende geht, können ihre Aktivitäten noch in Ruhe beenden, ohne dass Sie verbal um Aufmerksamkeit bitten müssen. Dies bringt Ruhe in den Kurs und ermöglicht dennoch ein geplantes Ende einer Übungsphase, ohne die individuelle Arbeitsgeschwindigkeit der Teilnehmer außer Acht zu lassen. Außerdem schafft die geschickt gewählte Musik ein zusätzliches Abwechslungsmoment im Kursverlauf!

9.4 Vertiefende Übungen – Gruppenarbeit/ Partnerarbeit

Die Übungsphasen sollten in aller Regel so aufeinander abgestimmt sein, dass nicht nur die Übungen aufeinander aufbauen, sondern auch zu einer größeren vertiefenden Übungsphase hinleiten.

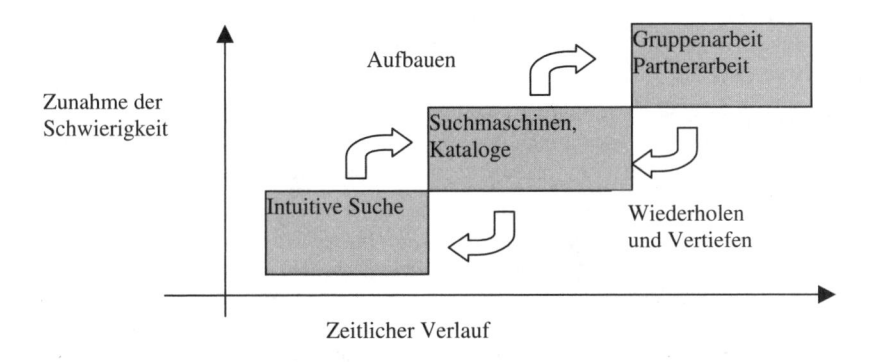

Beispiel 1 – Gruppenarbeit

Ein allumfassendes Beispiel könnte schließlich den Lernerfolg eines gesamten Tages bzw. Nachmittags des Internetkurses abrunden. Im Falle der unterschiedlichen Suchmöglichkeiten im Internet würde sich – je nach Teilnehmergruppe – eine komplexe Suche anbieten. Wenn Sie beispielsweise mit Reiseleitern arbeiten, bietet sich hier als Beispiel eine Studienfahrt in eine Stadt an. Um die Motivation der Teilnehmer zu erhöhen, können Sie den Ortswunsch der Teilnehmer berücksichtigen. Fährt ein Reiseleiter bereits kurze Zeit später auf eine fünftägige Studienfahrt, wird der Sinn einer solchen Aufgabe umso offensichtlicher. Allerdings sollten Sie darauf achten – und dazu brauchen Sie viel Gespür – ob mehrere Ortswünsche zur Wahl stehen. Es bedeutet dann größeren organisatorischen Aufwand, denn am Ende sollte auf jeden Fall ein sinnvolles Endprodukt stehen. Dafür könnten Sie die Teilnehmer je nach Gruppenstärke in drei Gruppen à drei oder vier Personen einteilen. Jede Gruppe könnte Programmpunkte zusammentragen. Eine Gruppe organisiert zum Beispiel die Vormittagsprogramme, die nächste ist für die Gestaltung der Nachmittage zuständig, und wiederum eine andere Gruppe stellt Vorschläge für die Abendprogramme zusammen. Sie können es den Teilnehmern selbst überlassen, wie sie zum Ergebnis der gestellten Aufgabe kommen, oder Sie können Arbeitszettel mit Aufgabenstellungen und Lösungstipps verteilen. Es kommt darauf an, in welcher Ernsthaftigkeit Sie diese Übungsphase durchführen möchten. Wenn es sich um einen professionelleren Lösungsansatz handeln sollte, achten Sie darauf, mögliche Vorschläge auf Programmpunkte den Teilnehmern als Tipp mit an die Hand zu geben. Einigen Teilnehmern könnte es schwer fallen, sich ad hoc Beispiele für Aktivitäten zu überlegen. Denken Sie auch daran, die An- und Abfahrt zu planen und das Preisbudget festzulegen.

	Montag	Dienstag	Mittwoch
Vormittag			
Nachmittag			
Abend			

Wiederum zeigt sich, wie wertvoll und nötig eine gute Vorbereitung für eine Schulung ist. Denn jede Minute ist kostbar, und die Kursteilnehmer werden es schnell erkennen, wenn ein Trainer schlecht vorbereitet ist.

Die so aufgegliederte Aufgabenstellung hat den Vorteil, nicht nur das am Tag bereits Gelernte zu vertiefen, sondern in ganz besonderen Maße auch die Gruppenzusammengehörigkeit zu stärken. Der Verlauf des Kurses, gerade wenn er über mehrere Tage dauert, wird für Sie und die Teilnehmer wesentlich angenehmer, da sich die Teilnehmer besser kennen lernen und im Verlauf des Kurses mehr miteinander kommunizieren werden.

Neben der inhaltlichen Arbeit sprechen zwei weitere Aspekte für dieses Vorgehen. Bedingt durch das eigene Tun, steigt die Zufriedenheit der Teilnehmer, der Referent kann sich in dieser Phase zurücknehmen und beratend tätig werden. Dies fördert zusätzlich die Atmosphäre in der Gruppe.

Auch bei einer komplexeren Aufgabe ist ein Zusammentragen der Lösungen erforderlich, um den Teilnehmern zu verdeutlichen, dass sie nicht ins Leere produziert haben. So könnten Sie die einzelnen Gruppen nacheinander auffordern, ihre zusammengestellten Materialien den anderen Kursteilnehmern vorzustellen. Hierzu eignen sich Pinwände besonders gut, wenn Internetausdrucke und Bilder die Arbeitsergebnisse beinhalten. Sie sollten allerdings darauf achten, dass die Teilnehmer nicht nur die Ergebnisse präsentieren, sondern auch den Lösungsweg aufzeigen. Die anderen Kursteilnehmer sind so in der Lage, ihr Wissen noch einmal zu reflektieren, mögliche Wissenslücken zu schließen und generell das Erlernte zu vertiefen.

Beispiel 2 – Partnerarbeit

Im *CorelDRAW*-Kurs starten Sie mit den Teilnehmern nach den Übungsphasen einen Wettbewerb für das kreativste Firmenlogo. Ein Teilnehmer schließt sich in der Regel mit seinem Nachbarn zu einem Zweierteam zusammen. Das Zweierteam erhält den Auftrag, ein Firmenlogo mit CorelDRAW zu entwerfen und anschließend der ganzen Gruppe zu präsentieren. Das Firmenlogo mit den meisten Punkten an der Pinwand, die von den Teilnehmern vergeben wurden, gewinnt. Den Siegern des Wettbewerbes wird beispielsweise anschließend vom Trainer feierlich eine Kleinigkeit überreicht.

Bedenken Sie bei dieser Partnerarbeit, dass neben der Umsetzung mit CorelDRAW noch weitere Leistungen gefordert sind, wie Kreativität, Präsentations- und Vortragstechnik. Das eigentliche Kursziel, mit CorelDRAW umzugehen, gerät in den Hintergrund, dafür steigt die Motivation deutlich, das Produkt zielgerichtet einzusetzen. Geben Sie dieser Partnerarbeit genügend Zeit für Ihre Überlegungs- und Umsetzungsphase. Doch sollte die Zeit nicht zu lange sein, so dass der Wettbewerb nicht in tierischem Ernst ausgetragen wird. So sollte auch der Siegerpreis nur symbolischen Charakter besitzen und der Spaßfaktor im Vordergrund stehen.

Die Bedeutung der Partnerarbeit für die ganze Gruppe ist ähnlich anzusiedeln wie bei der Gruppenarbeit, auch wenn weniger Teilnehmer in direkten Kontakt miteinander geraten.

Hinweis: Die Beispiele zeigen auf, welche Überlegungen angestellt und wie die Übungsphasen aufgebaut werden könnten. Nochmals hier der Hinweis, dass auf die Vorbereitung der Übungsphase schon bei der Planung besonderes Augenmerk gerichtet werden muss.

Zusammenfassung

- Sind die Übungen genau dem Lerninhalt angepasst?

- Ist genügend Zeit für die Übungseinheit eingeplant?

- Sind die einzelnen Schritte klar und deutlich in der Dokumentation beschrieben?

- Ist der Schwierigkeitsgrad der ersten Übungsrunde angepasst?

- Ist der Inhalt der zweiten Übungsrunde angepasst und bietet er Differenzierungsmöglichkeiten?

- Gibt es Ansatzpunkte für Gruppenarbeit und damit Zusammenfassungen des gesamten Lernstoffs?

- Kann mit Gruppenarbeit die Gruppenatmosphäre nachhaltig verbessert werden?

- Haben Sie für die Gruppenarbeit genügend Alternativen bedacht?

Modul 10

Beschaffung von Kursmaterial

Im Vorfeld eines Kurses wendet sich Ihr Interesse zwangsläufig dem Thema der Beschaffung von Kursmaterialien zu. Für die Teilnehmer ist es in der Zwischenzeit fast zu einer Selbstverständlichkeit geworden, bei einem EDV-Kurs das Lehrmaterial mit an die Hand zu bekommen. Einerseits als Begleitgrundlage für den Kurs, andererseits für die Nacharbeit oder das Nachschlagen bei auftretenden Problemen.

Lernen Sie

- einen Kurs zu konzipieren
- die Bedeutung des Begleitmaterials kennen
- die Planung für den Kurs und die Unterrichtsmaterialien aufeinander abzustimmen
- ein Skript zu planen
- Tipps und Tricks bei der Ausarbeitung kennen
- die wichtigsten Grundregeln zur Gestaltung zu berücksichtigen
- fertige Materialien einzuschätzen und zu besorgen
- die Vor- und Nachteile dieser Materialien kennen
- die Möglichkeit, Sachverhalte mit PowerPoint zu unterstützen
- den Nutzen einer Teilnehmer-CD kennen

10.1 Das Konzept

Noch bevor es an die Ausarbeitung oder Auswahl des Begleitmaterials geht, steht die Konzeption des Kurses. Dabei geht es zunächst darum, welche Inhalte überhaupt in Ihren Kurs Eingang finden, noch bevor Sie sich Gedanken über die Art der Einführung oder die Übungen machen. Nehmen Sie sich vielleicht eine Stunde Zeit, Papier und Bleistift und erarbeiten Sie für sich eine Übersicht, eventuell in Form eines MindMaps, welche Inhalte in Ihrem Kurs vorkommen sollen. Dies ist das Konzept, das Gerüst Ihres Kurses. Zwei unterschiedliche Sichtweisen sind dabei zu berücksichtigen, die Ihnen dabei immer wieder begegnen.

Das Stufenprinzip

Es gibt Abläufe, die aufeinander aufbauen. Sie können sich das wie eine Treppe vorstellen. Man kann nicht einfach ein paar Stufen auslassen, denn dann werden die Teilnehmer überfordert und frustriert. Schritt für Schritt müssen die neuen Inhalte folgen, bauen aufeinander auf und ergeben am Schluss den erwünschten Kurserfolg.

Stellen Sie sich das am Beispiel von CorelDRAW vor:
- Umgang mit der Maus, Wahl des Werkzeugs
- Zeichnen von Rechtecken mit dem Rechteckwerkzeug
- Verändern der Rechteckgröße
- Zuweisen von Füll- und Randfarbe für das Rechteck

Die Schritte bauen hier folgerichtig aufeinander auf und ergeben zum Schluß die Gesamtkompetenz, ein beliebiges Rechteck mit dem Zeichenprogramm zu erstellen.

Neben diesem systematischen Aufbau in einem Themengebiet gibt es aber noch so etwas wie Sprünge zu gänzlich neuen, davon unabhängigen Themengebieten.

Sprünge

Ist ein Thema abgeschlossen, eine „Treppe" zu einem Gebiet erledigt, kann zu einem neuen Thema gewechselt werden, in dem das Treppenprinzip wieder angewandt wird. Beispielsweise für CorelDRAW wären dies

- Streckenwerkzeug
- Knotenwerkzeug
- Umgang mit der Sprühdose
- ...

Versucht man, sich dies bildlich vorzustellen, dann gleicht dies einem Baum, bei dem jeder Ast ein neues Thema darstellt oder einer neuen Funktion im Programm widerspiegelt. Während jeder Ast das Treppenschema widerspiegelt, das wie schon kennen.

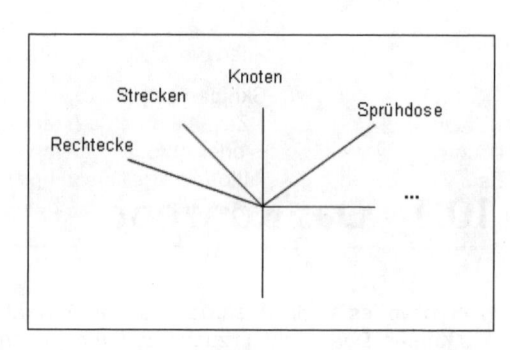

Natürlich lassen sich die einzelnen Funktionen oft noch weiter verfeinern. So könnte beim Rechteckwerkzeug noch folgen:

- Unterschiedliche Umrandungslinien
- Füllungen als Farbverlauf
- Musterfüllungen
- 3D-Darstellung
- ...

Somit können Sie in Ihrem Kurs immer wieder auf diese Funktion zurückkommen oder in einem oder mehreren Aufbaukursen die Themen vertiefen. In dem oben beschriebenen Baumschema kann man sich das wie in der nebenstehenden Abbildung vorstellen.

Das Schalenmodell verdeutlicht, wie in weiterführenden Kursen die Themen wieder aufgegriffen und fortgeführt werden. Wiederholungen und Vertiefungen finden statt. Die Teilnehmer erfahren einen Kompetenzzuwachs.

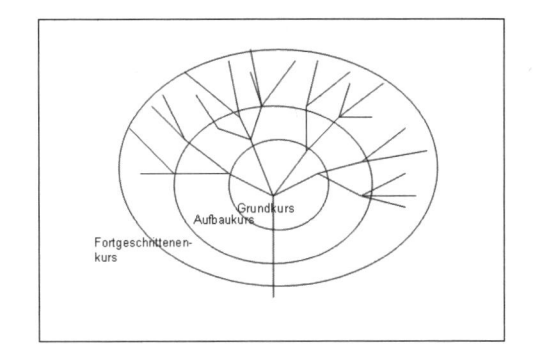

Die Struktur

Für Ihre konzeptionelle Planung heißt dies, zielgerichtet die Inhalte auszuwählen und diese Inhalte aufbauend zu entwickeln. Wie bereits angedeutet, ist deshalb für die erste Planungsphase ein MindMap gut geeignet, die Inhalte zu sortieren und sich Gedanken darüber zu machen, in welcher Reihenfolge die Inhalte angeboten werden. Ihr Planungsgerüst könnte so aussehen:

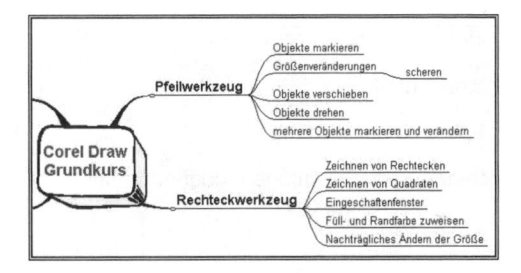

Nach diesem Gerüst planen Sie jetzt sowohl Ihren Kursverlauf als auch Ihr Skript.

Bei der Erstellung des Skriptes gehen wir davon aus, dass das Skript in Papierform in die Hand der Teilnehmer gelangt. Im Zeitalter des Computers sind durchaus weitere Formen denkbar, wie gebrannte CDs, als HTML- oder Acrobat-Dateien aus dem Internet, als PowerPoint-Präsentation oder auf einer E-Learning-Plattform. Wir wenden uns hier der traditionellen Papierform zu, da sie bei den Teilnehmern beliebt ist. Auf andere Ausgabeformen lassen sich die hier gemachten Wege leicht übertragen.

10.2 Erstellen eigener Materialien

Der Königsweg für das Bereitstellen von genau abgestimmtem Unterrichtsmaterial ist und bleibt das selbst erstellte und konzipierte Begleitskript. Im Vorfeld des Kurses bedeutet dies zwar einen hohen Arbeitsaufwand, der sich aber durch die genaue Planung und die exakt auf den Kurs abgestimmten Beispiele und Inhalte durchaus lohnt.

Der Zeitaufwand

So schön auch ein exakt auf einen Kurs abgestimmtes Skript sein mag, es kostet viel Zeit in der Vorbereitung. Je nach Thema und Ausführlichkeit können Sie für die Erstellung zwischen der doppelten bis zehnfachen Zeit für die Erstellung rechnen im Vergleich zur eigentlichen Kursdauer. Oft lohnt sich deshalb die Erstellung eines eigenen Skriptes nicht. Soll ein Kurs allerdings mehrmals gehalten werden, dann kann die Überlegung nach einem selbstgestalteten Skript Sinn machen. Bedenken Sie vor allem im Vorfeld daran, ausreichend Zeit für die Manuskripterstellung und genügend finanzielle Ressourcen im Vorfeld beim Auftraggeber einzuplanen.

Gliederungselemente

Die von Ihnen gewählte Konzeption des Kurses stellt gleichzeitig die Gliederung des Skriptes dar. Aber auch andere Gliederungsmöglichkeiten sollten Sie in Ihrem Skript berücksichtigen:

- Die Überschriften spiegeln die einzelnen Punkte wider.
- Screenshots zeigen das schrittweise Vorgehen im Bild.
- Einleitende Texte führen in das Thema ein.
- Aufzählungen erklären das schrittweise Vorgehen bei einzelnen Aktionen.
- Tabellen helfen bei geordneten Überblicken und schrittweise abzuarbeitenden Arbeitsanweisungen.

Einrichten mehrerer Scheinwerfer im Bild...

Menüaufruf	Effekte – Wiedergeben – Beleuchtungseffekte
Scheinwerfer	Einstellen mit den Schaltersymbolen rechts
Scheinwerfer hinzufügen (oder entfernen)	Schaltflächen unter dem Bild betätigen

Layout

Entwickeln Sie ein ansprechendes Layout für Ihre Skripte und speichern Sie es sich als *.dot*-Vorlage ab, um immer mit den gleichen Einstellungen arbeiten zu können. Hier ein paar Tipps für Ihr Layout:

- Nutzen Sie bei eigenen Skripten den Vorteil des freien Raums. Viele käuflich zu erwerbende Skripte leiden unter der drangvollen Enge einer Seite und zu kleiner Schrift. Nutzen Sie freien Raum als Gestaltungselement und um Übersichtlichkeit zu schaffen.
- Als Schrift verwenden Sie entweder
    - die gut leserliche Times New Roman, die sich durch ihre Serifen als ausgezeichnet geeignet für viel Text erwiesen hat

    Times New Roman in der Schriftgröße 12

    - oder die modernen Schriften Arial oder Verdana, die ohne Serifen zwar etwas schlechter lesbar ist, dafür aber für wenig Text, Aufzählungen oder Überschriften gut geeignet erscheinen und vor allem modern wirken.

    Arial in der Schriftgröße 12

    Verdana in der Schriftgröße 12

- Verwenden Sie unterschiedliche Schriften nur sparsam. In diesem Buch hat sich die Schrift Arial für Text und Überschriften gut bewährt.
- Nutzen Sie die Randleiste für Hervorhebungen oder Kommentare.
- Kopf- und Fußzeile können Ihren Firmennamen, den Namen des Skriptes und Ihren Namen neben der Seitennummerierung erhalten. 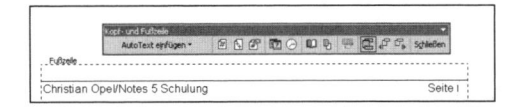
- Die Lesbarkeit erhöhen Sie durch Verwendung von Spalten. Schon bei zwei Spalten müssen die Augen nur noch halb so weit zwischen rechtem Rand und dem nächsten links beginnenden Zeilenanfang hin und her springen. Vor allem, wenn Sie längere Textpassagen verwenden, empfiehlt sich der Spaltensatz. Überprüfen Sie diesen Sachverhalt selbst an den nebenstehenden gleichen Texten: 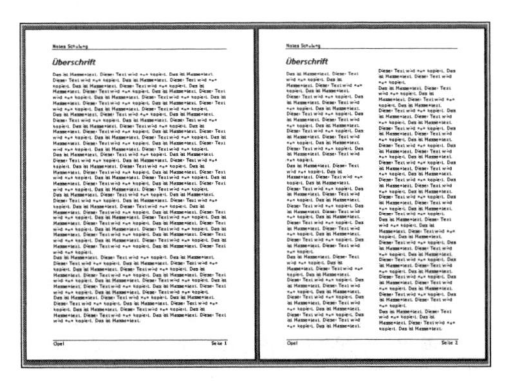
- Farbe kann als weiteres Gestaltungselement hilfreich sein, jedoch erhöht dies die Herstellungskosten erheblich. Prüfen Sie im Vorfeld, ob farbig gestaltete Exemplare notwendig sind, zumal eine Vervielfältigung über einen Normalkopierer schneller und preisgünstiger ist.

Binden

Es macht keinen guten Eindruck, wenn Sie das Skript Ihren Teilnehmern als Loseblattsammlung austeilen. Sie sollten das Skript zumindest heften und dabei mit einem passenden Deckblatt versehen. Eleganter sind gebundene Skripte, eingelegt in Schnellhefter oder mit Spiralen gebundene Skripte. Bedenken Sie vor allem bei der Spiralheftung, dass sich diese Skripte am besten aufgeschlagen neben die Tastatur legen lassen und so ein Arbeiten nach dem Skript besonders fördern.

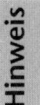

Hinweis: Nutzen Sie die letzten Seiten des Skriptes für Hinweise auf weitere Veranstaltungen Ihres Arbeitsgebers und Eigenwerbung.

Screenshots

Machen Sie möglichst viele Screenshots von komplexen Arbeitsabläufen. Markieren Sie eventuell die Vorgehensweise und kommentieren Sie diese.

Immer wieder werden wir gefragt, wie man Screenshots anfertigt, deshalb hier ein paar Tipps:

- Rufen Sie den aktuellen zu erklärenden Arbeitsvorgang in Ihrem Programm auf.

- Mit der Taste ⌈Druck⌉ legen Sie den aktuellen Bildschirm in die Windows-Zwischenablage – alternativ – mit der Tastenkombination ⌈Alt⌉ + ⌈Druck⌉ das gerade aktive Fenster!
- Gegebenenfalls öffnen Sie zusätzlich ein Grafikprogramm und fügen das Bild über ⌈Strg⌉ + ⌈V⌉ aus der Zwischenablage ein, um es dort zu verändern.
- Fügen Sie das Bild dann an die passende Textstelle ein und ergänzen Sie es durch Ihre Erläuterungen.

> **Hinweis:** Manchmal kann es passieren, dass Word zwar das Bild aus der Zwischenablage anzeigt, aber nicht ausdruckt. Dann speichern Sie das Bild ab und rufen es über *Einfügen / Datei einfügen* auf.

- Es kann für die Teilnehmer hilfreich sein, wenn Sie Ihre Screenshots mit einer Nummerierung versehen und in einer nebenstehenden Anleitung das schrittweise Vorgehen beschreiben:
- In Word können die Zahlen über das Menü *Einfügen / Symbole* und dem Zeichensatz Windings (Schriftgröße 20) in die Zeichnung eingefügt werden.

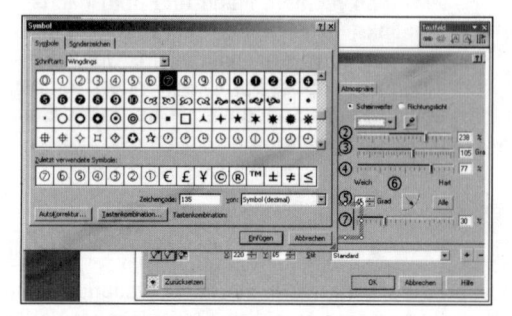

① Mit der Maus richten Sie den Scheinwerfer nach Ihren Wünschen aus.

② Die Helligkeit des Scheinwerfers stellen Sie hier ein.

③ ...

Sind nur wenige Elemente zu beschreiben, reichen Kommentare aus, die Sie grafisch über AutoFormen (in der Grafikleiste) und den dort zu findenden Legendenelementen umsetzen können

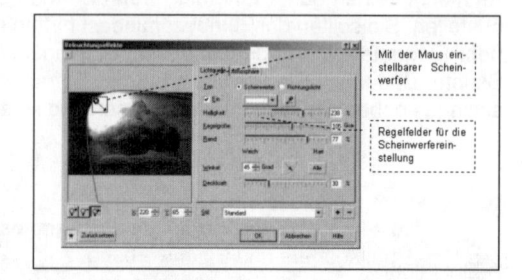

> **Hinweis:** Da alle Linien in Windows und Befehlsboxen durchgezogen sind, lohnt es sich, bei der Beschriftung auf gestrichelte Linien zurückzugreifen. So setzen sich die Beschriftungslinien besser ab.

Farbe oder nicht Farbe? Diese Gretchenfrage wird vornehmlich von Ihrem Etat bestimmt. Natürlich sind bunte Skripte gerade bei Kursen zur Bildbearbeitung oder mit vielen farbigen Screenshots, mit leuchtenden Überschriften oder zu Internetseiten im originären Farbdruck wesentlich aussagekräftiger. Andererseits stellen die Skripte nur eine Hilfe für Ihre Teilnehmer dar, die Abläufe schrittweise nachzuvollziehen. Lassen Sie demnach die Kosten und die Druckgeschwindigkeit Ihres Farbdruckers den Ausschlag für Ihre Entscheidung geben.

10.3 Rückgriff auf fertige Produktserien

Neben der Möglichkeit, eigenes Schulungsmaterial aufwendig zu erstellen, können Sie auch auf fertiges Unterrichtsmaterial zurückgreifen. Eine Vielzahl an Anbietern tummeln sich mit unterschiedlich geeigneten Materialien auf dem Markt.

Wo gibt es fertige Schulungsunterlagen?

Eine gute Schulung lebt in der Regel mit von den Materialien, die verwendet werden. Hilfreich ist hierbei Teamarbeit, aber bei der harten Konkurrenz werden Ihre Mitstreiter sicher nicht bereitwillig Ihnen ihre Arbeitsmaterialien zur Verfügung stellen. Dafür gibt es Verlage, wie z.B. den Verlag vmi Buch, die sich auf Arbeitsmaterialien spezialisiert haben. Ihre Teilnehmer sollten auf jeden Fall mit einem fundierten Wissen aus Ihrem Seminar nach Hause gehen. Sparen Sie daher nicht an den Arbeitsmaterialien.

Die bei Verlagen zu erwerbenden Arbeitsmaterialien reichen von kurzen Einführungen zu einem Software-Programm bis hin zu detaillierten Erklärungen des Software-Programms sowie Bebilderungen und *PowerPoint*-Präsentationen. Je nachdem, wie viel Vorbereitungszeit Sie haben und wie gut Sie sich bereits in einem Software-Produkt auskennen, sollten Sie die Arbeitsmaterialien auswählen. Achten Sie bei der Auswahl auf die Teilnehmergruppe und die Ziele, die vermittelt werden sollen. Zu viel dargebotenes Material auf einmal kann Ihre Teilnehmer erschlagen, zu wenig führt unter Umständen zu Verständnis- und Inhaltslücken.

Es gibt unterschiedliche Qualitäten bei käuflich zu erwerbenden Materialien. Fangen wir zunächst bei den Schulungsunterlagen an. Die Praxis hat gezeigt, dass die Teilnehmer während der Schulung selten in die Seminarunterlagen schauen, es sei denn, Ihr Vorgehen orientiert sich exakt am Skript. In der Regel können Sie zu Beginn oder am Ende des Seminars auf die Unterlagen und deren Inhalte verweisen. Je nach Teilnehmergruppe und -ziel sollten Sie, wenn Sie die Möglichkeiten bei der Mitentscheidung haben, die Materialien aussuchen. Geht es um einen kurzen Überblick über eine Software, weniger um eine detaillierte Darstellung, reichen Materialien aus, die in kurzen Schritten und mit anschaulichen Bildern die Inhalte vermitteln. Die Teilnehmer können in kurzer Zeit mit relativ geringem Aufwand die Lektüre studieren und sich somit die Grundkenntnisse aneignen. Stellen Sie sich vor, eine Firma stellt Ihren E-Mail Client von MS Outlook zu Lotus Notes um. Ihre Aufgabe ist es, die Manager in der Firma zu schulen. Manager haben in der Regel wenig Zeit, sich lange mit dieser Problematik auseinander zu setzen. Hier empfiehlt sich somit ein Buch, das die Inhalte kurz und prägnant vermittelt.

Handelt es sich hingegen um ein komplexes Software-Produkt und sollen Ihre Teilnehmer sich detailliert in der Materie auskennen, so sollten Sie auf ein umfangreicheres Werk mit komplexeren Arbeitsschritten zurückgreifen. In der Regel finden sich in solchen Materialien weniger Bebilderungen als vielmehr Text. Achten Sie bei der Auswahl der Schulungsmaterialien auf konsistente und gut lesbare Materialien. Mittlerweile gibt es Verlage, die sich rein auf die Herstellung und den Vertrieb von Schulungsunterlagen spezialisiert haben und deren Qualität immer weiter optimiert wird. In manchen Unterlagen finden sich Tipps für den „Profi", in anderen wiederum Übungsbeispiele mit den dazugehörigen Lösungen. Die Teilnehmer werden Ihnen die Auswahl der Schulungsmaterialien u.U. noch nicht im Kurs danken, aber spätestens, wenn sie zu Hause sind und sich die Materie allein aneignen müssen, werden sie froh über jede gute Schulungsunterlage sein.

Manch ein Verlag hat sich dahingehend spezialisiert, dass die Schulungsunterlagen individuell zusammengestellt werden können. Für einen geringen Aufpreis haben Sie die Möglichkeit, die Reihenfolge der Kapitel und ihr Schulungslayout zu gestalten. Für Ihre Teilnehmer mag es professioneller aussehen, wenn auf den ihnen ausgehändigten Schulungsunterlagen der Name ihres Trainers zu sehen ist.

Mittlerweile gibt es Unterlagen, die in einen Trainer- und Teilnehmerteil unterteilt sind. Die Vorbereitungszeit können Sie bei derartigen Kursen verkürzen, da im Trainerteil bereits beschrieben wird, welche Inhalte Sie vermitteln können. Dennoch sollten Sie nicht zu voreilig an Ihre Schulung gehen und denken, „die Unterlagen werden's schon richten". Zu jeder guten Schulung gehört eine Vorbereitung, und Sie sollten diesen Aufwand nicht unterschätzen. Denn davon hängt Ihr Erfolg in der Zukunft ab. Ein schlechter Referent wird selten ein zweites Mal für ein Training eingeladen. Haben Sie sich als guter Trainer etabliert, kann Ihr Training zu einem Selbstläufer werden. Ihr guter Name wird sich herumsprechen, und Sie werden weitere Auftraggeber finden.

Zu jeder Schulung gehören auch Präsentationen, die Sie in der Zwischenzeit ebenfalls käuflich erwerben können. Auch hier gilt die Regel: Sehen Sie sich das Material gut an. Kennen Sie die Folien, die Sie in der Schulung zum Einsatz bringen möchten? Sie sollten nicht vor Ihren Teilnehmern stehen und sich erst dann über den Inhalt der Folie Gedanken machen. Unter Umständen müssen Sie vor Kursbeginn Änderungen an den Präsentationen vornehmen und sie Ihren Bedürfnissen anpassen. Sie sollten wie in den anderen Fällen auf das Copyright und die rechtlichen Möglichkeiten von Abänderungen achten.

Manche Verlage bieten Hilfestellungen in Softwareprogrammen in Form von *Computer Based Training*. Mit Hilfe eines Lernsoftwareprogramms werden Sie in die Lage versetzt, in kurzer Zeit ein Software-Produkt und seine Funktionalitäten zu erarbeiten. Denn je fundierter Sie das zu vermittelnde Programm kennen, desto besser. Versuchen Sie, die unterschiedlichen, auf dem Markt zugänglichen Produkte auszuprobieren, und wählen Sie für sich das geeignete Medium aus, das Sie schnell in die Lage versetzt, eine unbekannte Software zu erschließen.

Im Internet finden Sie bei einigen Verlagen die Inhaltsangaben der Publikationen, so dass Sie schon im Vorfeld Ihre Kursinhalte und die Schulungsunterlagen vergleichen können, ob diese sich für Ihr Kursvorgehen und Zielgruppe überhaupt eignet. Besonders hilfreich sind für Sie jene Unterlagen, deren zugehörige Übungsdateien aus dem Internet frei zum Download bereitstehen. So können Sie bereits die Übungen durchprobieren und testen, was sich für Ihren Kurs eignet.

10.4 Weitere Materialien

Lassen Sie Ihren Kurs nicht zur Materialschlacht ausarten. Dennoch gibt es zahlreiche Hilfen für Ihren Kurs, bei denen es sich lohnt zu überlegen, ob man diese nicht seinen Teilnehmern zugute kommen lassen möchte. Überlegen Sie genau, mit welchen Materialien Sie Ihren Kurs sinnvoll ergänzen können.

Das Schulungsmaterial

Bei jedem Kurs sollten Schulungsunterlagen vorhanden sein, die Ihre Teilnehmer mit nach Hause nehmen können. Bestehen Sie bei Ihrem Auftraggeber darauf, dass dies auch für Ihren Kurs gilt. Schulungsteilnehmer werden es Ihnen negativ anlasten, wenn ihnen keine Materialien zum Nachschlagen mitgeliefert werden.

Zusätzlich zu den regulären Schulungsunterlagen könnten Sie noch weitere Materialien Ihren Kursteilnehmern für die Nacharbeit mit nach Hause mitgeben. Hier bieten sich unterschiedliche Produkte an.

Sie können sich überlegen, ob Sie Ihre während der Schulung die behandelte Präsentation auf eine CD brennen und Ihren Teilnehmern geben. Anstatt einer CD können Sie Ihren Kursteilnehmern ermöglichen, die Präsentation von einem gemeinsam zur Verfügung gestellten Laufwerk auf Disketten herunterzuladen. Seien Sie aber vorsichtig mit eigenen Dateien. Zum einen sollten diese nicht gegen das Copyright verstoßen, zum anderen überlegen Sie sich gut, was Sie Ihren Teilnehmern an Material anbieten. Die Konkurrenz ist hart und Sie möchten ja nicht, dass Sie irgendwann Ihre Präsentation von einem Ihnen fremden Referenten vorgeführt sehen.

Sie können Ihren Teilnehmern Programme zur Verfügung stellen, die als Freeware oder Shareware öffentlich zugänglich sind. Dies vereinfacht die Arbeit zu Hause, denn die Programme können sofort auf dem eigenen Computer installiert werden, und das Lernen kann problemlos fortgesetzt werden.

Sofern in den Schulungsunterlagen keine Beispiele mit Lösungen vorhanden sind, könnten Sie beispielsweise diese erstellen und Ihren Teilnehmern ebenfalls als Lektüre mitgeben. Hinzu kommt die Möglichkeit, eigene Schulungsskripte auf CD mitzuliefern.

Powerpoint-Präsentationen

Unterstützen Sie Ihre Vorträge durch Powerpoint-Folien. Dies visualisiert Ihre gesprochenen Worte, prägt sich somit besser ein und bietet eine weitere Möglichkeit, den Teilnehmern den Kurs nachhaltiger zu gestalten, indem Sie auch diese Präsentation mit auf die CD geben. So können die Teilnehmer zu Hause Ihren Vortrag wiederholen und nachvollziehen.

Demo-CDs

Je nach Programm, das Sie schulen, gibt es vielleicht Demonstrations-CDs, die entweder zeitlich begrenzt oder mit limitiertem Funktionsumfang den Teilnehmern eine brauchbare Übungsmöglichkeit bieten. Nutzen Sie solche Angebote; Ihre Teilnehmer werden sich über den Service freuen und Ihr Unterrichtserfolg wird sich als nachhaltig erweisen. Gleichzeitig haben Sie auf diese Weise die Möglichkeit, mit den Firmen in direkten Kontakt zu treten, was sich für Sie unter Umständen ebenfalls positiv erweisen kann.

Prospektmaterial

Wie bei den Demo-CDs sind oft auch Prospektmaterialien erhältlich, die den Teilnehmern den Bezug und die Bestellung der Software erleichtern. Gerne werden die Softwarefirmen Ihnen dieses Material zukommen lassen.

Tastaturschablonen

Gelegentlich sind es Kleinigkeiten aus Papier, mit denen Sie Ihre Teilnehmer erfreuen können. In Ihrem *Excel*-Kurs arbeiten Sie viel mit Tastaturbefehlen. Um diese Ihren Teilnehmern zu erleichtern, haben Sie die wichtigsten Befehle auf einer Tastaturschablone aus Papier zusammengefasst, die die Teilnehmer genau über die Funktionstasten legen können. Dies hat sich für die Teilnehmer als große Hilfe erwiesen, nun geben Sie diese Papierstreifen den Teilnehmern mit nach Hause. Wenn Sie wollen, können Sie auf diese Streifen noch Ihr Firmenlogo und Ihre Telefonnummer platzieren, dann haben Sie den Nutzen sogar mit etwas Eigenwerbung gekoppelt.

Block und Schreibmittel

Neben den Materialien, die rein aus dem Bereich der EDV stammen, können ebenso ganz traditionelle Materialien großen Nutzen bringen. Beim Start eines Kurses findet jeder Teilnehmer einen Block und ein Schreibgerät auf seinem Teilnehmerplatz vor. Jedes Teil ziert ein Firmenlogo und dient gleichzeitig zum Mitschreiben des Kurses.

> **Hinweis**
> Teilnehmer sind dankbar für jede Art von sinnvollen und sinnvoll zusammengestellten Materialien.

Zusammenfassung

- Durchdenken Sie Ihren Kurs in seinem schrittweisen Aufbau.

- Vermeiden Sie Sprünge in einem Themengebiet.

- Richten Sie Ihre Unterlagen nach der Reihenfolge des Vorgehens aus.

- Planen Sie ausreichend Zeit und ausreichende Mittel für die Skripterstellung ein.

- Beachten Sie eine konsequente, folgerichtige Vorgehensweise.

- Helfen Sie Ihren Teilnehmern mit vielen Screenshots.

- Sorgen Sie für eine übersichtliche Gestaltung der Seiten mit einheitlichen Kopf- und Fußbereichen.

- Nutzen Sie die Skripte auch für die Präsentation Ihrer Firma und weitere Kursangebote.

- Verlage bieten fertige Kursvorlagen an, oft sogar mit den passenden Übungsdateien.

- Sie müssen Ihr Kursprogramm auf die fertigen Vorlagen abstimmen.

- Materialien kommen bei Teilnehmern gut an. Nutzen Sie dies, um Ihren Kurs sinnvoll zu unterstützen.

- Der Vortrag kann durch eine *PowerPoint*-Präsentation unterstützt werden, die dann für die Teilnehmer zur Verfügung gestellt wird.

- Nutzen Sie die Werbeabteilungen der Softwarefirmen, deren Produkte Sie schulen. Für Ihre Teilnehmer kann auf diesem Weg wertvolles Übungsmaterial Ihren Kurs bereichern.

Modul 11

Das Auftreten vor der Gruppe

Für manch einen Neuling mag gerade das erste Auftreten vor einer Gruppe mit Befürchtungen und unterschwelliger Angst verbunden sein. In diesem Modul wenden wir uns diesem Thema zu, von dem hoffentlich auch so manch „alter Hase" profitieren kann.

Lernen Sie

- Ihre Rolle als Kursleiter einzuschätzen
- Ihr Auftreten der Situation anzupassen
- mit Ihren Ängsten umzugehen
- häufig gemachte Fehler zu vermeiden
- sich selbst für diese Fehler zu sensibilisieren
- die Eigenschaften und Dynamik einer Gruppe kennen
- eine Gruppe von einer Metaebene aus zu sehen und daraus Ihr weiteres Handeln abzuleiten

11.1 Ihre Rolle als Trainer

Zunächst muss Ihnen bewusst sein, dass Sie in Ihrer Gruppe als Trainer eine hervorgehobene Stellung besitzen. Diese Stellung rührt aus folgenden Gründen:

- Sie sind für den Kurs verantwortlich.
- Sie haben den Wissensvorsprung über das Programm, das die anderen Teilnehmer erst erlernen sollen.
- Sie arrangieren die Unterrichtssituation und bestimmen die Methode.
- Sie sind für alle auftretenden Probleme im Kurs zunächst der erste Ansprechpartner.
- Sie werden für diese Rolle bezahlt.

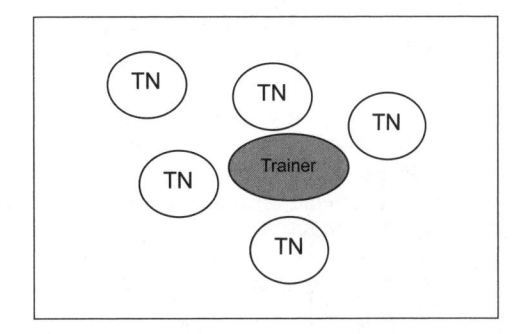

Sind Sie sich dieser hervorgehobenen Stellung immer bewusst, erleichtert dies Ihnen den gesamten Kursverlauf. Sie müssen kein Diktator oder Oberlehrer sein, aber eine Rolle „Gleicher unter Gleichen" ist ebenfalls nicht möglich. Dieser Umstand erfordert allerdings eine gewisse Einstellung und Vorbereitung auf die Rolle.

11.2 Das Lampenfieber

Es wäre nichts Ungewöhnliches, wenn Sie vor Ihrem Kursbeginn unter einer gewissen Nervosität oder gar Lampenfieber leiden. Dies ist nicht nur vollkommen normal, eine gewisse Spannung ist sogar notwendig, damit Sie Ihre volle Leistung als Trainer bringen. Sind Sie also nicht beunruhigt, wenn Ihnen vor den ersten Trainingseinheiten flau im Magen ist. Wie Sie damit erfolgreich umgehen können, hier ein paar Tipps:

- Kämpfen Sie nicht gegen Ihr Lampenfieber an, sagen Sie sich: „Ich habe jetzt Lampenfieber und das ist in Ordnung!".
- Atmen Sie ruhig und kräftig durch, denken Sie an Ihre gründliche Vorbereitung und vertrauen Sie auf Ihr Wissen.
- Blicken Sie die ersten in den Raum kommenden Teilnehmer freundlich an, begrüßen Sie sie und schaffen so im Vorfeld eine positive Grundstimmung.
- Schon in dieser Phase spüren Sie, welche Teilnehmer Ihnen besonders wohlgesonnen sind. Suchen Sie bei der Begrüßung vor allem zu jenen Personen den Blickkontakt.
- Halten Sie sich vor Augen, dass zumeist nach dem „Guten Morgen" das Lampenfieber wie weggeblasen ist und Sie sich ab diesem Moment voll auf den Kurs konzentrieren können.

Manchmal kündigt sich das Lampenfieber bereits einen Tag vorher an. Wenn Sie dann vor lauter Aufregung nicht richtig schlafen können, könnte sich das wirklich negativ auf Ihren Kurs auswirken. Je nach Typ und persönlichen Vorlieben sei Ihnen dann von einem Jogging bis zu einem Glas Rotwein das empfohlen, was Sie ablenkt, müde macht und Ihnen zu einem erholsamen Schaf verhilft.

Umgekehrt sollten Sie sich als routinierter Trainer etwas Lampenfieber oder besser unruhige Neugier auf den Kurs erhalten, um selbst immer wieder Ihre Energien für den Kurs freizusetzen.

11.3 Freundlichkeit

Freundlichkeit wirkt oft wie ein Spiegel. Gehen Sie deshalb mit Freundlichkeit auf Ihre Teilnehmer zu. Keine übertriebene, gekünstelte Freundlichkeit, sondern eine geschäftsmäßig offene Freundlichkeit, die geprägt ist von dem Wunsch der Inhaltsvermittlung und der Geduld, wenn sich ein Teilnehmer mit Verständnisprobleme vertrauensvoll an den Lehrgangsleiter wenden kann, der dann auch bereit ist, zum x-ten Mal den Sachverhalt zu erläutern. Tatsächlich belegen viele Rückmeldungen von Kursteilnehmern, dass für sie ein wesentliches Element des Kurses war, dass der Kursleiter nicht müde wurde, mit Geduld auf die Fragen und Probleme seiner Kursteilnehmer einzugehen.

So erscheint die Geduld als Fundament der Freundlichkeit. Um auf die angesprochene Eigenschaft des Spiegels zurückzukommen: Die von Ihnen gezeigte Geduld und Freundlichkeit bekommen Sie durch die Zufriedenheit Ihrer Teilnehmer zurück.

Sollte einmal ein Kurs nicht zu Ihrer Zufriedenheit verlaufen sein, so untersuchen Sie zunächst, an welchen Stellen vielleicht von Ihnen ausgesandte Signale bei den Teilnehmern nicht die gewünschte Reaktion auslösten. Waren Reaktionen von Ihnen auf Fragen oder Wünsche der Teilnehmer unwirsch oder haben Sie zusätzlichen Erklärungsbedarf bei Ihren Teilnehmern übergangen? Erst wenn Sie sich diesen Fragen gestellt haben, können Sie nach weiteren Ursachen forschen.

11.4 Die Kleidung

„Hilfe, was ziehe ich an?" Diese Frage wird sich so mancher Trainer vor einem Kurs stellen. Bei einigen Firmen scheint eine unterschwellig vorhandene Übereinkunft zu bestehen, dass der Trainer im schwarzen Anzug oder Kostüm, mit weißer Bluse bzw. Hemd zum Training zu erscheinen hat. Unabhängig davon sollten Sie sich an die Faustregel halten, weder over- noch underdressed aufzutreten. Seriöses Outfit, unaufdringlich, zweckmäßig, aber keinesfalls unbequem, wenn Ihnen ein langer Trainingstag bevorsteht. Viel wichtiger sollte Ihnen die Frage der Körperhygiene sein, denn sie werden im Kursverlauf unter Umständen Ihren Teilnehmern sehr nahe kommen, wenn Sie am Bildschirm helfen. Ein wirkungsvolles Deodorant, der Verzicht auf ein Knoblauchgericht am Vortag und ein Pfefferminzbonbon zwischendurch mögen hier größere Bedeutung haben als die Wahl der Kleidung.

11.5 Seriosität

Ihre Funktion als Trainer setzt ein seriöses und diskretes Auftreten voraus. Dabei sind Sie folgenden Gruppen verpflichtet:

- Ihren Teilnehmern, zu denen Sie Informationen und persönliche Eindrücke erhalten. Hier gebührt besondere Diskretion, vor allem gegenüber dem Auftraggeber.
- Ihrer Firma gegenüber. Selbst wenn Missstände offensichtlich werden, muss Ihre Rolle darin liegen, diese zu erkennen und zur gegebenen Zeit zusammen mit den dafür Zuständigen Abhilfe zu schaffen.
- Sich selbst gegenüber. Sie sind zwar der Trainer, aber persönliche Einzelheiten haben im Kurs nichts verloren.

Damit müssen sie also einerseits ein distanziertes Verhältnis gegenüber allen Beteiligten aufbauen, andererseits muss Ihnen an einem vertrauensvollen, offenen Verhältnis zu Ihren Teilnehmern gelegen sein. Dieser scheinbare Spagat wird in der Regel dadurch entschärft, dass die geforderte Seriosität die Vertrauensgrundlage schafft, auf der Sie arbeiten können.

11.6 Flexibilität

Ein erfahrener Trainer zeichnet sich durch ein hohes Maß an Flexibilität aus. Je nach Situation vermag er die Vorgehensweise zu verändern, Aufgaben der Situation anzupassen und auf Teilnehmerfragen flexibel, individuell und humorvoll zu antworten. Für diese Eigenschaften gibt es kein Handbuch oder Rezept außer ein wenig Mut, Offenheit, gepaart mit Selbstvertrauen. Durch die Routine erlangen Sie im Laufe der Zeit so viel Souveränität, dass Sie schnell und flexibel reagieren können. Als Anfänger in diesem Bereich ist es ratsam, sich zunächst etwas zurückzunehmen und nach der Reflexion über das eigene Verhalten sich dann langsam im Kurs flexibler zu verhalten. Aus den jeweiligen Rückmeldungen werden Sie erfahren, welche Reaktion bei den Teilnehmern gut ankam und auf welche Sie zukünftig verzichten sollten.

11.7 Häufige Fehler

Manche Fehler, die gemacht werden, kommen immer wieder vor. Wie magisch angezogen machen Trainer manche Punkte immer wieder falsch. Wenden wir uns dieser Fehlerkategorie hier zu, damit Sie schon vor dem Kurs sensibilisiert sind und während Ihres Kurses diese Punkte bedenken können.

Die Kunst, daran zu denken...

Bevor Sie sich diesen Fehlern widmen, eine kleine Vorbemerkung. Beim Lesen werden Sie denken, so was passiert mir doch nie. Doch dann in der Anspannung des Kurses werden Ihnen diese Punkte wieder begegnen. Das ist dann gar nicht schlimm, wenn es nur einmal passiert und Sie es selbst bemerken. Nur so gewöhnen Sie sich dies im Laufe Ihrer Kurse ab. Schlimmer, wenn Sie dafür nicht sensibilisiert sind und die Fehler sich über längere Zeit einschleifen. Dann wird es wesentlich schwerer, sich derartige Unarten abzugewöhnen.

Das Trainerecho

In Ihrem Kurs kommt es zu einer Gesprächsrunde. Sie fragen die Teilnehmer „Woher bekommt man Informationen über Internetadressen?" Die Runde überlegt, und ein Teilnehmer äußert: „Im Fernsehen und in Zeitschriften bekommt man Hinweise auf Internetadressen." Sie nicken und sagen: „Ja genau, im Fernsehen und in Zeitschriften!" Ein Teilnehmer meldet sich: „...und auf Softwarepackungen." Sie dazu: „Ja richtig! Auch auf Softwarepackungen!"

Bei jeder Teilnehmermeldung haben Sie den Beitrag aufgegriffen, kommentiert und sogar nochmals wiederholt. Dies ist ein typisches Beispiel für das Trainerecho. Ihre Teilnehmer werden sich in eine unmündige Rolle gedrängt fühlen, ja sich wie Kinder behandelt fühlen. Lassen Sie die Äußerung des Teilnehmers stehen, die anderen Teilnehmer verstehen das auch, wenn Sie es nicht wiederholen. Greifen Sie die Äußerung auf, wenn Sie möchten, lassen Sie andere Teilnehmer sich dazu äußern, aber wiederholen Sie das Gesagte nicht!

Das Ansprechen der Teilnehmer

Zur Ausstattung eines Raums und zur Vorbereitung gehören Namensschilder. Ist Ihnen das nicht möglich, dann machen Sie sich bei der Vorstellungsrunde eine Skizze des Raums und notieren Sie die Namen der Teilnehmer in diese Skizze, dann ist Ihnen eine persönliche namentliche Ansprache der Teilnehmer immer noch möglich. Bei einer Gesprächsrunde werden Sie allerdings nicht immer so schnell auf die Namensliste sehen und dennoch dem Teilnehmer das Rederecht geben können. Zeigen Sie dann nicht mit dem Finger auf den Teilnehmer, verwenden Sie stattdessen die ganze geöffnete Hand. Das wirkt seriöser, offener und vielleicht ein wenig moderner.

Falsches Rollenverständnis

Gelegentlich zeigt sich bei IT-Trainern ein falsches Rollenverständnis. Ursache für dieses falsche Verständnis könnten lange zurückliegende „Ur"-Erfahrungen selbst erlebten Unterrichts sein, die mit heutigen Trainingsbedingungen und zwischenmenschlichen Beziehungen nichts zu tun haben. So konnten wir einen Trainer erleben, der in seinem IT-Kurs die Teilnehmer bat, eine ihm wichtige Bezeichnung im Chor nachzusprechen. Dies mag der Bedeutung, die der Trainer dem Begriff beimisst, durchaus gerecht werden. Eine zeitgemäße Form ist es nicht, schon gar nicht, wenn diese Form öfters wiederholt wird. Dazu gibt es heute adäquatere Möglichkeiten. Schreiben Sie den Begriff auf das Flip-Chart, wiederholen Sie den Begriff öfters, heben Sie ihn in Ihrem Skript hervor, u.v.m.

> **Hinweis**
> Dies soll nur als beispielhaft aufzeigen, wie viele selbst erlebte Erfahrungen aus dem Unterricht unbewusst in das eigene Training wieder einfließen. Lediglich die Fremd- und kritische Eigenbeobachtung durchbrechen diesen Kreis und ermöglichen eine Fortentwicklung des eigenen Trainerverhaltens!

Lob und Tadel

Ebenfalls erinnern Sie sich sicherlich an die Wirkung von Lob und Tadel aus dem eigenen Unterricht. In der Erwachsenenbildung wandelt sich die Bedeutung dieser beiden Größen, in einer IT-Schulung erst recht. Lob bleibt ein wesentliches Element Ihrer Teilnehmermotivation. Haben Ihre Teilnehmer etwas gut umgesetzt, eigene Lösungswege entdeckt oder hat ein schwacher Teilnehmer Ihre Vorgaben gut umgesetzt, dann sparen Sie hier nicht mit Lob, wenn auch bitte der Situation angepasst und so, dass es nicht aufgesetzt und gekünstelt wirkt.

Mit Tadel müssen Sie sich zurückhalten. In der Regel sind Sie weder Vorgesetzter noch haben Sie eine Weisungsbefugnis. Zudem sitzen Erwachsene vor Ihnen, die nicht in Ihr Training kommen, um gemaßregelt zu werden. Das Ziel bleibt die erfolgreiche Teilnahme. Die positive Einstellung, das Kursziel erreichen zu wollen, setzen Sie bei allen Teilnehmern voraus. So müssen Sie lernen, bei Teilnehmern, die gerade nicht machen, was Sie als Arbeitsauftrag gestellt haben, auch mal darüber hinwegzusehen, ohne dass Sie dazu gleich eine kritische Bemerkung machen. Erreichen die Teilnehmer das gesteckte Ziel nicht, dann sind Sie und Ihre Hilfe gefordert, nicht Ihre Kritik an den Teilnehmern.

Nur wenn Teilnehmer ständig etwa anderes machen und sich nicht um Ihren Kursfahrplan kümmern, ist Ihr Einschreiten erforderlich. Dabei nicht in Form von Tadel, schon gar nicht vor der Gruppe. Hier ist das persönliche Gespräch, am besten in einer Pause, gefordert, in dem Sie diesen Sachverhalt ansprechen.

Fixierung auf einen Teilnehmer

Leicht kann ein Trainer sich auf einen Teilnehmer oder eine kleine Gruppe von Teilnehmern fixieren. Sei es bei Redebeiträgen, die immer von den gleichen gehalten werden, oder beim Blickkontakt, dass nur immer die gleichen angeschaut werden. Ebenso kann ein Trainer sich so auf eine Gruppe konzentrieren, dass deren Geschwindigkeit oder deren Verständnis vom Kursinhalt als Maß für alle anderen Kursteilnehmer genommen wird. Hier fühlen sich die anderen Teilnehmer schnell unwohl und zu wenig im Kurs berücksichtigt.

Achten Sie deshalb bei den Redebeiträgen darauf, allen Teilnehmer die gleiche Möglichkeit zu geben, zu Wort zu kommen. Bei einem Vortrag versuchen Sie, Blickkontakt zu möglichst allen Teilnehmern zu halten, zumindest dann, wenn Sie Sicherheit in der Gruppe gewonnen haben. Als Maß für den Lernfortschritt im Kurs muss der Stand aller Teilnehmer berücksichtigt werden.

Visualisieren, so dass jeder es lesen kann

Schreiben Sie etwas an das Whiteboard oder Flipchart, achten Sie auf gute Lesbarkeit. Es nützt wenig, wenn nur die beiden vordersten Teilnehmer Ihren Anschrieb erkennen können. Testen Sie selbst die Lesbarkeit Ihrer Notizen, indem Sie sich gelegentlich auf die Höhe Ihres entferntesten Teilnehmers begeben und versuchen, Ihren eigenen Anschrieb zu lesen. Es gilt die Faustregel, lieber zu groß als zu klein!

11.8 Gruppenprozesse

Ihr IT-Kurs bildet eine Gruppe, die eine eigene Dynamik hat mit unterschiedlichen Charakteren und Eigenschaften. Ab und an können Sie sich als Trainer gedanklich aus der Gruppe lösen und auf einer Metaebene über die momentan stattfindenden Prozesse und die Atmosphäre in Ihrer Gruppe reflektieren. Ein paar Anregungen für diesen Überlegungsprozess führt dieses Kapitel auf.

Eine Gruppe leiten

Als Leiter einer Gruppe müssen Sie sich an einige Kriterien halten, die Ihren Kurserfolg mitbestimmen. Zunächst orientiert sich der Erfolg in Ihrer Gruppe mit am Klima in der Gruppe. Eckpfeiler Ihrer Tätigkeit als Gruppenleiter sind:

- Freiwilligkeit
- Transparenz
- klare Struktur
- Teilnehmerorientierung in positiver Arbeitsatmosphäre
- eigene Verantwortlichkeit der Teilnehmer hervorheben

Freiwilligkeit sollte die Grundvoraussetzung für die Teilnahme am Kurs sein. Sind Teilnehmer von ihrer Abteilung oder ihrem Vorgesetzten geschickt worden und nun unfreiwillig in Ihrem Kurs, so werden Sie es sehr schwer haben, ein erfolgreiches Kursziel mit dem Teilnehmer zu erreichen. Dies gilt übrigens auch für Sie als Trainer! Wurden Sie zum Halten eines Kurses verpflichtet, ohne dass Sie hinter dieser Entscheidung stehen, werden Sie ebenfalls Mühe haben, in der Gruppe zu bestehen.

Die Teilnehmerorientierung beginnt bereits bei der Transparenz. Eine klare Struktur, die den Teilnehmern bekannt ist, bietet den Rahmen, in dem der Teilnehmer sich sicher innerhalb Ihres Kurses und des Lernprozesses bewegen kann. Sind Sie als Trainer zusätzlich so flexibel, dass Sie den Wünschen Ihrer Teilnehmer sowohl inhaltlich als auch von der äußeren Struktur entgegenkommen können, ist zunächst der äußere Rahmen der Gruppe positiv besetzt.

Dieser Gruppenrahmen wird bei Kursen immer wieder deutlich, wenn Sie Kursteilnehmer danach befragen, was Ihnen an der Gruppe wichtig ist:

- miteinander arbeiten
- Spaß haben
- teilnehmerorientiertes Arbeiten
- angenehme Arbeitsatmosphäre

Hingegen werden folgende Punkte oft als negative Gruppenerlebnisse genannt:

- keine klare Struktur erkennbar
- Zeitdruck
- zu langatmige „Kennenlernspiele"
- ein Übertrainer, der alles und jedes in seinem Kurs kommentiert!

Heben Sie immer wieder auch die Eigenverantwortung der Teilnehmer für den eigenen Kurserfolg hervor. Geben Sie den Teilnehmern immer wieder das Gefühl, ihre Mitwirkung am Kurs, ihre Kursbeiträge und Engagement seien wesentlich für den Erfolg des Kurses. So schaffen Sie ein Gefühl von Mitverantwortung, das die Mitarbeit der Teilnehmer beflügelt.

Die Motivation der Gruppe

Die Motivation der Gruppe ist für den Kurserfolg eine wichtige Voraussetzung. Je nach der Zusammensetzung Ihrer Teilnehmer finden Sie

- eine hohe Motivation bei Teilnehmern, die sich freiwillig für Ihren Kurs gemeldet haben und am Thema in hohem Maße interessiert sind;
- eine eher geringe Motivation bei Teilnehmern, die auf Firmenanweisung kommen und eher weniger am Thema interessiert sind.

Eine wichtige Rolle bei der Motivation durch den Kurs selbst fällt Ihnen zu. So wie Sie den Kurs gestalten, kann die vorhandene Motivation zunichte gemacht werden, oder Sie locken die Teilnehmer aus der Reserve, so dass sie ganz begeistert mitmachen. Letzteres muss Ihr Ziel sein. Durch abwechslungsreiche, interessante Gestaltung des Kurses und nicht zuletzt Ihre Einstellung beeinflussen die Motivation der Gruppe. Es gab Kurse, da waren die Teilnehmer zunächst auf das Äußerste distanziert. Durch die eigene Begeisterung des Trainers übertrug sich die Freude am Kurs auf die Teilnehmer, die sich schließlich mitreißen ließen und selbst plötzlich mit Feuer und Flamme bei der Arbeit waren.

Patentrezepte für das Wecken dieser Begeisterung gibt es allerdings wenige. Häufiger Methodenwechsel, Eigenaktivitäten der Teilnehmer und interessante Übungen gehören sicherlich dazu. Mit dem Zuwachs an Erfahrung werden Sie diese Momente zu steuern wissen.

Begeben Sie sich auf die Metaebene

Wenn Sie Ihren IT-Kurs beobachten, dann bewegen Sie sich auf eine Metaebene. Begeben Sie sich in Ihrem Kurs immer mal wieder auf diese Ebene und überlegen Sie, wie es Ihrer Gruppe gerade von der Seite des Gruppenklimas geht.

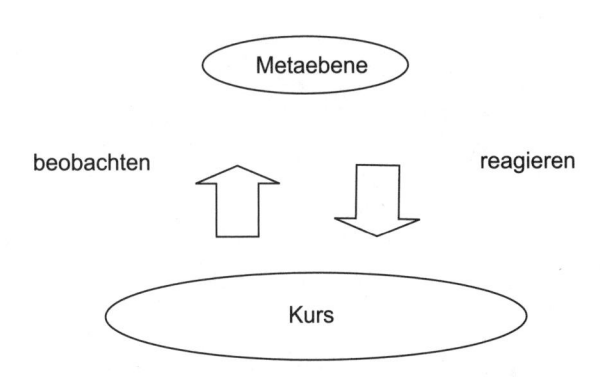

Stellen Sie sich die Fragen etwa so:
- Ist jedem Teilnehmer klar, wie der Ablauf des Kurses aussieht?
- Kann in der Gruppe jeder mit jedem arbeiten?

- Wie ist die Stimmung in der Gruppe?
- Wie ist derzeit meine Stellung als Trainer in der Gruppe?

Korrigieren Sie anschließend eventuelle Defizite unter Einbeziehung der Gruppe.

Das Lernen in einem IT-Training ist ein Prozess. Dieser Prozess kann durch das Gruppenklima positiv und negativ beeinflusst werden. Schaffen Sie ein optimales Gruppenklima, können Sie auch mit einem guten Lernfortschritt rechnen.

Zusammenfassung

- Ihr Auftreten sollte eine durch Freundlichkeit geprägte Seriosität vermitteln.

- Das Äußere sollte unaufdringlich formell, aber auch für Sie bequem sein.

- Versuchen Sie, die hier aufgeführten häufigsten Fehler zu vermeiden.

- Reflektieren Sie Ihre gehaltene Schulung nach diesen Kriterien.

- Ist ein Training schief gegangen, so überlegen Sie, ob einer der hier aufgeführten Punkte das auslösende Moment war.

- Prüfen Sie immer wieder, ob die Rahmenbedingungen für Ihre Kursteilnehmer aus Freiwilligkeit, Transparenz, klarer Vorgabe und Teilnehmerorientierung erfüllt sind.

- Begeben Sie sich dazu auf die Metaebene und analysieren kritisch Ihre Gruppe.

Modul 12

Grundregeln der Rhetorik

> **Lernen Sie**
> - Vorträge und Einführungen vorzubereiten
> - Sprache gezielt einzusetzen
> - Die wichtigsten Grundregeln der Rhetorik kennen

Ihr IT-Kurs ist trotz aller Neuerungen durch die Sprache geprägt. In diesem Modul wollen wir die Grundlagen der Rhetorik vermitteln. Dies ersetzt sicherlich keinen ausführlichen Rhetorikkurs. Vielleicht macht dieser Exkurs jedoch Appetit auf mehr und hilft beim Einstieg in die Thematik. Die Anregungen sollten allerdings ausreichen, um die wichtigsten Grundregeln zu erlernen und andere Vorträge beurteilen zu können.

12.1 Das Konzept

Bevor es zum Vortrag kommt, brauchen Sie ein Konzept. Was soll in dem Vortrag gesagt werden, was wollen Sie überhaupt Ihren Zuhörern mitteilen? Diese Frage sollten Sie zunächst klären, egal ob Sie einen IT-Kurs beginnen oder ein Einstiegsreferat halten. Hier haben sich für die ersten Gliederungsüberlegungen und Sammlungen von Themen MindMaps sehr bewährt. Mit ihrer Hilfe sind die Inhalte schnell zusammengestellt, die Reihenfolge festgelegt und Ergänzungen untergebracht. Ein sauber geschriebenes MindMap dient zudem oft zugleich als Grundlage für einen Vortrag. Dabei stoßen wir gleich auf das wichtigste Prinzip eines Vortrags:

> **Hinweis:** Ein Vortrag ist keine Schreibe! Diesen Hinweis finden Sie in jedem Rhetorikbuch. Formulieren Sie möglichst Ihren Vortrag nicht aus, sondern beschränken sich auf Stichpunkte.

MindMaps

Das MindMap liefert Ihnen die Stichpunkte und die Gliederung gleichsam einem roten Faden, anhand dessen Sie Ihren Vortrag oder Ihren Kursverlauf aufbauen.

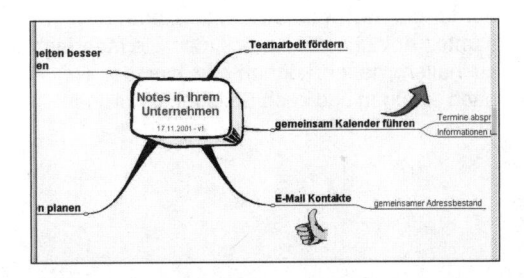

Sollten Sie dennoch ein vorgefertigtes Manuskript bevorzugen, dann probieren Sie ihren Vortrag im Vorfeld aus. Reden Sie laut und markieren Sie sich dabei, am besten mit Farbe, wichtige Stellen mit Ihren Betonungen.

Symbol	Bedeutung
!	Achtung – ggf. Stimme erheben
?	Frage – rhetorische Frage
↗	Stimme erheben
↘	leiser werden
-	Pause

Handzettel

Eine weitere hilfreiche Variante, die das freie Sprechen fördert, sind kleine Zettel, möglichst aus festerem Karton, die die wichtigsten Stichpunkte zum Vortrag enthalten, und eine Nummerierung, damit die Stichpunktzettel nicht durcheinander kommen, fällt der Stapel einmal herunter. Während Ihres Vortrags blicken Sie kurz auf den Stichwortzettel und haben dann den Blick wieder frei für Ihren Zuhörerkreis und können frei sprechen. Während Sie reden, kann schon die nächste Karte nach vorne geholt werden. So halten Sie Ihren roten Faden in der Hand. Notieren Sie sich alles Wichtige auf diesen Karteikarten, wie Betriebssystem der Firma, Anzahl der Mitarbeiter, Anzahl der Computerarbeitsplätze. So glänzt Ihr Vortrag auch gleich mit den zugehörigen Hintergrundinformationen.

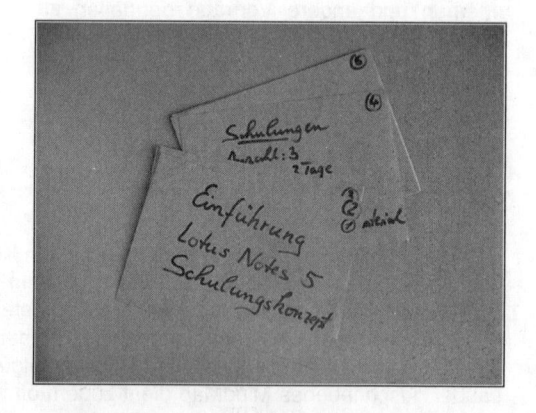

Fotoalbum

Ganz ähnlich können Sie mit einem Fotoalbum verfahren. Die dort eingehefteten Zettel bleiben auch in der Reihenfolge, wenn mal der Ordner herunterfällt. Dieses Verfahren eignet sich nicht nur für die Stichwortzettel einer Rede. Den gesamten Ablauf eines Kurses, den Sie mehrfach zu halten, haben können Sie hier der Reihe nach einfügen und nach Belieben umordnen.

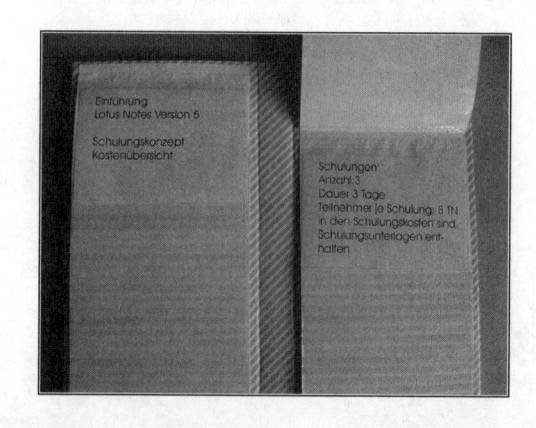

12.2 Sprache

Die Sprache ist das wesentlichste rhetorische Übermittlungsinstrument in Ihrem Vortrag. Das richtige Sprechen lässt sich erlernen. Hier erhalten Sie einen Überblick über die wichtigsten Grundprinzipien.

- Sprechen Sie hochdeutsch! Leichte regionale Einfärbungen der Sprache lassen sich nicht verhindern und sind auch ohne Bedeutung. Allerdings sollte jeder der Teilnehmer in der Lage sein, Sie zu verstehen. Also Hochsprache verwenden! Davon unbenommen ist es, wenn Sie zwischendurch eine kleine Einlage, einen Witz oder eine Anekdote in Dialekt anbringen.

- Variieren Sie Ihre Sprache! Es gibt kaum etwas Schlimmeres für einen Zuhörer als einen Redner, der seinen Vortrag in einer Tonlage hält. Heben Sie die Stimme, wenn es Ihnen wichtig erscheint, variieren Sie Ihre Sprechgeschwindigkeit, machen Sie Pausen und nutzen Sie Wiederholungen als Stilmittel, um wichtige Aussagen hervorzuheben.

- Neben der Sprechgeschwindigkeit lohnt auch die Variation der Lautstärke. Um die Teilnehmer nach einer etwas lauteren Partnerarbeit wieder zu einer neuen Lernsequenz zum Zuhören zu bewegen, müssen Sie vielleicht etwas lauter reden, um die Aufmerksamkeit zu gewinnen. Haben Sie allerdings die Aufmerksamkeit erlangt und müssen etwas sehr Wichtiges sagen, lohnt es unter Umständen, ziemlich leise zu sprechen. Allein die Wichtigkeit Ihrer Worte wird die Teilnehmer zum Zuhören bewegen. Denken Sie auch an die Belastbarkeit Ihrer Stimmbänder und schonen Sie diese.

- Ebenso, wie eine fehlende Betonung einschläfernd auf Teilnehmer wirken kann, quält falsche Betonung die Nerven der Teilnehmer. Üben Sie deshalb kleinere Vortragssequenzen vor dem Spiegel oder im „Auf- und Abgehen".

- Machen Sie kurze Sätze. Ein Hauptübel der deutschen Sprache sind lange verschachtelte Sätze. Mag das für die Literatur noch hinnehmbar sein, so sind lange Sätze bei einem Vortrag fehl am Platz. Ein Vortrag hat hier eher Ähnlichkeit mit einem Werbespot oder politischen Slogan. Kurze prägnante Sätze sind hier gefordert!

- Verwenden Sie bei Ihrem Vortrag möglichst Aktiv und nicht Passiv! Machen Sie aus: „Das Schließfeld oben rechts muss jetzt von Ihnen betätigt werden" besser: „Betätigen Sie das Schließfeld oben rechts".

- Würzen Sie gegebenenfalls Ihren Vortrag mit Zitaten oder Sprichwörtern. Machen Sie das aber nicht gekünstelt, sondern überlassen das besser der Situation des Augenblicks, wenn Ihnen gerade eine passende Anekdote oder ein Zitat einfällt.

- Bauen Sie Ihren Vortrag wie den Schuss einer Kanonenkugel auf: Sich langsam dem Höhepunkt nähern und dann verhältnismäßig steil abfallen. So oder so ähnlich stellen sich das die Rhetoriker vor. Für einen Vortrag im Bereich der EDV wird sich dieses Grundmuster selten übertragen lassen, zu wenige packende Höhepunkte und markige Aussagen lassen sich im IT-Bereich finden. Bauen Sie deshalb umso mehr auf die anderen Grundregeln der Rhetorik.

- Reden Sie möglichst in Ihrem Vortrag nicht länger als 10 Minuten. Ab diesem Zeitpunkt lässt die Konzentration nach. Nutzen Sie diese Zeit für Ihren Vortrag und wechseln Sie dann die Arbeitsform.

- Achten Sie darauf, dass Ihre Rede nicht mit „Äh"-Einlagen angereichert ist. In jüngster Zeit konnten wir eine Rede verfolgen, bei der der Redner jeden Satz mit mehreren „äh"s würzte. Dies brachte einige Zuhörer dazu, nicht mehr auf den Inhalt der Rede zu achten, sondern die „äh"s zu zählen. Nach einer Dreiviertel-Stunde und 437 „ä"-s war Schluss.

> **Hinweis:** Viele der oben aufgeführten Unarten erkennt man an sich selbst nicht. Erst wenn man sich selbst einmal in einem Video bei einem Vortrag beobachtet hat, ist man dafür sensibilisiert und kann sein Vortragsverhalten ändern. Machen Sie davon behutsam Gebrauch. Bedenken Sie dabei, dass andere Ihren Auftritt ganz anders empfinden als Sie selbst. Seien Sie realistisch, aber nicht zu selbstkritisch. Lernen Sie dabei auch, zu Ihrem ganz persönlichen Vortragsstil zu stehen.

Trainieren Sie Ihre Stimme vor einem Kurs. Beugen Sie Ihren Oberkörper nach vorne, lassen die Arme baumeln und bilden Sie weit hinten im Rachenraum einen summenden m-Laut. Sie spüren diesen Laut im ganzen Körper und Kopf vibrieren. Wenn Sie das Bedürfnis zum Räuspern haben, schlucken Sie mehrmals. Versuchen Sie überhaupt das Räuspern zu unterlassen, es belastet stark die Stimmbänder.

Ihre Stimme wird während eines langen Schulungstags stark strapaziert. Es ist deshalb durchaus empfehlenswert, eine Flasche Mineralwasser mitzunehmen und immer mal wieder einen Schluck zu trinken. Nicht umsonst wird dem Redner oft ein Glas Wasser an ihr Rednerpult gestellt. Ebenso geeignet ist eine Thermoskanne mit Tee. Regelmäßiger Saunabesuch wirkt sich ebenfalls positiv auf die Stimme aus.

12.3 Körpersprache

Neben der Sprache wirkt besonders Ihre Körpersprache auf die Teilnehmer. Dies muss nicht dazu führen, dass Sie alles mit Händen und Füßen untermalen, allerdings wirken Redner sehr steif, die auf ihre Arme als Ausdrucksmittel verzichten. Machen Sie sich von Ihrer Körpersprache am besten ebenfalls durch eine Videoaufnahme ein Bild. Beobachten Sie sich beim Reden und Sprechen, Ihre Gestik und Handhaltung. Überlegen Sie, wo Sie Körpersprache zur Untermauerung Ihrer Aussagen gut einsetzten können und wo sie gekünstelt und unnatürlich wirkt.

Gerade bei Einführungen und Erklärungen im EDV-Bereich ist es durchaus möglich, sich durch den Raum zu bewegen und nicht angewurzelt hinter dem Referententisch zu verharren. Dies schafft nicht nur eine lockere Atmosphäre; folgt man den Argumenten einiger Hirnforscher, dann fördert die Bewegung das Denkvermögen und die Konzentration.

Zu Ihrer Rede und der Körpersprache gehört besonders auch der Blickkontakt zu Ihren Teilnehmern. Dies schafft nicht nur Verbundenheit, zusätzlich haben Sie schnell eine Rückmeldung, wie Sie auf ihre Teilnehmer wirken. Vermeiden Sie es, nur einen Teilnehmer während Ihres ganzen Vortrags zu fixieren. Lassen Sie Ihren Blick durch Ihren Teilnehmerkreis schweifen. Sind Sie am Anfang noch unsicher, dann schauen Sie zunächst zu den Teilnehmern, von denen Sie denken, dass sie Ihnen wohlgesonnen sind, oder zu jenen, die öfters zustimmend mit dem Kopf nicken. Diese „Ja-Sager" gibt es in den meisten Gruppen. So gewinnen Sie zunächst Sicherheit und können später einen Blick auf die weiteren Teilnehmer werfen.

12.4 Wenn es mal schief geht...

Sie bleiben stecken! Irgendwann passiert das jedem. Peinlich wird es erst, wenn Sie darauf nicht vorbereitet sind und den Faden überhaupt nicht mehr wiederfinden. Versuchen Sie sich in die Situation zu versetzen. Ein versierter Redner wird zunächst das rettende Ufer hinter sich suchen. An welche Stelle des Skriptes kann ich mich erinnern? Was war gerade meine letzte Aussage? Greifen Sie den Faden an dieser Stelle wieder auf und setzen Sie an diesem Punkt an oder wiederholen den Gedanken. Dies verschafft ihnen in der Regel die Luft, die Sie brauchen, bis Sie den roten Faden wieder gefunden haben.

Teilnehmer können Sie mit Zwischenfragen aus dem Konzept bringen. Wenn Sie jedoch vertieft in Ihren Gedankengang sind oder Bedenken haben, dass der Einwand Sie vom Konzept abbringen könnte oder gar gegen Sie gerichtet ist, dann verweisen Sie darauf, dass Sie am Ende in Ihrem Vortrag oder im persönlichen Gespräch darauf zurückkommen werden. Dies verschafft Ihnen ebenfalls Luft, um Ihren Vortrag zu beenden. Allerdings müssen Sie auch wirklich das Gespräch suchen oder den Einwurf aufgreifen.

12.5 Der Vortrag

Mit Hilfe eines Vortrags lassen sich viele Informationen knapp und prägnant vermitteln. Er wird häufig als schnelle Wissensvermittlung genutzt. Genau hier liegt aber die Gefahr. Ihr Vortrag sollte eine Zeit von 10 Minuten nicht überschreiten. Danach werden Ihre Teilnehmer Ihnen nicht mehr aufmerksam folgen können, nicht, weil sie nicht möchten, sondern weil sie die Fülle von Informationen erst verarbeiten müssen. Hohe Konzentration und Aufmerksamkeit werden Ihren Teilnehmern bei Ihrem Vortrag abverlangt. Bei Ihrer Kursvorbereitung sollten Sie daher genau planen, wann und zu welchem Themengebiet Sie einen Vortrag einbauen möchten.

Achten Sie darauf, Ihren Teilnehmern nur die wesentlichen Aspekte zu vermitteln. Ihre Teilnehmer sind nicht in der Lage, sich alle Informationen zu merken. Studien haben gezeigt, nur 20% des Gehörten wird behalten. Daher wählen Sie Ihre Informationen gut aus, die Sie vermitteln möchten. Kurz, präzise und strukturiert ist oft mehr als lange, unstrukturierte Vorträge.

Versuchen Sie, im Anschluss an einen Vortrag das gerade Vorgetragene durch geschickt gestellte Fragen noch einmal von Ihren Teilnehmern sich wiedergeben zu lassen. Auf diese Weise werden diese am Kursgeschehen beteiligt, und Sie können erkennen, ob sie die Informationen, die Sie gerade vermittelt haben, verstanden haben. Bei möglichen Fehlinformationen können Sie die Wissenslücken durch nachgereichte Erklärungen schließen.

Soweit es geht, sollten Sie die Vorträge praxisnah für Ihre Teilnehmer gestalten. Oft hilft es, einen komplexen Sachverhalt einfach zu erklären. Verfallen Sie nicht der Gefahr, komplexe Sachverhalte in einer noch komplexeren Art und Weise darzustellen. Ansonsten wird Ihnen ein Teil Ihrer Teilnehmer nicht mehr folgen können und das Lernziel des Lernabschnittes wird nicht erfüllt. Oft sagt ein Bild mehr als tausend Worte. Zudem können Ihre Teilnehmer Ihnen leichter folgen, und Ihr Vortrag wird anschaulicher und interessanter. Versuchen Sie auch, Ihren Vortrag bildlich (in Wortbildern) darzustellen. Das prägt sich nachhaltiger ein.

Achten Sie darauf, kurze, klare Sätze zu sagen, verwenden Sie keine komplexe Satzstruktur. Wenn Sie sich über Ihre Vortragsweise unsicher sind, fragen Sie Ihre Freunde, ob diese Ihnen bei einem Probevortrag zuhören und Ihnen Rückmeldung geben können. Während des Vortrags vor Ihrer Teilnehmergruppe sollten Sie diese im Auge behalten. Die Teilnehmer geben durch ihre Mimik wieder, ob sie einen Sachverhalt verstanden haben oder nicht. Ein weiterer Grund, den Vortrag frei vorzutragen und nicht von einem Zettel abzulesen. Sonst haben Sie nicht die Möglichkeit, auf die Reaktionen Ihrer Teilnehmer zu achten. Haben Sie einmal eine etwas unglückliche Wortwahl getroffen und Ihre Teilnehmer sehen Sie verständnislos an, so formulieren Sie Ihre Gedanken nochmals und tragen sie erneut vor.

Setzen Sie Medien zur Unterstützung Ihres Vortrages ein. Bilder sind anschaulich, und Ihre Teilnehmer können Ihnen leichter folgen.

Zusammenfassung

- Machen Sie sich ein Konzept für den Vortrag.

- Für die Rede halten Sie sich einen Stichwortzettel oder MindMap mit rotem Faden bereit.

- Trainieren Sie Ihren Vortrag im Vorfeld: kurze Sätze, im Aktiv formuliert – variieren Sie Geschwindigkeit, Tonhöhe und Lautstärke.

- Kontrollieren Sie Ihr Auftreten, Ihre Aussprache und Körpersprache mit Video.

- Lassen Sie sich bei der Rede nicht aus der Ruhe bringen und folgen Sie ihrem roten Faden.

Modul 13

Hilfsmittel

> **Lernen Sie**
>
> - die wichtigsten Hilfsmittel kennen
> - die Vor- und Nachteile der unterschiedlichen Hilfsmittel zu unterscheiden
> - den Einsatz für Ihren Kurs zu nutzen

Einem IT-Trainer stehen heute eine Vielzahl an Hilfsmitteln zur Verfügung, die er gewinnbringend in seinem Kurs nutzen kann. Nicht alle Hilfsmittel eignen sich gleichermaßen und zu allen Gelegenheiten. Deshalb zählen wir in diesem Modul einige der Hilfsmittel mit ihren Vor- und Nachteilen für die jeweilige Unterrichtssituation auf.

13.1 Der Beamer

Eigentlich müsste seine Bezeichnung DV-Projektor lauten, doch hat sich „Beamer" in den letzten Jahren etabliert. So wie der Name sich durchsetzte, setzte das Gerät selbst sich gegen die Tageslichtprojektoraufsätze durch, die wegen ihrer (in der Regel) geringen Helligkeit und schlechten Handhabbarkeit keine Chancen gegen den technischen Newcomer hatten. Mittlerweile hat sich der Kostenrahmen der Geräte so weit gesenkt, dass ein Beamer heute zu der unverzichtbaren Grundausstattung eines jeden Computerraums gehört.

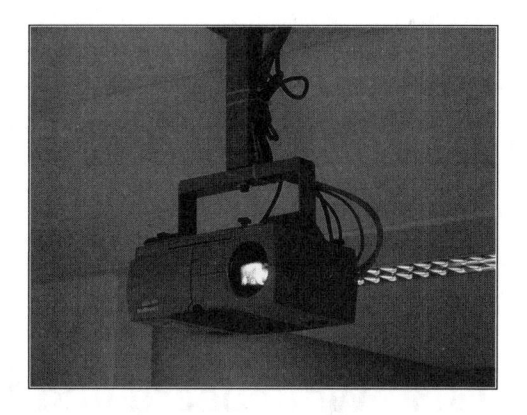

Vorteile

- Der Referent kann alle Handlungsschritte im Programm vorführen, die die Teilnehmer an der Projektion dynamisch mitverfolgen können.
- Das Bild auf der Projektionswand unterstützt den Vortrag. Präsentationen verdeutlichen die zu vermittelnden Inhalte.
- Selbst bei einem stehenden Bild auf der Projektionsfläche kann der Referent mit einem Zeigegerät oder Laserpointer den Teilnehmern Aktionen erklären.

Nachteile

- Noch sind nicht alle Beamer an der Decke montiert, gerade bei mobilen Geräten muss der Referent häufig auf die Tischprojektion zurückgreifen. Zwangsläufig läuft der Referent hin und wieder durch den Lichtstrahl.
- Die Auflösung der Beamer entspricht noch nicht bei allen Geräten der Auflösung der Monitore der Teilnehmer, deshalb kommen unterschiedliche Darstellungsformen gelegentlich vor.

- Die Lüftergeräusche sind gelegentlich störend bei Vortragsphasen.
- Hohe Betriebskosten, bedingt durch die Lebensdauer und Preise der Ersatzlampen.

13.2 Der Tageslichtprojektor

Er ist zwar schon etwas in die Jahre gekommen, doch leistet der Tageslichtprojektor auch für einen IT-Trainer oft noch gute Dienste. Er zeichnet sich zudem durch große Zuverlässigkeit aus.

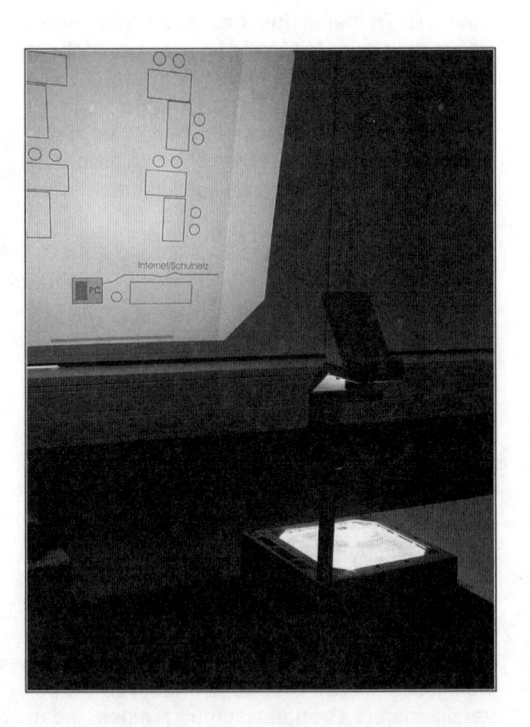

Vorteile

- Klares Bild
- Gut geeignet für Folien mit Arbeitsaufträgen, Kursprogramm usw.
- Große Zuverlässigkeit

Nachteile

- Nicht geeignet für dynamische Programmerklärungen
- Der Referent hat oft das Bild hinter sich schlecht im Blickfeld, die Folie kann u.U. unscharf dargestellt werden oder der Referent bewegt sich im Projektionslicht.

13.3 Whiteboard und Tafel

Die traditionellsten Formen der optischen Fixierung von Inhalten stellt die Tafel und deren moderneres Pendant, die Whiteboardtafel dar. Selbst in einem IT-Kurs sind diese Tafeln hilfreich. Schnell sind so Internetseiten, Strukturen oder E-Mail-Adressen an der Tafel fixiert und können die Inhalte optisch unterstützen. Die Whiteboardtafel ist im Computerraum allerdings der Kreidetafel vorzuziehen trotz eingetrockneter Whiteboardstifte, denn der Kreidestaub verteilt sich in Tastaturen und Mausrädern. Wegen der besseren Lesbarkeit ist ein weißer Hintergrund zusätzlich vorzuziehen.

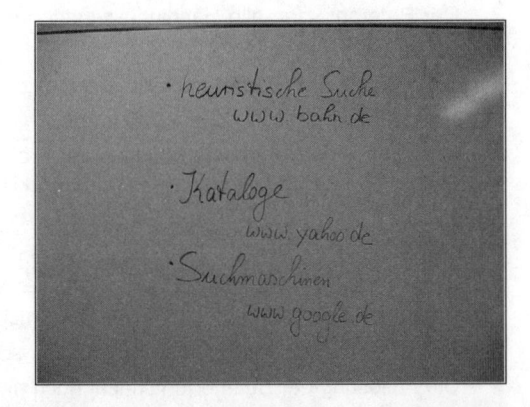

Vorteile

- Schnelle optische Darstellung von Notizen
- Löschen oder Verändern von Aufschrieben
- Zuverlässige Verfügbarkeit

Nachteile

- Beansprucht verhältnismäßig viel Raum
- Gute Schrift erforderlich
- Es ist sinnvoll, den Whiteboardanschrieb im Vorfeld mit den Stiften zu testen

13.4 Das Flipchart

Ganz ähnlich der Tafel und dem Whiteboard verhält es sich mit dem Flipchart. Allerdings bedingt das Schreiben auf dem Papier etwas Übung im Umgang mit den Filzstiften. Nehmen Sie sich im Vorfeld etwas Zeit, wenn Sie das Flipchart einsetzen möchten und trainieren Sie das Schreiben.

Vorteile

- Schnelle optische Darstellung von Notizen
- Zurückblättern auf alte Notizen bei Bedarf
- Gute Lesbarkeit auf dem weißen Untergrund
- Frei im Raum beweglich

Nachteile

- Beansprucht verhältnismäßig viel Raum durch die Standbeine, dadurch entsteht eine gefährliche Stolperfalle.
- Stifte trocknen schnell aus.

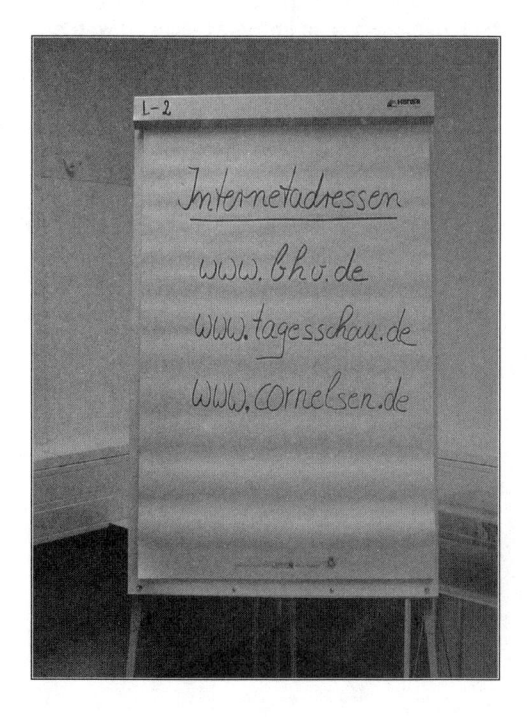

13.5 Die Pinnwand mit Metaplanwagen

Aus der Moderationsmethode stammt die Pinnwand mit dem Metaplanzubehör. In den Ursprüngen die ideale Möglichkeit für Ideensammlungen und anschließende Clusterung, also Neu- und Umgruppierung. Einerseits ihr Vorhandensein, andererseits die angepassten Möglichkeiten, diese Eigenschaften im IT-Kurs zu nutzen, macht die Pinnwand auch für IT-Trainer interessant. So kann die Baumstruktur eines Netzwerkaufbaus mit Karten visualisiert werden, die während des ganzen Kurses den Teilnehmern zur Orientierung dienen, und Änderungen in der Baumstruktur sind durch Umhängen der Kärtchen sofort ersichtlich. Eine weitere Variante ist im Bild dargestellt, wenn mit dem Explorer Daten im Netz gesichert werden, so lässt sich die Ordnerstruktur ebenfalls übersichtlich darstellen und verschobene Dateien durch Umhängen der Kärtchen symbolisieren.

Vorteile

- Schnelle optische Darstellung der Strukturen
- Änderungen sind durch Umhängen von Kärtchen plausibel erklärt.
- Kann während der gesamten Kursdauer ständig im Blick der Teilnehmer stehen.

Nachteile

- Verhältnismäßig großer Platzbedarf
- Größerer Zeitaufwand im Vergleich zur Tafel, bis die Kärtchen geschrieben und angebracht sind.

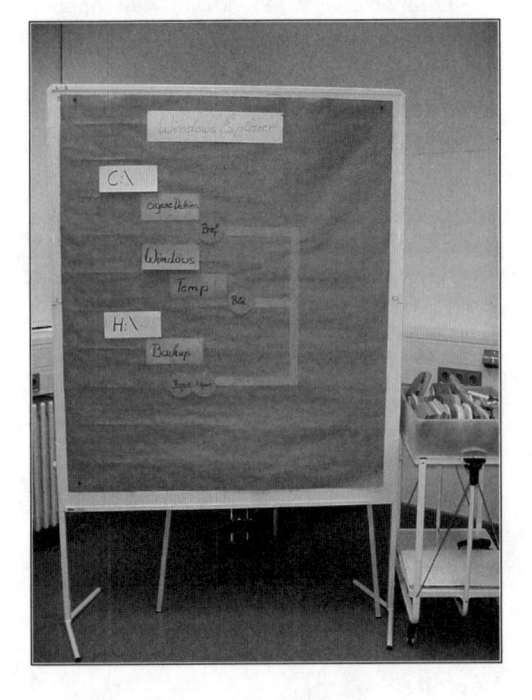

13.6 Mastereye

Wenden wir uns nach den traditionellen Unterrichtshilfen nun den modernen Hilfssystemen zu, die die Computer und Softwareentwickler erst ermöglichten. Es gibt hierzu bereits eine Vielzahl unterschiedlicher didaktischer Systeme auf dem Markt. Zwei Vertreter aus diesem Kreis wollen wir kurz vorstellen. Mit Mastereye hat der Referent alle Teilnehmerrechner im Bedarfsfall über die Vernetzung des Computerraums im Blick. Er kann nachsehen, was ein Teilnehmer gerade am PC macht, kann am Bildschirm des Teilnehmers etwas erklären. Der Bildschirm eines Teilnehmers kann zu Demonstrationszwecken allen Teilnehmern mittels Beamer zur Verfügung gestellt werden.

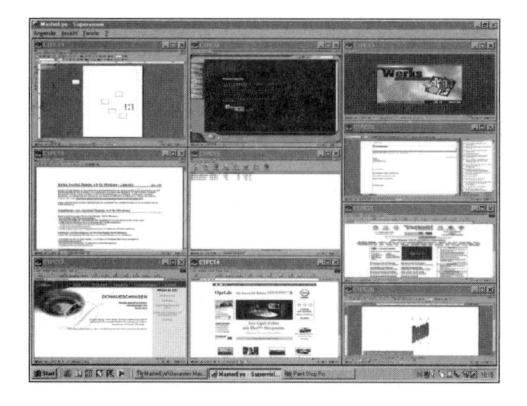

Um die Konzentration zu erhöhen, können Sie als Referent die Teilnehmerbildschirme blockieren oder ausschalten, so dass die Teilnehmer nicht mehr an ihren Rechnern arbeiten können. Hiervon sollten Sie allerdings nur spärlich Gebrauch machen.

Fällt der Beamer einmal aus, kann der Bildschirm des Referenten an alle Teilnehmer verteilt werden. Kurz und gut, ein Referent hat mit Mastereye eine gute Kontrolle über die Arbeitssituation in seiner Gruppe.

Vorteile

- Gute Kontrolle über die Arbeitsfortschritte der Teilnehmer
- Effektive Verteilung der Monitoransichten
- Abschalten der Teilnehmermonitore

Nachteile

- Langsames Bildschirmverteilen über das Netz
- Teilnehmer fühlen sich ständig kontrolliert
- Sie müssen sich mit Mastereye und seiner Handhabung im Vorfeld vertraut machen.

13.7 Masterpointer

Als Zusatz zu Mastereye unterstützt der Masterpointer den Referenten. Über eine zusätzliche Tastatur können Sie dessen Funktionen aufrufen.

So können Sie beispielsweise mit dem Menü Marker auf dem Bildschirm malen, was dann für alle Teilnehmer sichtbar ist, so z.B. Aufzählungen, Hervorhebungen als Spoteffekte oder Pfeile.

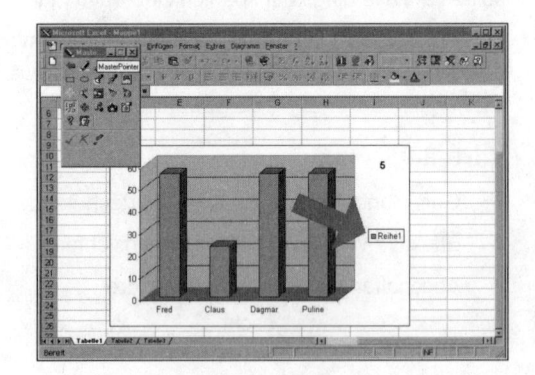

13.8 Inis

Inis legt die wohl striktesten Bandagen für den Teilnehmer an. Der Referent zieht nur diejenigen Programme in das Arbeitsfenster, mit denen die Teilnehmer arbeiten dürfen. Weitere Rechte haben die Teilnehmer nicht, wodurch ungewollte Veränderungen am PC oder Beschäftigungen mit anderen Programmen weitgehend ausgeschlossen sind. Hinzu kommt eine komplette Teilnehmerverwaltung im Netz für Ihren Kurs.

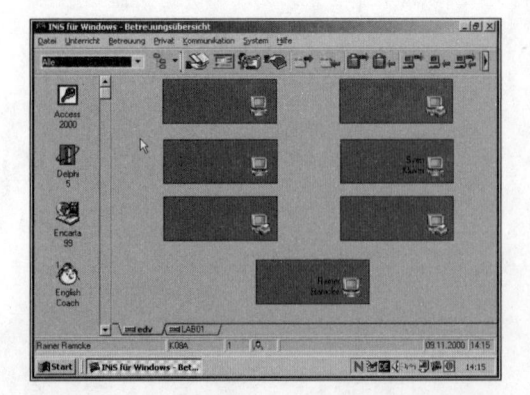

Vorteile

- Gute Kontrolle über die Arbeitsfortschritte der Teilnehmer
- Gute Sicherung des Lehrgangssystems

Nachteile

- Starke Gängelung der Teilnehmer
- Nachträgliches Hinzuladen weiterer benötigter Programme gelegentlich problematisch.
- Durch die starke Gängelung der Teilnehmer sollte man von dem Einsatz von Inis in IT-Lehrgängen absehen.

13.9 Weitere Hilfsmittel

HD-Sheriff

Eine weitere Möglichkeit, ohne zu starke Gängelung der Teilnehmer die Teilnehmer-PCs vor Veränderungen zu schützen, stellt der HD-Sheriff dar. In Zeiten immer größerer und günstiger werdender Festplatten ist der HD-Sheriff durchaus eine Alternative. Die Festplatte wird in einen sichtbaren und unsichtbaren Bereich unterteilt. Bei jedem Neustart werden die Daten vom unsichtbaren Teil in den sichtbaren Teil kopiert, und die Daten werden im Netz gespeichert. So ist eine größtmögliche Sicherheit für die Teilnehmer-PCs gewährleistet.

Image

Eine weitere Variante, um schnell veränderte oder verstellte Teilnehmer-PCs wieder herzustellen, ist der Weg über erstellte Images der Rechner. So kann die Festplatte das ursprüngliche Image aus dem Netz beziehen, und der Teilnehmer kann weiter arbeiten. Moderne Programme brauchen noch nicht einmal alle Daten zu kopieren, nur veränderte oder fehlende Dateien werden zurückgespielt, neue Daten werden gelöscht.

GoBack

Mit GoBack haben Sie die Möglichkeit, zu einem fest definierten Zustand zurückzukehren. Da sich dies automatisieren lässt, bietet sich GoBack für Schulungsräume an, um die Rechner in einen Zustand vor der Benutzung automatisch zurückzuversetzen. Die Daten müssen dann allerdings in einem Netz gesichert werden.

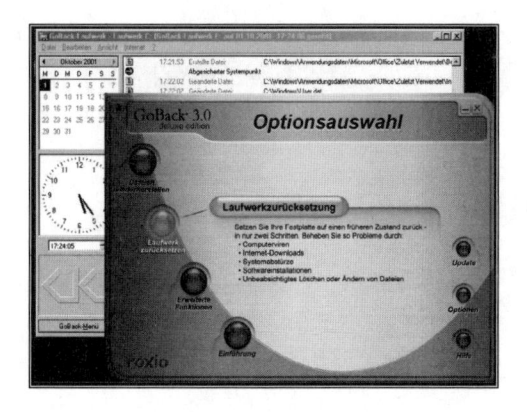

Zusammenfassung

✓ Planen Sie die vorhandenen Hilfsmittel in Ihr Konzept ein.

✓ Berücksichtigen Sie die Vor- und Nachteile der verschiedenen Hilfsmittel.

✓ Verwenden Sie zur Verdeutlichung unter Umständen verschiedene Hilfsmittel.

✓ Nutzen Sie die pädagogischen Hilfen moderner Computerraumvernetzungen und machen Sie sich mit ihnen vertraut.

Modul 14

E-Learning

Das Computerzeitalter hat vor dem traditionellen Lernen nicht Halt gemacht. E-Learning ist in aller Munde, und die Firmen werben mit immer ausgeklügelteren Lernplattformen für die Unternehmen. Dabei konkurrieren *CBTs* (Computer Based Trainings) mit *WBTs* (Web Based Trainings) und im Alltag stellt man fest, dass die Akzeptanz der reinen Form stark leidet. Was steckt dahinter? Wo stecken Chancen und Möglichkeiten auch für Sie als Trainer?

> **Lernen Sie**
>
> - die verschiedenen Möglichkeiten des E-Learnings kennen
> - die Vor- und Nachteile des E-Learnings einzuschätzen
> - einen optimierten E-Learningkurs mit Präsenzphasen zu gestalten

14.1 Die Möglichkeiten von E-Learning

Zunächst gilt es zu klären, was unter dem Begriff *E-Learning* verstanden wird. Die Meinungen der Fachleute gehen hier weit auseinander. Einige verstehen bereits unter E-Learning, wenn den Teilnehmern eine so genannte Lern-CD ausgehändigt wird, auf der Texte abgespeichert sind. Die Teilnehmer lesen sich die Texte allein durch, um sich in ein Software-Produkt einzuarbeiten. Die Lern-CD ist nichts anderes als ein gedrucktes Buch. Das elektronische „E" wird demnach als reine Textsammlung verstanden, der pädagogische Ansatz und die Interaktivität treten gänzlich in den Hintergrund.

Stellen Sie sich vor, Sie geben Ihren Teilnehmern eine CD mit reinem Text, den sie durcharbeiten müssen. Sie selbst würden sich sicherlich fragen, warum Ihnen nicht gleich ein Buch zur Verfügung gestellt wurde, in dem Sie Unterstreichungen vornehmen und sich ohne den zumeist augenunfreundlichen Bildschirm die Seiten durchlesen könnten. Auch Ihre Teilnehmer, die Sie unterrichten, sind hauptsächlich noch mit Büchern aufgewachsen. Texte vom Bildschirm zu lesen, fällt vielen schwer. Versuchen Sie daher nicht, Ihren Teilnehmern eine mit reinem Text bespielte CD als ein E-Learning-Konzept anzubieten. Sie werden die CD nicht akzeptieren.

Neben den einfach gestrickten CDs gibt es mit wesentlich höherem Programmier- und Erstellungsaufwand die sogenannten CBTs und WBTs.

14.2 CBTs

CBTs sind *Computer Based Trainings*. Dabei handelt es sich um eine CD, die auf dem eigenen PC installiert wird. Mit Hilfe der CD ist es möglich, ein Software-Produkt zu erlernen. Die Software kann so simuliert werden, dass die Teilnehmer nicht die Software selbst auf ihrem eigenen Rechner installiert haben müssen. Die Lernsoftware übernimmt diese Aufgabe. Bei der Simulation kann der Teilnehmer allerdings nicht nebenher selbst mit der Software spielen und anderweitig Beispiele ausprobieren. Die Verwendung der Lernsoftware ist daher stark reglementiert. Auf der anderen Seite verringern sich die Anschaffungskosten, wenn es einem Teilnehmer darum geht, sich einen kurzen Überblick über ein Software-Produkt zu verschaffen. Die hohen Anschaffungskosten in Bezug auf die Lizenzgebühren entfallen, jedoch ist der Umgang mit der eigentlichen Software begrenzt.

Es gibt CDs, die die Installation der eigentlich zu erlernenden Software auf dem eigenen Rechner voraussetzen. Das Lernprogramm wird nach dem Programmstart gestartet, und der Teilnehmer lernt in seiner eigenen Software-Umgebung. Der Teilnehmer kann über die auf der Lernsoftware abgebildeten Beispiele noch weitere Übungen durchführen, um zu sehen, ob er das ihm per CD vermittelte Wissen verstanden hat. Die Anschaffungskosten, Lern-CD und Software sind in der Regel höher, als wenn eine Lernsoftware allein gekauft wird.

14.3 WBTs

Web Based Trainings unterscheiden sich nicht allzu sehr von den Computer Based Trainings. Während Computer Based Trainings den Teilnehmern in der Regel als eigene CD verteilt werden, liegen die Web Based Trainings für alle zugänglich auf einem Web Server. Mittels Passwortabfrage können die Teilnehmer auf das WBT zugreifen, um sich entweder per Internet fortzubilden oder aber die Lernsoftware auf dem eigenen Rechner zu installieren. Der Software-Kurs bzw. der Lernvorgang ist bei Computer Based Trainings und Web Based Trainings danach identisch.

In der Regel können Sie Lernsoftware nicht ohne weiteres selbst erstellen. Sie brauchen die Rechte des Programms, um diese auf Ihrem Rechner abbilden zu dürfen, und benötigen Programmierkenntnisse. Je besser eine Lernsoftware ausgestattet sein soll, desto besseres Programmier- Know-how müssen Sie mitbringen. Programmieren allein reicht nicht aus, sondern die pädagogische Aufarbeitung ist ebenfalls von großer Bedeutung. Oft bleibt Ihnen daher nur, auf bereits bestehende Produkte zurückzugreifen, wenn Sie Ihren Teilnehmern Lernprogramme aushändigen möchten. Sehen Sie sich aber das Lernprogramm vorher gut an und wählen Sie kritisch aus. Ihre Teilnehmer werden es Ihnen danken. Sie als Trainer werden bei der Verwendung von Lernsoftware mehr oder weniger überflüssig, denn gerade bei Lernsoftware geht es um die Autonomie der Schulungsteilnehmer. Die Vorteile von Lernsoftware für einen Arbeitgeber sind die folgenden, in der Regel Kostengründe:

- Kosteneinsparung bei Wiederholungen oder größeren Lerngruppen
- schnelle Anpassung an weiterführende Inhalte
- Lernen am Arbeitsplatz
- Wegfall von Fahrtkosten zum Trainingsort und damit Arbeitszeitgewinn

Aber auch für den Lernenden selbst ergeben sich Vorteile:

- individuelles Lernen im Hinblick auf Lernzeit und -tempo
- Wiederholungsmöglichkeit von noch nicht verstandenen Lernsequenzen

Aber es lassen sich nicht nur Vorteile benennen. Für viele Lerner sind gerade Lernsequenzen ein Dorn im Auge. Schulungen, die in der Regel an einem anderen Ort stattgefunden haben, finden nun am Arbeitsplatz statt. Einen Einklang zwischen konzentriertem Lernen und dem Anfall der täglichen Arbeit herzustellen, fällt vielen schwer. Einen Freiraum während des Tages zu finden, ist oft unmöglich, und so sind die Arbeitnehmer gezwungen, sich neben ihrer Arbeit und ihrer Arbeitszeit fortzubilden. Die Mehrarbeit fördert nicht die Begeisterung und die Akzeptanz von Lernsoftware-Produkten. Manch einer vermisst auch den persönlichen Bezug zum Trainer. Eine Frage kann nicht sofort beantwortet werden, allein gilt es mit dem Lernprogramm die Lösung zu finden. Auf die Dauer wird manch einer frustriert. Über eine Hotline-Telefonnummer oder über eine E-Mail-Adresse kann hier Abhilfe geschaffen werden, in der Regel muss der Teilnehmer allerdings auf seine Antwort warten. Ein Frustrationsmoment bleibt demnach vorhanden.

Die bisher beschriebenen Beispiele werden in der Regel nicht als E-Learning im eigentlichen Sinn verstanden. Vielmehr bedeutet E-Learning ein Lernen mittels Computer und mittels einer *Lernplattform*. Lernplattformen gibt es auf dem Markt mit unterschiedlichen Funktionalitäten. Hierzu gehören u.a.:

- Contentverwaltung
- Messageboard
- Chatroom
- Evaluations/Feedbackbögen
- Prüfungsaufgaben mit Interaktion

Die Online-Schulung kann auf der Lernplattform als Schulung mit virtuellen Kursen stattfinden. Mittels Passwortabfrage wählen sich die Teilnehmer des Kurses, den sie belegen möchten und für den sie sich eingeschrieben haben, ein und treffen sich im „Schulungsraum". Die Teilnehmer können sehen, wer momentan ebenfalls an einem Kurs teilnimmt. Die Lerninhalte werden von einem Referenten, der ebenfalls an einem Rechner sitzt und nicht persönlich in Erscheinung tritt, vermittelt. Es besteht die Möglichkeit, dem Referenten Fragen zu stellen, entweder in einem eigens dafür eingerichteten Chatraum, oder die Fragen können per E-Mail geschickt werden. Der Bildschirm des Referenten kann auf alle Teilnehmer-Rechner „gestellt" werden, und anhand dessen können einzelne Beispiele erläutert werden. Bei einer Frage, die alle Teilnehmer interessiert, kann auch der Bildschirm eines Teilnehmers für alle zugänglich gemacht werden. Hier sind der Technik keine Grenzen gesetzt, je mehr Möglichkeiten eine Lernplattform bietet, desto teurer ist sie in den Anschaffungskosten.

Sie können als Referent nicht einen virtuellen Kurs allein leiten. Das würde den Rahmen Ihrer Belastbarkeit sprengen. Bei Kursen, die über eine Lernplattform stattfinden, bei denen ein Referent die Inhalte in einer virtuellen Schulung vermittelt, ist ein Schulungsteam vorhanden. Sie brauchen einen Administrator, der für technische Fragen und die gesamte Teilnehmerverwaltung zuständig ist. Wenn Teilnehmer Schwierigkeiten haben, den Kurs auszuwählen oder es während der Schulung technische Probleme gibt, dann ist der Administrator dafür zuständig. Daneben kümmert sich eine weitere Person oder ein Team um die Inhalte des Kurses, während Sie beispielsweise als Teletutor die Lerngruppe betreuen. Ziehen Sie sich nicht den Schuh an, alles alleine machen zu wollen. Die Aufgabe ist so komplex, dass Sie sinnvolle Unerstützung benötigen:

Stellen Sie sich vor, Sie haben eine Schulung mit 12 Teilnehmern, eine Gruppengröße, die bei Präsenzveranstaltungen gang und gäbe ist. Schnell können Sie Ihren Teilnehmern mündlich antworten, bei einer Schulung, die nur mittels Computer stattfindet, müssen Sie die Antwort per Tastatur eingeben. Das braucht mehr Zeit. Daher ist der eigentliche Referent bei einer virtuellen Schulung für die reine Stoffvermittlung zuständig, und ein Redaktionsteam sitzt im Hintergrund und beantwortet die Fragen. Verschiedene Studien zeigen, dass derzeit etwa 50% derer, die mit E-Learning beginnen vor dem Abschluss aufhören. Dies unterstreicht die Bedeutung der exakten Planung und Aufgabenverteilung. Zudem sind Sie als Teletutor zusätzlich in der Zwickmühle, die Teilnehmer immer wieder an ihre Aufgaben zu erinnern und gegebenenfalls Arbeitsergebnisse einzufordern. Dies bedarf des besonderen Fingerspitzengefühls und eventuell einer besonderen Vereinbarung zu Kursbeginn mit den Teilnehmern, wie mit nicht gemachten Übungen zu verfahren ist.

Selbst bei virtuellen Schulungen, bei der die direkte Ansprache des Referenten möglich ist, sind einige Teilnehmer gegenüber dem neuen Medium verhalten. Nicht jeder geht selbstverständlich mit dem Computer um, eine Frage, die während eine Präsenzveranstaltung kurz gefragt worden wäre, wird unter Umständen nicht gestellt, weil der Teilnehmer nicht routiniert genug mit der Tastatur umgehen kann. Manche Arbeitgeber setzen hier eine Telefonkonferenz ein, um diesem Problem entgegenzukommen. Aber selbst das reicht bei virtuellen Schulungen nicht immer aus, der Teilnehmer muss die Schulung, die an seinem eigenen Arbeitsplatz stattfindet, noch in seinen täglichen Arbeitsablauf integrieren.

Referenten machen die Erfahrung, dass ihre Teilnehmer sich zwar zu einer virtuellen Schulung anmelden, um zu einem späteren Zeitpunkt sagen zu können, sie hätten den Kurs belegt, haben aber nicht wirklich an der Schulung teilgenommen. Teilnehmer waren mit ihren regulären Arbeiten beschäftigt und sind daher nicht den Kursinhalten gefolgt. Nicht nach jeder Schulung kann eine Prüfung stattfinden, um zu sehen, ob ein Teilnehmer den Schulungsinhalt verstanden und tatsächlich an der Schulung teilgenommen hat. Eine andere Möglichkeit zu testen, ob ein Teilnehmer an seinem Rechner sitzt und der Schulung folgt, sind Zwischenabfragen. Hier kann überprüft werden, ob ein Teilnehmer seinen Kurs zwar gestartet, aber ansonsten den Kurs auf seinem Computer in den Hintergrund geschaltet hat. Die Aufgabe von Ihnen als Referent kann es aber nicht sein, die Disziplin Ihrer Teilnehmer zu testen.

Die Länge der Lernsequenz am Computer sollte die Zeit von 2 Stunden nicht überschreiten. Die Aufnahmefähigkeit Ihrer Teilnehmer wird danach stark nachlassen. Hier sehen Sie auch, welches Organisationstalent Ihren Teilnehmern abverlangt wird. Die Teilnehmer müssen dafür sorgen, über einen gewissen Zeitraum beispielsweise eine Woche sich 2 Stunden am Tag freizuhalten, um an der Schulung teilzunehmen. Findet eine Schulung nur einmal wöchentlich statt, kann das bereits Gelernte unter Umständen in Vergessenheit geraten sein. Allerdings liegt hier auch die Stärke des E-Learnings. Abgespeicherte Lernsequenzen können als Wiederholung noch einmal kurz vor Schulungsbeginn wiederholt werden, oder bei verpassten Lernsequenzen können sich die Teilnehmer in den Stoff einarbeiten, so dass sie ihre Lernlücken schließen können.

14.4 Ein Schulungskonzept

Allerdings ist nicht jede Schulung geeignet, als virtuelle Schulung vermittelt zu werden. Bei einem hohen Technikaufwand sollten Präsenzveranstaltungen bevorzugt werden. Oft empfiehlt sich eine Mischung aus virtueller Schulung und Präsenzveranstaltung, die so aussehen könnte:

- Vorstellen des Schulungsthemas (Präsenzveranstaltung)
- virtuelle Lernsequenz 1
- virtuelle Lernsequenz 2
- Präsenzveranstaltung zum Klären von Fragen
- virtuelle Lernsequenz 3
- virtuelle Lernsequenz 4
- Präsenzveranstaltung / Abschlussveranstaltung

Dieses Modul, eine Verbindung aus Präsenzveranstaltung und virtuellen Modulen, wird sich in der Zukunft durchzusetzen.

Neben diesen Planungsschritten erfährt das Didaktische Dreieck, das bei uns schon zum Didaktischen Viereck mutierte, eine weitere Änderung. Die Relevanz des Trainers und des Computerraums tritt zurück, stattdessen gewinnt der Kursorganisator, die technische Umsetzung und der geleistete Service des Anbieters deutlich an Gewicht.

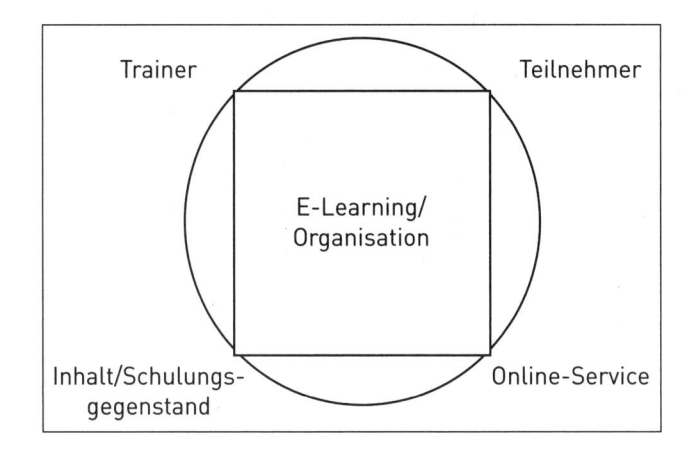

14.5 Das Schema eines Schulungskonzepts

Das Schema könnte die Grundlage eines Planungskonzepts darstellen. Die einzelnen Lernphasen, freie und fixe Termine erscheinen im Planungsraster. Um die Teilnehmer am Kurs zu fesseln, machen Newsletter immer wieder auf wichtige Termine, Literatur oder Onlineangebote aufmerksam. Testphasen oder Übungen sind langfristig im voraus bekannt. Onlinetreffen und Chatmöglichkeiten steigern den Kontakt der Teilnehmer untereinander. Gibt es Probleme, können Fragen nicht nur in der Präsenzphase an den Tutor gerichtet werden.

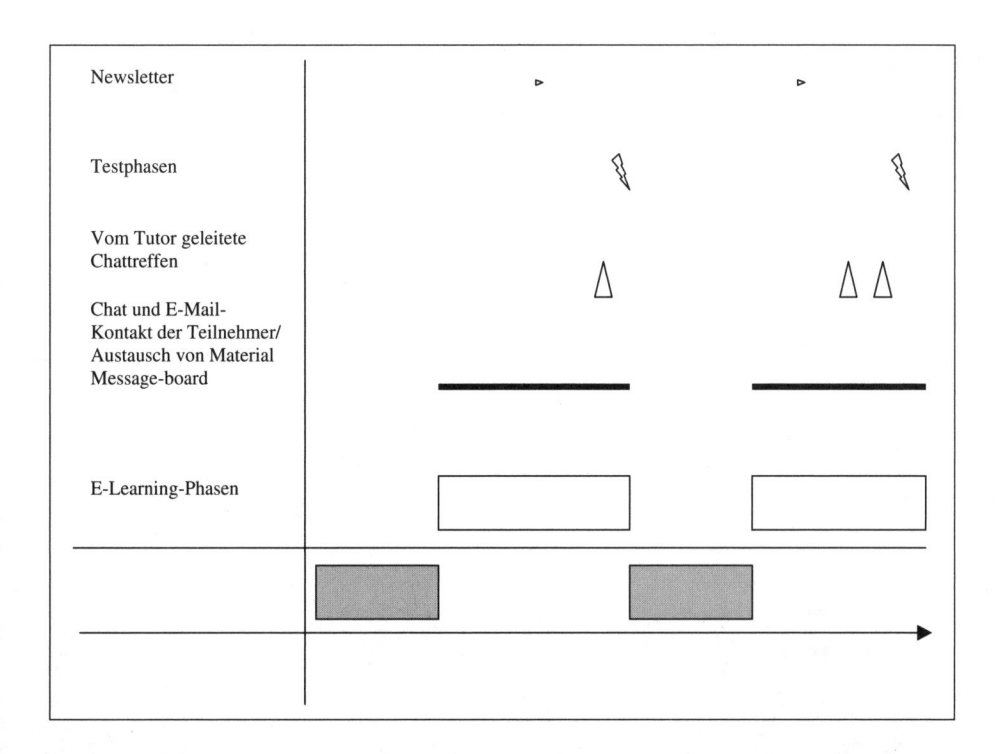

Zusammenfassung

- WBTs und CBTs erfordern einen hohen personellen Aufwand, den Sie allein als Trainer kaum bewältigen können.

- Erfolgversprechende E-Learning-Modelle verknüpfen Präsenzphasen mit E-Learning-Phasen.

Teil II
Durchführungsphase

Die Vorbereitungen sind getan, jetzt läuft Ihr Kurs. Damit beschränkt sich Ihr Handlungsspielraum im Wesentlichen auf jene Routine und Sicherheit, die Sie sich im Laufe der Jahre angeeignet haben. Gleichwohl werden Ihnen im Kursverlauf verschiedenste Unwägbarkeiten begegnen. Hierzu ist es durchaus sinnvoll, im Vorfeld des Kurses solche Unwägbarkeiten kennen zu lernen und sich Gedanken darüber zu machen, wie man im konkreten Fall darauf reagieren kann. Die folgenden Module sollen Ihnen dazu Anregungen vermitteln, die Ihnen gegebenenfalls für den Fall der Fälle im Hinterkopf sein sollten.

Modul 15

Auftreten von Störungen

In jedem Kurs besteht die Gefahr, dass plötzlich Störungen auftreten. Führen Sie sich diesen Umstand deutlich vor Augen, bevor Sie einen Kurs beginnen. Für Ihre eigene Kursplanung erscheint es ratsam im Vorfeld zu überlegen: „Was mache ich, wenn wirklich ein Problem auftritt?" Hierzu ist es zunächst hilfreich, sich das Grundprinzip eines Problems vor Augen zu führen.

> **Lernen Sie**
>
> - wie Störungen entstehen
> - was die häufigsten Ursachen sind
> - die wichtigsten Entstehungsgründe kennen Störungen an Beispielen kennen
> - Möglichkeiten kennen, Störungen im Kurs zu begegnen
> - die Gruppendynamik richtig einzuschätzen
> - Regeln für eine IT-Gruppe aufzustellen
> - Probleme mit der Gruppe rechtzeitig zu erkennen und entgegenzusteuern

15.1 Das Entstehen einer Störung

Probleme treten nicht plötzlich auf, sondern haben in der Regel einen Vorlauf. Die folgende Grafik macht diesen Umstand deutlich:

Schon längere Zeit macht sich Unbehagen bei einem Teilnehmer bemerkbar, bis der Konflikt irgendwann offen zutage tritt. Dies kann vielfältig geschehen:

- Es können Tränen sein.
- Der Teilnehmer kommt nicht aus der Pause zurück.
- Er steht unvermittelt auf und geht.
- Es kommt zu einem verbalen Ausbruch.
- ...

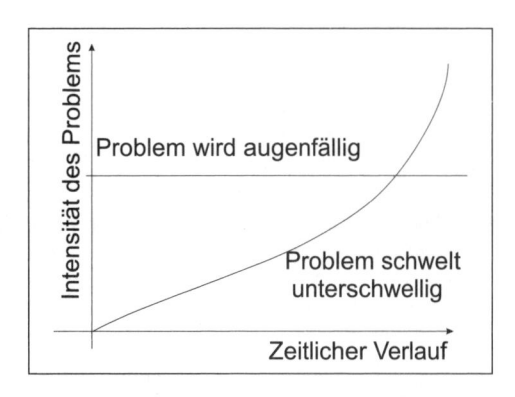

Dann allerdings ist bei dem Teilnehmer schon innerlich viel geschehen. Er hat schon einen langen emotionalen Leidensweg hinter sich, wie die Grafik zeigt. Dabei spielen neben dem eigentlichen Problem weitere Überlegungen mit, wie:

- Wie reagieren die anderen Teilnehmer?
- Wie stehe ich vor den anderen Teilnehmern und dem Trainer da?
- Wie reagiert mein Arbeitgeber?
- Welche Konsequenzen hat dieses Verhalten für mich?

Deshalb einen Blick auf die Art und Weise eines Problems. Man spricht in diesem Zusammenhang vom Eisbergmodell.

Das Eisbergmodell

Ein Siebtel eines Eisbergs ist nur sichtbar, darunter liegen sechs Siebtel verborgen. Dieses Modell lässt sich gut auf Probleme übertragen. Es bedeutet, selbst wenn das Problem zutage tritt, sieht man nur einen Bruchteil dessen, was eigentlich in dem Menschen vorgeht.

Es wird für Sie sehr vorteilhaft sein, wenn Sie auftretende Problemfälle möglichst frühzeitig wahrnehmen. Je früher Sie das Problem angehen können, umso größer ist die Chance, es schnell in den Griff zu bekommen.

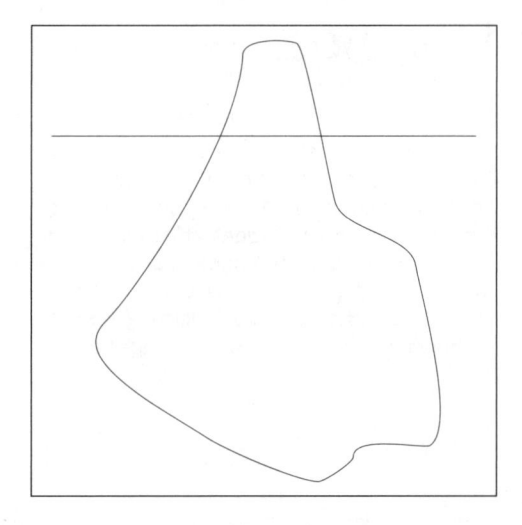

15.2 Häufige Ursachen

Eine der häufigsten Ursachen für Probleme innerhalb von EDV-Kursen stellt die Überforderung dar. Hierfür gibt es zwei Ursachen:

- Zum einen sind die bewanderten Teilnehmer sehr schnell und ehrgeizig in ihrer Arbeit und wollen rasch fertige Ergebnisse vorweisen. Der Referent erkennt darin den Erfolg seines Unterrichtens, findet sich bestätigt und macht im Stoff weiter, obwohl ein großer Teil der anderen Kursteilnehmer selbst nach dem Präsentieren der Lösung einer Aufgabe nicht genau weiß, wie er selbst auf die geforderte Lösung kommt.

- Eine weitere Ursache liegt im Referenten, der die Inhalte seines Kurses bereits verinnerlicht hat. Seine eigenen Schwierigkeiten sind vergessen und treten hinter dem erworbenen Wissen zurück, das alle damaligen Probleme mittlerweile lösen kann. Erstaunlicherweise werden diese Probleme vergessen, und der Glaube besteht, dass jeder auf diese vermeintlich triviale Lösung kommen muss.

Um sich selbst Klarheit über den Kenntnisstand der Teilnehmer zu verschaffen, beherzigen Sie zunächst folgenden Hinweis!

Hinweis: Vermeiden Sie die Frage: „Haben Sie das alles verstanden?"

Sie werden auf diese Frage nie eine ehrliche Antwort bekommen! Jemand, der ein Problem hat oder nicht weiterkommt, wird diese Frage aus Scham vor den anderen Teilnehmern nicht beantworten. Wollen Sie eine ehrliche Antwort erhalten, sollten Sie sich diese Frage selbst dadurch beantworten, indem Sie zum vermittelten Stoff Fragen an die Teilnehmer richten:

- In einem *Excel* Kurs, in dem Sie gerade die Sinusfunktion zeichnen ließen, lassen Sie sich von den Teilnehmern die Funktionseingabe von Kosinus- und Tangenskurve erklären.
- In einem *Word*-Kurs, in dem Sie gerade das Einfügen von Cliparts zeigten, übertragen die Teilnehmern die Einfügefunktion auf Bilder.

Auf diese Weise können Sie zeitnah herausfinden, ob der gewünschte Lernerfolg eingetreten ist.

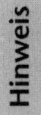

> **Hinweis:** Eine Hilfe kann das betont kleinschrittige Vorgehen sein, bei dem die Teilnehmer sich nur in kleinen Schritten neuen Inhalten nähern, ohne dabei überfordert zu werden.

Seltener kommt es zur umgekehrten Konstellation: Ein Trainer, der zu langsam voranschreitet, und als Konsequenz Teilnehmer, die sich langweilen. Dies stellt für die Teilnehmer die gleiche unzufriedene Situation dar. Als Trainer müssten Sie an der Reaktion der Teilnehmer spüren, ob der Inhalt verstanden wurde und Sie weiter vorangehen können. Eine Ursache für zu langsames Vorgehen kann in der Angst zu suchen sein, dass der Stoff für die Kursdauer nicht ausreicht.

15.3 Wenn ein Teilnehmer mehr weiß...

Nicht selten kommt es vor, dass ein Teilnehmer an einer Stelle im Kurs etwas mehr oder besser weiß als der Referent. Dies führt vor allem dann zu einer kritischen Situation, wenn der Referent falsch reagiert.

Zunächst muss sich der Referent darüber im Klaren sein, dass es nicht die „Schuld" des Teilnehmers ist, wenn er jetzt etwas zum Kursinhalt weiß. Möglichkeiten dafür, dass er jetzt etwas mehr weiß, könnten sein:

- Das Programm ist so groß oder komplex, dass Sie auch nicht alle Feinheiten im Umgang mit dem zu schulenden Programm kennen.
- Diese Funktion kennt der Teilnehmer aus einem anderen Programm und hat es durch „Versuch und Irrtum" in diesem Programm einfach ausprobiert.
- Durch Ausprobieren fand der Teilnehmer diesen Lösungsweg.

Als Referent sollten Sie diese Situation ziemlich schnell analysieren und die richtige Vorgehensweise wählen:

- Binden Sie den Teilnehmer ein und lassen seinen Lösungsweg vortragen (und loben ihn entsprechend vor der Gruppe). Ihre Stellung als Referent haben Sie dadurch gefestigt, der Teilnehmer und die Gruppe sind zufrieden.
- Manchmal passt der Beitrag aber nicht an diese Stelle in Ihr Konzept. Bitten Sie den Teilnehmer, sich dies zu merken, damit Sie ihm die Möglichkeit geben, sein Vorgehen zu zeigen, und merken Sie sich selbst, dem Teilnehmer das Wort an der Stelle zu übergeben.

- Wenn es überhaupt nicht in Ihr Konzept passt, loben Sie den Teilnehmer für diesen Beitrag und seine Erkenntnis und erläutern Sie, dass dies für Ihren Kurs allerdings zu weit führen würde. (Dies ist jedoch der ungünstigste Weg).

Neben diesen Reaktionen gibt es auch viele Möglichkeiten, sich die Stimmung bei dem Teilnehmer und der Gruppe zu verscherzen:

- Ignorieren Sie den Beitrag des Teilnehmers und tragen es selbst vor.
- Sagen Sie zu dem Teilnehmer: „Das gehört hier jetzt nicht hin!" und fahren in Ihrer Kursplanung unbeirrt fort.
- Behaupten Sie, dass es so nicht ginge, obwohl der Teilnehmer es Ihnen am Bildschirm gezeigt hat.

Selbst wenn Sie aus Unerfahrenheit heraus so reagieren, dürfen Sie sich nicht wundern, wenn nach solch einer Reaktion die Stimmung im Kurs deutlich sinkt. Deshalb ist es wichtig im Vorfeld des Kurses, sich auch Gedanken darüber zu machen, wie Sie elegant auf eine derartige Situation reagieren.

15.4 Die Bedeutung der Übung

Das Fehlen mechanischen Einübens von Schlüsselinhalten in Ihrem Kurs stellt ebenfalls ein kritisches Element dar. Da mögen viele Teilnehmer die Lerninhalte zwar verstanden haben, vielleicht hat das erste Beispiel auch gut geklappt, doch jetzt brauchen die Teilnehmer Zeit, diese Beispiele zu wiederholen, zu variieren und zu vertiefen. Geben Sie diese Möglichkeit als Trainer nicht, so wächst die Unzufriedenheit daraus. Bei manchen Teilnehmern können sich folgende Gefühle bemerkbar machen:

- Hier habe ich etwas nur oberflächlich verstanden!
- Das werde ich zu Hause oder am Arbeitsplatz so allein nicht hinbekommen!
- Das schaffe ich allein nie!
- Jetzt habe ich das nicht richtig verstanden, wie ergeht es mir jetzt im Kurs, wenn es noch schwieriger wird?

15.5 Fallbeispiele

Nutzen Sie die hier aufgeführten Beispiele als Vorbereitung für Ihren Kurs. Sie müssen zwar davon ausgehen, jede Störung hat einen eigenen Charakter und die hier aufgeführten Beispiele werden Ihnen wohl kaum in dieser Form wieder begegnen. Die Schilderung allerdings macht Sie mit solchen Konfliktsituationen vertraut, und Sie können in ähnlich gelagerten Fällen entsprechend reagieren.

Der Überforderte

Der Fall

Ein Teilnehmer Ihres Kurses wirkt sehr zurückhaltend, schon von Beginn an. Er stellt keine Fragen, und während des Kursverlaufs wird er immer ruhiger und passiver. Die Übungen macht er nur unvollständig, ist darauf bedacht, dass niemand seinen Monitor betrachtet. Hilfe von Ihnen nimmt er nur am Anfang an, dann wird er immer abweisender. Seine Haltung verrät Ihnen viel über seinen Zustand, er fällt immer mehr in sich zusammen, wirkt unsicher, manchmal hektisch, stützt seine Stirn häufig auf die Hand.

Nach einer Pause kommt er schließlich nicht mehr zurück.

Der Hintergrund

Der Teilnehmer war mit der Thematik vollständig überfordert. Nach kurzer Zeit schon hat er den Faden verloren und keine Chance mehr gesehen, dem Kurs zu folgen. Immer mehr entstand in ihm das Gefühl, der Thematik nicht gewachsen zu sein. Neben diesem Gefühl der Hilflosigkeit dem Lernstoff gegenüber gesellt sich die Angst um den Arbeitsplatz.

Ihre Reaktion

Schon bei den ersten Anzeichen, die Sie bemerken, sollten Sie den Teilnehmer gut im Auge behalten. Eine Pause eignet sich ausgezeichnet für ein Gespräch. Erkundigen Sie sich nach seinem Befinden oder wo er Schwierigkeiten sieht. Mit etwas Glück schildert er seine Probleme, auf die Sie dann gezielt eingehen können. Versuchen Sie ihm selbst dann das Gefühl einer erfolgreichen Kursteilnahme zu vermitteln, indem Sie ihm

- spezielle Hilfe zukommen lassen,
- ihm besonders einfache Aufgaben zur Bewältigung geben,
- gegebenenfalls einen versierteren Kursnachbarn bitten, die Aufgaben mit ihm gemeinsam zu lösen,
- eine erfolgreich gelöste Aufgabe nochmals zur besseren Einübung stellen, während die anderen Teilnehmer eine weiterführende Übung machen,
- ihn besonders bestätigen, wenn ein richtiger Zwischenschritt getätigt wurde.

Ihr Ziel muss es sein, auch diesem Teilnehmer ein gewisses Erfolgserlebnis zu vermitteln, auf das er aufbauen kann. So kann er sich doch vielleicht durch Nacharbeiten am Abend auf den Stand der anderen Kursteilnehmer bringen.

Sind diese Maßnahmen ausgereizt, der Teilnehmer absolut nicht in der Lage, den Inhalten zu folgen, müssen Sie für sich und aus Rücksicht auf die anderen Teilnehmer tatsächlich ein Ausscheiden aus dem Kurs für diesen Teilnehmer in Erwägung ziehen. Dabei ist auf diskrete Form zu achten und unter Wahrung des Gesichts des Teilnehmers. Am besten eignet sich dazu eine Pause, in der Sie dieses Vorgehen mit der Person besprechen, sie verabschieden und anschließend der Gruppe sachlich, ohne Angabe von Gründen, mitteilen, dass Herr/Frau XXX nicht weiter am Kurs teilnimmt. Verzichten Sie auf weitere Angaben, denn es könnten Arbeitskollegen diese Situation ausnützen, und es würde Ihre Stellung als Kursleiter untergraben, wenn Sie auf persönliche Befindlichkeiten der Teilnehmer eingehen und vor der Gruppe ausbreiten. Bedenken Sie auch die Unsicherheit, die entstehen könnte, wenn noch weitere Teilnehmer mit Verständnisproblemen zu kämpfen haben und nun durch diese Situation zusätzlich verunsichert werden.

Die „Zuspätkommer"

Pünktlichkeit ist eine besondere Tugend, auch bei einem IT-Kurs! Denken Sie an Ihre Schulzeit zurück, wie Ihnen Lehrer in Gedanken haften geblieben sind, die öfters zu spät zum Unterricht erschienen. Vermeiden Sie selbst diesen negativen Eindruck, indem Sie exakte Zeitangaben für das Ende einer Pause oder den morgendlichen Start geben und halten Sie sich genau an diese Zeitvorgaben. Damit liegt der „schwarze Peter" bei rechtzeitigem Erscheinen bei den Teilnehmern, und Sie müssen darauf geschickt reagieren.

Der Fall

Nach der ersten Pause kommen einige Teilnehmer etwa 5 Minuten zu spät. Nach der zweiten Pause sind das schon 10 bis 15 Minuten. Die anderen Teilnehmer fühlen sich genervt durch die Zuspätkommer, entweder wird der Vortrag gestört oder der Kurs muss auf die fehlenden Teilnehmer warten.

Der Hintergrund

Nach der ersten „Testphase" von 5 Minuten des zu späten Erscheinens hat sich bei den Teilnehmern der unpünktliche Beginn verankert, also brauchen sie in Zukunft die Startzeit nicht so genau einzuhalten, der Kursleiter wartet ja doch.

Ihre Reaktion

Sie beginnen mit Ihrem Kurs zu der genau festgelegten Zeit. Die Zuspätkommer müssen spüren, wenn Sie den Schulungsraum betreten, dass sie zu spät kommen, den Vortrag stören und die anderen Teilnehmer missmutig auf sie blicken. In der Regel verhindert dieses Vorgehen Wiederholungen. Sollte es dennoch in der nächsten Pause wieder zu verzögertem Erscheinen kommen, stehen Ihnen folgende Möglichkeiten offen:

- Sprechen Sie den Sachverhalt an und bitten Sie ausdrücklich um pünktliches Erscheinen nach den Pausen.
- Legen Sie entscheidende und wichtige Inhalte und Informationen direkt auf den Wiederbeginn. Wer nicht anwesend ist, bekommt die Informationen nicht mit, muss diese bei Ihnen oder seinem Nachbarn einholen, was in der Regel sehr unangenehm ist, zumal der Hinweis erfolgen könnte, die Information sei bereits besprochen worden, als der Teilnehmer noch nicht anwesend war.

Ihr Ziel muss ein gewisser verlässlicher Rahmen sein, an den sich Ihre Teilnehmer sicher orientieren und auf den Sie sich verlassen können.

Für die Seriosität Ihres Kurses stellt die Einhaltung des von Ihnen gesetzten zeitlichen Rahmens ein wichtiges Kriterium dar. Durch Ihr Handeln muss den Teilnehmern deutlich werden, dass Ihnen die Einhaltung dieses Rahmens nicht nur wichtig ist, sondern Sie auch von ihnen erwarten, sich ebenfalls an diese Regeln zu halten, zum Wohle aller Beteiligten. Dies gilt besonders für das pünktliche Ende.

Der Störer

Der Fall

Ein Teilnehmer hat in Ihrem Kurs entdeckt, dass das Internet ständig zugänglich ist, und beginnt nun am zweiten Kurstag während des Kursverlaufs zu chatten. Dabei ist der Teilnehmer mit den Kursinhalten so gut vertraut, dass es ihm sehr leicht fällt, nebenher dem Kursverlauf zu folgen. Allerdings stört sein Verhalten die anderen Kursteilnehmer und Sie sehr. Immer wieder klappert die Tastatur, und Äußerungen der Freude oder des Erstaunens sind zu vernehmen.

Der Hintergrund

Bedingt durch seinen Wissensvorsprung meint der Teilnehmer, er könne sich die Zeit nehmen, sich mit anderen Dingen zu beschäftigen. Ihm selbst fällt es nicht auf, dass er mit seinem Verhalten die anderen und den Kurs stört. Im Gegenteil, er findet sich in der Rolle des Chatters interessant, wie er weltgewandt neben dem Kurs noch Konversationen führt.

Ihre Reaktion

Gerade weil die Erwartungs- und Empfindungshaltung des Teilnehmers eine vollkommen andere ist, als Sie als Trainer die Situation empfinden, ist ein behutsames Vorgehen angebracht, auch wenn Sie die Störungen selbst als einen Affront empfinden:

- Bitten Sie bei dem nächsten Vortagsblock um volle Konzentration aller Teilnehmer. Ein kleiner Wink mit dem „Zaunpfahl", der vielleicht schon zur Einsicht genügt.
- Sollte dies nicht fruchten, kann eine direkt Ansprache der Person während einer Übungsphase erfolgen, indem Sie den Teilnehmer direkt darauf ansprechen, dass sein Verhalten den Kurs stört. Verweisen Sie vielleicht auf die Pausen, in denen der Teilnehmer von den Internetmöglichkeiten gebrauch machen kann.
- Steht Ihnen ein pädagogisches Netz zur Verfügung, lässt sich auch einfach der Bildschirm sperren. Allerdings sind solche Maßnahmen sehr rigoros und stoßen im Allgemeinen nicht gerade auf Gegenliebe.

Ihr Ziel muss es sein, den Kurs durch solche Störungen nicht zu belasten. Auf der einen Seite wollen Sie sich die Sympathie des Teilnehmers nicht durch eine schroffe Reaktion verscherzen, andererseits ist sein Verhalten Ihnen und dem Kurs gegenüber wenig angebracht und muss beendet werden. Versuchen Sie ruhig zu bleiben, bis sich eine günstige Gelegenheit zum Eingreifen ergibt. Halten Sie sich dabei vielleicht vor Augen, wie wenig dem Teilnehmer selbst sein störendes Verhalten bewusst ist.

Der Unterforderte

Nicht minder problematisch wie eine Überforderung ist die Unterforderung in einem Kurs. Ursachen mag es viele geben, von der falschen Anmeldung bis hin zur falschen Selbsteinschätzung.

Der Fall

Nach kurzer Zeit fällt Ihnen im Kurs ein Teilnehmer auf, der die Lösung für Ihre Fragen immer parat hat, weiterführende Fragen zu den Kursinhalten stellt und immer sehr schnell mit den gestellten Übungen fertig ist.

Der Hintergrund

Der Teilnehmer ist bereits auf einem viel höherem Niveau, als es das zu erreichende Kursziel vorsieht.

Ihre Reaktion

Suchen Sie mit dem Teilnehmer in einer der ersten Pausen das Gespräch:

- Verdeutlichen Sie ihm Ihr Gefühl, dass er schon über die Kursinhalte so viel weiß, und bieten Sie ihm an, den Kurs zu verlassen oder bei einem weiterführenden Kurs teilzunehmen (sofern Ihnen dies möglich ist).
- Sollte der Teilnehmer dennoch im Kurs bleiben wollen, schließlich lernt man ja immer noch dazu, dann binden Sie ihn stärker in den Kurs ein. Sie können ihn einzelne Schritte vormachen oder kleine Präsentationen von Tipps und Tricks übernehmen lassen. Verfügt der Teilnehmer zudem über etwas pädagogisches Geschick, so könnte er schwächeren Teilnehmern bei den Übungen helfen. Dies darf aber nicht dahin ausarten, dass nur er die Maus führt, die Tastatur in Beschlag hat und der schwächere Teilnehmer staunend daneben sitzt.

Teilen Sie dem Teilnehmer seinen Wissensvorsprung mit und bieten Sie ihm den Kursausstieg oder die aktive Mitarbeit im Kurs an. So gewinnen Sie seine Achtung und vielleicht Ihr Kurs einen Co-Trainer.

Der Rebell

Sehr unangenehm kann es für Ihren Kurs werden, wenn ein Teilnehmer gänzlich andere Vorstellungen von den Kursinhalten hat. So wurden Sie von einer Firma verpflichtet, eine *Outlook*-Schulung zu halten, da das Programm zukünftig für die gemeinsame Terminabsprache genutzt werden soll.

Der Fall

Einer der Teilnehmer war mit der Entscheidung für Outlook nicht einverstanden und favorisierte Notes für dieses Projekt. Jetzt betrachtet er Ihren Kurs als Plattform, um die Entscheidung zu kritisieren, möchte von Ihnen ständig Vergleiche hören, wie das in Notes ginge und dass das dort doch alles so viel besser gelöst sei und was für eine Fehlentscheidung doch die Wahl von Outlook gewesen sei.

Der Hintergrund

Schnell wird offensichtlich, dass Sie bei diesem Teilnehmer keine Chance haben. Sie müssen für Ihren Auftraggeber Outlook schulen, der Teilnehmer ist gegen Outlook. Nachdem die Firmenleitung die Entscheidung getroffen hat, sind nun Sie als Trainer von Outlook unweigerlich in die Rolle des „Feindbildes" geschlüpft. Bei seinem Ziel, Outlook schlecht zu machen, sind Sie das Opfer, und dies in jeder Hinsicht. Ihr Kurs leidet zudem unter diesem Dilemma, da der Teilnehmer gleichzeitig in der Abteilung eine wichtige Schlüsselfunktion innehat und zudem als Meinungsmacher wirkt.

Ihre Reaktion

Hier hilft eventuell ein Pausengespräch:

- Gehen Sie in der Pause auf den Teilnehmer zu und bitten um eine Unterredung. Schildern Sie ihm, dass Sie für eine Outlook-Schulung engagiert wurden und nicht in die Entscheidung Firma gegen Notes involviert waren. Sie stehen für die erfolgreiche Schulung von Outlook, die durch sein Verhalten zu scheitern droht. Bitten Sie ihn mit Nachdruck, seine Einwände gegen das Programm an der entsprechenden Stelle vorzutragen, nicht in Ihrem Kurs.

- Sollte dieses Gespräch nicht weiterhelfen, prüfen Sie gegebenenfalls nach Rücksprache mit der auftraggebenden Seite, ob Sie den Teilnehmer aus dem Kurs weisen können, bzw. verdeutlichen Sie dieser Seite die Probleme, die Sie in diesem Kurs haben. Sichern Sie Ihr Vorgehen gut ab.

Ihr Ziel muss es sein, den Kurs entweder so zu Ende zu führen, dass der Teilnehmer seinen Unwillen nicht weiter in Ihrem Kurs äußert oder er den Kurs verlässt. Egal, wie elegant Sie diese Situation meistern, Sie müssen nach solch einem Vorfall mit schlechten Beurteilungsbögen rechnen, zumal wenn ein Teilnehmer als Meinungsmacher die anderen Kollegen unter Druck setzt. Hier kann im Nachhinein eine nochmalige Schilderung der Gegebenheiten an die auftraggebende Seite wenigstens die Situation erhellen. Rechnen Sie dennoch mit einer teilweisen Schuldzuweisung.

Der schwätzende Teilnehmer

Nicht nur in der Schule gibt es die typisch gesprächigen Schüler, die einen Lehrer zur Weißglut bringen, auch in einem Computerkurs kann es hin und wieder einen Teilnehmer geben, der ein hohes Austauschbedürfnis mit seinem Nachbarn hat.

Der Fall

In Ihrer Teilnehmergruppe ist ein Teilnehmer, der den Tratsch der Abteilung oder Wochenenderlebnisse unbedingt während des Kurses weitergibt. Er lenkt dabei sich und den Nachbarn von den Inhalten ab, stört die Gruppe und irritiert Sie in Ihrem Vortrag.

Der Hintergrund

Zwar liegt kein absichtlich bösartiger Hintergedanke vor. Der Teilnehmer denkt nicht im Traum daran, dass er stört. Seine Gedanken kreisen sowieso gerade nicht um den Kurs, sondern um die zu erzählenden Neuigkeiten.

Ihre Reaktion

Im Gegensatz zur Schule kann nun keine Ermahnung ausgesprochen werden. Dennoch muss die Störung unterbunden werden, um das Kursziel erreichen zu können. Nutzen Sie dabei doch den einfachen Trick, sich in die Nähe des störenden Teilnehmers zu stellen. Für Sie und die Gruppe mag es egal sein, ob Sie Ihre Erläuterungen oder Anweisungen von vorne oder mitten aus dem Saal geben, im Gegenteil, variieren Sie gelegentlich den Platz, da das zusätzlich Spannung erzeugt und Sie den Teilnehmern näher bringt. Hier in diesem konkreten Fall stellen Sie sich in die Nähe des Störers. Allein Ihre Nähe wird in den meisten Fällen eine Änderung im Verhalten erzeugen. Wenn dies nicht ausreicht, bleibt Ihnen noch das klärende Pausengespräch.

Das Organisatorische

Zu jedem Kurs gehört eine gute Organisation. Sie sollten sich im Vorfeld darüber vergewissern, wer für den organisatorischen Ablauf zuständig ist. Denn Ihnen wird es im Endeffekt angelastet, wenn etwas schief läuft. Wer sonst ist den Teilnehmern so präsent wie Sie als Referent!

Sie kommen als Trainer zu einem Schulungsort, wollen Ihre Rechner installieren, stattdessen finden Sie einen völlig unvorbereiteten Raum vor. Einige Computer fehlen, die Tische stehen ungeordnet im Raum, Flipchart und andere Schreibutensilien sind ebenfalls nicht vorhanden. Ein Alptraum für jeden Trainer. Da Sie mit einem derartigen Chaos nicht gerechnet haben, Sie auch nicht so viel Zeit eingeplant haben, um erst einen Schulungsraum einzurichten, fehlen Ihnen wichtige Minuten, um einen pünktlichen Kursstart zu ermöglichen. Teilnehmer betreten bereits vereinzelt den Kursraum, sehen Sie in voller Aktion. Bei Kursbeginn sind Sie noch immer nicht mit der Raumorganisation fertig. Die Teilnehmer sind verärgert, weil sie früh aufgestanden sind, eine unter Umständen anstrengende Anfahrt hinter sich haben und sehen nur, dass sie den Aufwand für ein pünktliches Erscheinen nicht hätten auf sich nehmen müssen. Eine Schuldzuweisung an den Auftraggeber, der sich nicht um eine gescheite Organisation gekümmert hat, hilft selten. Natürlich sehen die Teilnehmer vernunftmäßig, dass sie diese Situation Ihnen als Trainer nicht anlasten können, unbewusst werden sie es dennoch tun.

Versuchen Sie organisatorische Pannen zu vermeiden, indem Sie

- bereits im Vorfeld dem Auftraggeber definieren, wie Sie Ihren Schulungsort eingerichtet haben möchten. Lassen Sie sich eine Ansprechperson nennen, die für die Organisation verantwortlich ist. Sollte beispielsweise ein Beamer ausfallen oder andere Computereinrichtungen nicht funktionieren, haben Sie gleich während der Schulung eine verantwortliche Person, die sich kümmert.

- bei längeren Anfahrten zum Schulungskurs am Abend vorher anreisen. Somit haben Sie die Möglichkeit rechtzeitig am Schulungsort zu sein und sich zu vergewissern, ob der Schulungsraum nach Ihren Vorstellungen eingerichtet wurde.

Der Trainer

Natürlich können auch Sie als Trainer zu einem Störfaktor werden. „Wie ist das möglich?", werden Sie sich sicher fragen. Stellen Sie sich vor, Sie haben bei einem Auftrag zugesagt, haben aber überhaupt kein Interesse am Kursthema. Missmutig fahren Sie zum Schulungsort und halten Ihre Schulung. Ihre Teilnehmer werden schnell merken, mit welch geringer Motivation Sie den Kurs leiten. Der Funke, der in der Regel vom Trainer auf die Teilnehmer überspringen sollte, fehlt gänzlich. Die Teilnehmer werden selbst wenig Spaß an der Materie entwickeln, wenn Sie als Trainer schon nicht überzeugt sind, und werden dies als störend bei ihrem Lernfortschritt sehen. Sie sollten sich daher gut überlegen, ob Sie einen Kurs mit einem Ihnen weniger zusagenden Thema halten möchten. Ihre Kursteilnehmer werden schnell spüren, wenn Ihnen ein Thema missfällt und Sie nur aufgrund des finanziellen Aspektes die Schulung zugesagt haben.

> **Hinweis:** Sie als Referent sollten die Bereitschaft mitbringen, die Teilnehmer mitzureißen und sie vom Thema zu begeistern.

Die Gruppe zieht nicht mit

Manchmal passiert es, Sie haben das neue Thema eingeführt, blicken in die Runde und spüren, wie die Gruppe ratlos vor Ihnen steht. Sie spüren förmlich die Unzufriedenheit und Ratlosigkeit der Teilnehmer, denn niemand sagt ein Wort.

Der Hintergrund

Ihre Erklärungen waren unklar, und die Teilnehmer fühlen sich überfordert. Aus (falscher) Rücksicht auf Sie sagt niemand etwas. Dennoch macht sich Unsicherheit und Unzufriedenheit breit. Hier ist eine schnelle Reaktion geboten.

> **Hinweis:** Es gibt eigentlich nur einen großen Fehler, den Sie jetzt machen können. Nämlich das Ganze nochmals zu wiederholen. Sie können nicht davon ausgehen, dass dabei Ihre Teilnehmer es plötzlich beim zweiten Mal verstehen. Auch die Frage: „Was haben Sie nicht verstanden?" hilft kaum weiter, da u.U. der ganze Bereich nicht verstanden wurde und somit eine genaue Erklärung, wo es gerade hakt, nicht beantwortet werden kann.

Ihre Reaktion

Hilfreich wäre es, wenn Sie jetzt eine zweite Erklärungsversion parat hätten oder zunächst eine bildliche Erklärung anbringen können, um was es hier gerade geht. Haben Sie dies nicht, dann schieben Sie zunächst eine kurze Pause ein, um den Teilnehmern die Chance zu geben, die Inhalte setzen zu lassen und Sie die Zeit haben, sich einen anderen Erklärungsversuch zurechtzulegen.

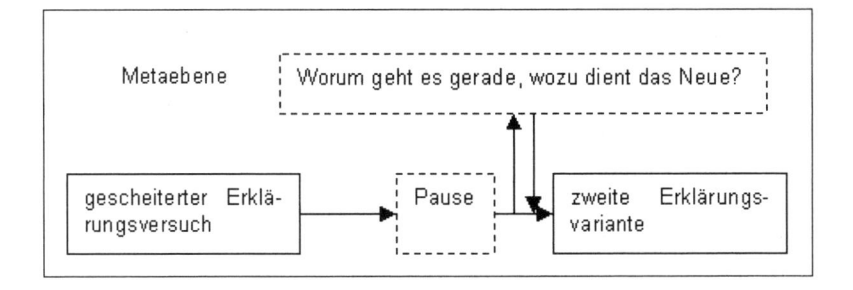

```
┌─────────────────────────────────────────────────────────────────┐
│                    ┌ ─ ─ ─ ─ ─ ─ ─ ─ ─ ─ ─ ─ ─ ─ ─ ─ ─ ─ ┐    │
│    Metaebene       │ Worum geht es gerade, wozu dient das Neue? │
│                    └ ─ ─ ─ ─ ─ ─ ─ ─ ─ ─ ─ ─ ─ ─ ─ ─ ─ ─ ┘    │
│                                        ▲                         │
│   ┌──────────────────┐   ┌ ─ ─ ─ ┐  │  ┌──────────────────┐    │
│   │ gescheiterter Erklä- │──▶│ Pause │──▶│ zweite Erklärungs- │  │
│   │ rungsversuch     │   └ ─ ─ ─ ┘     │ variante         │    │
│   └──────────────────┘                 └──────────────────┘    │
└─────────────────────────────────────────────────────────────────┘
```

Bevor Sie sich dem zweiten Erklärungsversuch zuwenden, klären Sie zunächst, wozu diese neuen Funktionen dienen. Ist den Teilnehmern einsichtig, worum es gerade geht, – was Sie durch Rückfragen testen – , dann versuchen Sie es mit der zweiten Variante. Eine weitere Variante kann auch sein, die Methode zu ändern und den Sachverhalt nicht im Vortrag, sondern im eigenen Tun oder in Partnerarbeit zu erlernen. Hier wäre am Schluss eine Reflexionsrunde angebracht, ob sich alle Teilnehmer in dieser zweiten Runde den Sachverhalt erschließen konnten.

Bei sehr heterogenen Gruppen bietet sich das letztgenannte Vorgehen dann an, wenn leistungsstärkere Teilnehmer das Neue verstanden haben und nun den schwächeren Teilnehmern dies aus ihrer Sicht erklären. Mag sein, dass die andere Erklärweise und Beispiele am Rechner schließlich den schwächeren Teilnehmer dazu verhelfen, das Lernziel zu erreichen.

15.6 Der Gruppenprozess

In der Regel haben Sie es bei einer IT-Schulung mit einer Gruppe zu tun, in der eigene Regeln gelten. Ihre Rolle als Leiter der Gruppe haben wir in Modul „Das Auftreten vor der Gruppe" beleuchtet. Wenden wir uns nun dem Gruppenprozess in einer IT-Schulung zu.

Der Prozess in einer Gruppe

Zwei unterschiedliche Voraussetzungen begegnen Ihnen bei einem IT-Training. Die Gruppe, die Sie leiten, kennt sich bereits vom Arbeitsplatz, oder die Gruppe ist „bunt" zusammengewürfelt und kennt sich noch nicht. Kennt sich die Gruppe oder die meisten Gruppenmitglieder, dann ist die Phase der Gruppenfindung und des gegenseitigen Abtastens schon vorbei, und es liegt an Ihnen, Ihren Platz in der Gruppe zu finden.

Kennen sich die Gruppenmitglieder noch nicht, so findet parallel zu Ihrem IT-Training ein Gruppenfindungsprozess statt, in dem die Teilnehmer sich kennen lernen, gegenseitig einschätzen und die gruppeneigene „Hackordnung" festlegen. Das mag übrigens in anderen Gruppen von noch größerer Bedeutung sein als hier in einer IT-Schulung, da die Materie in der Regel einen gleichmäßig neuen Zugang zur Thematik für alle Teilnehmer beinhaltet. Außerdem wirkt die zeitliche Begrenzung des Kurses den jeweiligen Profilierungsversuchen einiger Teilnehmer entgegen.

Neben den inhaltlichen Aspekten in Ihrem Kurs müssen Sie diese Prozesse im Auge behalten. In Ihrer Rolle als Trainer sollten Sie ausgleichend auf diese Prozesse wirken. Schwache Teilnehmer unterstützen Sie, versiertere Teilnehmer unterstützen Ihren Kurs durch Beiträge und Hilfestellungen für andere Teilnehmer. Sie sind dabei in Ihrer Trainerrolle zusätzlich ausgleichender Moderator und Lenker des Geschehens.

Regeln in einer Gruppe

Um die Arbeitsfähigkeit einer Gruppe herzustellen und zu erhalten, braucht sie Regeln. Diese Regelaufstellung geschieht bei einem IT-Training allerdings in den meisten Fällen ganz automatisch. Sie geben den zeitlichen Rahmen vor, sorgen mit Ihrem eigenen pünktlichen Beginn für das notwendige Vorbild, und mit Ihrer möglichst ruhigen und ausgeglichenen Art schaffen Sie die Lernatmosphäre, die die Teilnehmer selbst übernehmen. Zudem haben alle Teilnehmer das gleiche Ziel und wollen möglichst viel vom Lerninhalt als persönliche Bereicherung. Nur bei längeren Trainings lohnt es sich, Überlegungen zu gemeinsamen Verhaltensregeln anzustellen. Dies könnte sein, wie die gegenseitige Hilfe organisiert wird oder wie die Pausen im gegenseitigem Einvernehmen zu gestalten sind.

Für die Einhaltung der Regeln, auch wenn sie nicht aufgestellt wurden, sind Sie verantwortlich. Sie können sich als Trainer die Freiheit herausnehmen, einem Teilnehmer, der ständig anderen ins Wort fällt, selbiges zu entziehen. Dies muss nicht in einem barschen Ton erfolgen, aber so, dass alle das Gefühl haben, der Gruppenprozess verlaufe nach festen Regeln.

Ihre Aufgabe bei der Gruppenorganisation

Um Missverständnisse und Unklarheiten in der Gruppe von Ihrer Seite aus von vorne herein zu vermeiden, können Sie schon zu Beginn den Regelrahmen, der Ihnen obliegt, bekannt geben:

- Essens- und Pausenzeiten,
- die Vorgehensweise klären,
- Hilfestellung bei Problemen,
- der organisatorische Rahmen.

Halten Sie sich immer vor Augen, dass Ihr Verhalten beispielgebend für die anderen Teilnehmer ist. Dies gilt nicht nur für die Einhaltung der Zeiten.

> **Hinweis:** Bedenken Sie weiter: Duldung wird als Zustimmung interpretiert!

Kommen Ihre Teilnehmer zu spät, beginnen Sie einfach rechtzeitig mit dem Kursprogramm. Dadurch werden sie spüren, dass beim Zuspätkommen ihnen wichtige Inhalte verloren gehen. Warten Sie hingegen auf den letzten Teilnehmer, dann werden Sie schon in der nächsten Pause noch länger warten müssen.

Arbeitsfähigkeit erhalten

Eine Ihrer wichtigsten Aufgaben ist es, immer dafür zu sorgen, die Arbeitsfähigkeit der Gruppe zu erhalten. Treten Probleme und Schwierigkeiten auf, so haben diese nicht nur Vorrang. Ziel der Ansprache der Probleme muss es immer sein, diese Probleme schnell aus dem Weg zu räumen, um die Arbeitsfähigkeit wieder zu gewinnen.

Konflikte in der Gruppe

Das Entstehen von Konflikten haben wir bereits zu Beginn des Moduls beleuchtet. Für die Gruppe können diese Störfaktoren ebenfalls eine Rolle spielen. Beobachten Sie Konflikte, die sich auf die ganze Gruppe auswirken, ist Ihr schnelles Eingreifen erforderlich.

Um einen Eindruck über das Klima in Ihrer Gruppe zu bekommen, eignet sich am Ende eines Kurstages beispielsweise ein Stimmungsbarometer. Zeichnen Sie auf einer Pinwand eine ähnliche Skala wie nebenan und lassen Sie Ihre Teilnehmer Klebepunkte setzen.

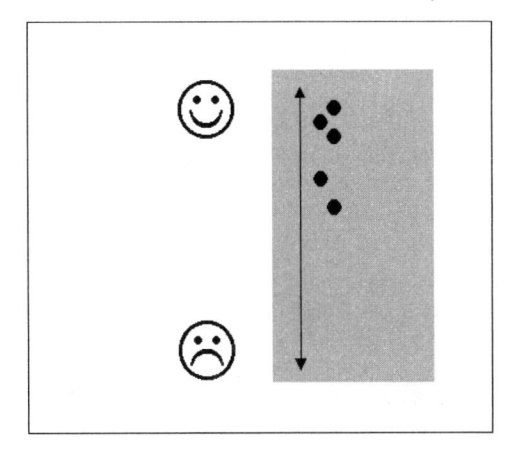

Von natürlichen Schwankungen abgesehen, gibt Ihnen dieses Diagramm einen guten Einblick in das Klima der Gruppe. Wie auf einem Thermometer erkennen Sie schnell Unzufriedenheiten. Diese lassen sich gegebenenfalls mit einem Blitzlicht klären.

Beim Blitzlicht lassen Sie jeden Teilnehmer in einem oder maximal zwei Sätzen kurz zusammenfassen, wie er sich fühlt. Lassen Sie dabei jede Äußerung unkommentiert, und das Wort wird sofort weitergegeben. Nachdem sich alle Teilnehmer geäußert haben, schließen Sie gegebenenfalls eine kleine Pause an, um die Rückmeldungen zu durchdenken, Ihr Programm umzustellen oder Gespräche mit Gruppenmitgliedern zu führen.

So können Sie u.U. die Arbeitsfähigkeit Ihrer Gruppe schnell wieder herstellen.

Die Zeit wird in der Gruppe knapp

Sie haben Arbeitsaufträge vergeben, und die Zeit wird knapp. Womöglich sind andere Gruppen schon fertig, während ein paar Arbeitsaufträge noch unbearbeitet sind. Hier ist Ihr Gespür erforderlich, ob Sie

- die Gruppenarbeit abbrechen ohne die entsprechenden Ergebnisse (was natürlich auch frustriert),
- die anderen Gruppen in die Pause schicken,
- den Arbeitsauftrag über Nacht stehen lassen und so eine Nachtschicht für die anderen Gruppen ermöglichen,
- andere Gruppenmitglieder zur Verstärkung der einen Gruppe zuordnen.

Egal, wie Sie sich entscheiden, die Entscheidung muss zum Gesamtwohl der Gruppe gefällt werden. Hier sind besonders Ihre Erfahrung und momentanes Einschätzungsvermögen der Gruppe gefordert.

Zusammenfassung

- Probleme haben einen langen Vorlauf.

- Treten Probleme zutage, so erkennt man nur einen kleinen Teil.

- Je früher ein Problem erkannt wird, umso leichter kann es behoben werden.

- Binden Sie Erkenntnisse aus dem Teilnehmerkreis geschickt in Ihren Kurs ein.

- Überforderung ist eine der häufigsten Ursachen.

- Mechanisches Wiederholen verleiht den Teilnehmern das wichtige Gefühl von Sicherheit.

- Probleme haben Vorrang vor den Kursinhalten.

- Jedes Problem ist ganz individuell gelagert. Am leichtesten lösen Sie das Problem, indem Sie sich in die Rolle des Teilnehmers versetzen und aus dieser Sicht versuchen, eine Lösung zu finden.

- Gegen einige wenige Störungen sind Sie machtlos. Gehen Sie damit offen um und schildern die Zusammenhänge sofort nach dem Kurs möglichst objektiv gegenüber dem Auftraggeber.

- Übernehmen Sie keinen Kursauftrag, hinter dem Sie nicht voll und ganz stehen, Ihre Teilnehmer durchschauen Sie sofort.

- Ihre Gruppe folgt gewissen Regeln, lernen Sie diese Regeln kennen und organisieren Sie Ihren Kurs danach.

- Bedenken Sie, dass Sie Ihre Gruppe leiten und über die Stimmung in der Gruppe genau Bescheid wissen sollten, um gegebenenfalls rechtzeitig gegensteuern zu können.

Modul 16

Verhalten am Schulungsplatz

Oft werden Sie in Ihrer Schulung zu den Arbeitsstationen Ihrer Teilnehmer gerufen. Hier klappt ein Klick nicht, dort wurde sich vertippt, oder die Aktion mit dem Ziehen mit der Maus funktionierte nicht. Ursachen gibt es viele, doch dabei kommen Sie am Computer Ihren Teilnehmern nahe. Sie dringen an seinem Arbeitsplatz sowohl in seinen privaten Umkreis als auch in den seiner am Computer geleisteten Arbeit ein. Der Teilnehmer wird für Sie gläsern, und er ist sich dessen bewusst. Hier gilt es, besonderes Einfühlungsvermögen an den Tag zu legen.

Lernen Sie

- die Situation richtig einzuschätzen, wenn Sie zum Arbeitsplatz eines Teilnehmers kommen
- diskretes und vertrauensvolles Auftreten bei der direkten Hilfestellung
- wann und wie Sie am geschicktesten mit dem Laserpointer Hilfestellungen geben
- wo Sie sinnvollerweise auf den Einsatz von Laserpointern verzichten sollten
- nur in Ausnahmefällen die Maus oder Tastatur des Teilnehmers zu übernehmen
- gewisse „Rituale" beim Übernehmen des Teilnehmer-PCs einzuhalten
- Teilnehmer zur gegenseitigen Hilfe zu animieren
- mit der Situation umzugehen, wenn nicht Sie als Trainer, sondern der Kollege gefragt wird

16.1 Die Situation am Teilnehmer-PC

Jeder Mensch braucht um sich einen gewissen Schutzraum. Sie beobachten dies immer wieder in einer belebten Fußgängerzone, wenn die Passanten abrupte Richtungswechsel oder Verrenkungen vollführen, nur um einem anderen fremden Passanten nicht zu nahe zu kommen. Kommt es dennoch zu einem Zusammenstoß, folgt meist ein entschuldigendes „Pardon". Je nach Dichte des Personenaufkommens schwankt dieser persönliche Sicherheitsabstand, dessen Änderung sie ebenfalls gut beobachten können, wenn bei einer Veranstaltung, bei der keine festen Sitzplätze vergeben wurden, sich zunächst die Reihen sehr locker füllen und erst am Ende die noch leeren Stühle dazwischen belegt werden.

Dieses Bedürfnis nach einem persönlichen sicheren Umfeld haben auch die Teilnehmer in Ihrem PC-Kurs. Je nach Computerraumsituation lässt sich dieser Bereich mit dem Computerarbeitsplatz umreißen. In diesem Bereich fühlt sich der Teilnehmer „sicher". Kommen Sie hinzu, betrachten den Bildschirm eines Teilnehmers oder lehnen sich zu ihm, dann verletzen Sie zunächst diese ihm lieb gewonnene Sicherheit seines Bereichs.

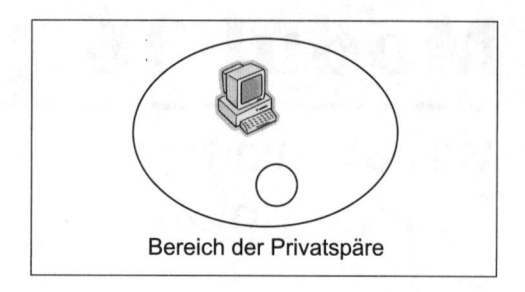

Bereich der Privatspäre

Dies gilt auch dann, wenn Sie ausdrücklich vom Teilnehmer gerufen werden. Zwar wünscht er Ihre kompetente Unterstützung bei seinem Problem, an dem er im Moment nicht weiterkommt. Was er aber nicht will, ist die zu große körperliche Nähe oder gar den Körperkontakt zu Ihnen als Trainer. Diesen Umstand gilt es zuerst zu berücksichtigen. Gehen Sie also vielleicht wie im Folgenden auf einen Teilnehmer zu:

- Treten Sie an ihn heran und fragen, – in entsprechendem Abstand –, wo Probleme liegen.
- Lassen Sie sich unter Umständen den Stand der Dinge auf dem Monitor zeigen.
- Versuchen Sie zunächst, verbal das Problem zu lösen.
- Geben Sie dem Teilnehmer die Möglichkeit, die Lösung selbst zu vollziehen.

Hinweis: Natürlich dauert es immer etwas länger, wenn Sie die Lösung dem Teilnehmer unter Ihrer Anleitung überlassen. Dennoch lohnt dieses Vorgehen, da es deutlich den Lernerfolg steigert. Wie oft war schon zu hören, wenn der Trainer die Lösung „schnell" gemacht hat: „Prima! Aber das hilft mir selbst nicht weiter, wenn das Problem an meinem Arbeitsplatz auftaucht!" Die Frustration spricht deutlich aus diesem Satz!

- Erst wenn dies nicht möglich erscheint, übernehmen Sie nach Rückfrage die Eingabegeräte. Zum Beispiel mit der Frage: „Darf ich Ihnen Ihre Tabelle korrigieren?" So hat der Teilnehmer immer noch das Gefühl, die „Hoheit" über seinen Bereich zu haben, selbst wenn er sich hoffnungslos verstrickt hat.
- Achten Sie selbst dann, wenn es eng ist und Sie die Eingabegeräte bedienen, auf den notwendigen körperlichen Abstand zum Teilnehmer, bitten Sie ihn gegebenenfalls, etwas zur Seite zu rutschen oder Ihnen für einen Moment den Stuhl zu überlassen.

16.2 Diskretion

Dieses diskrete Vorgehen gilt erst recht für den Bereich, in dem der Teilnehmer versucht hat, den Unterrichtsgegenstand auf dem Bildschirm umzusetzen. Hat er hier Fehler gemacht, so bedarf er höchstens Ihrer Hilfe, niemals irgendeiner spöttischen oder herabsetzenden Bemerkung. Mit der Teilnahme an Ihrem Kurs hat er ja schon in besonderer Form verdeutlicht, in diesem Bereich noch über Defizite zu verfügen. In der Rolle des Lernenden ist es nun in höchsten Maße kontraproduktiv, wenn diese Fehler anderen offenbart würden oder sich darüber jemand amüsiert. Hinzu kommt bei Firmenschulungen die verständliche Befürchtung, vor anderen Mitarbeitern Fehler zu machen und schlecht dazustehen. Dennoch müssen Sie die Fehler aufgreifen und weiterhelfen. Dieser Spagat gelingt ihnen entweder:

- Indem Sie den Fehler für alle ansprechen, ohne darauf zu verweisen, wo Sie diesen Fehler gesehen haben.
- Oder Sie bedanken sich für einen gemachten Fehler, denn Sie haben vergessen darauf hinzuweisen, dass ...

So fühlt sich der Teilnehmer entweder in der Anonymität oder in der Rolle, etwas Sinnvolles für die Gruppe getan zu haben, denn nun kann der Trainer darauf eingehen und diesen Fehler für alle vorführen und so erläutern, dass anderen dieser Fehler erspart bleibt.

Gehen Sie möglichst so auf Fehler ein, dass dies eine Hilfe darstellt, damit anderen dieser Fehler erspart bleibt und jeder auch darum weiß, wo die Ursache des Fehlers verborgen ist. Nur wer Fehler macht, kann sich weiterentwickeln. Eine pädagogische Entwicklung in der Schweiz (Kanton Basel) stand unter dem Motto „Lob des Fehlers" und hat diesen Umstand zum Kerngedanken entwickelt. Auch Sie werden lernen, einen Fehler produktiv in Ihrem Kurs zu nutzen. Bedenken Sie dabei, das direkte Eingehen bringt eine gewisse Spannung und Anteilnahme mit sich, da ja direkt Betroffene im Raum sitzen. Erinnern Sie sich in diesem Zusammenhang an das erste Modul, wo die Möglichkeit beschrieben wurde, in einer Unterrichtssequenz einen Fehler selbst zu konstruieren und dann den Teilnehmern die Lösung des Problems zu überlassen. Das Letztgenannte stellt ein ebenso wichtiges Ziel Ihres Kurses dar, nämlich den Teilnehmern die Kompetenz zu vermitteln, gemachte Fehler selbst nicht nur zu erkennen, sondern diese auch zu beseitigen. Denn nach dem Kurs sind Sie als Ansprechperson nicht mehr da, bis dahin müssen Ihre Teilnehmer gelernt haben, in dem geschulten Programm auf eigenen Füßen zu stehen.

> **Hinweis:** Nutzen Sie gemachte Fehler geschickt für Ihren Kurs, es kann Ihnen eigentlich nichts Besseres widerfahren, da Ihnen die Aufmerksamkeit der Teilnehmer gewiss ist.

16.3 Hilfestellung mit dem Laserpointer

Körperlose Hilfestellung und den Teilnehmern unter Anleitung selbst die Lösung am PC zu ermöglichen, dazu eignet sich der Laserpointer besonders gut.

Laserpointer sind zwischenzeitlich schon für circa 10 Euro erhältlich. Viele Beamer-Fernbedienungen haben sogar schon einen Laserpointer eingebaut. Eine Beamerprojektion erläutern Sie präzise mit dem Laserpointer, erreichen gut sichtbar jedes Bildelement, ohne dabei die Projektionsfläche zu verkratzen. Selbst bei größeren Entfernungen von der Projektion, beispielsweise wenn Sie am Computer stehen, treffen Sie noch genau die richtigen Punkte.

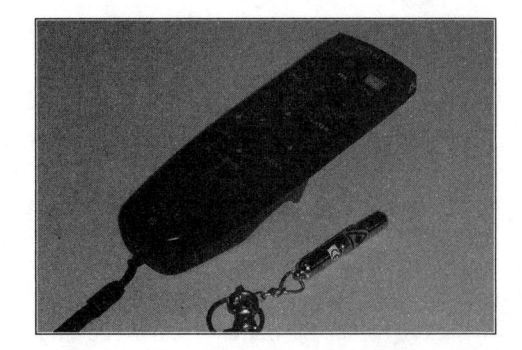

Mit dem Laserpointer zeigen Sie nicht nur relevante Punkte auf Ihrer Beamerprojektion. Gehen Sie durch die Teilnehmerreihen, können Sie mit dem Laserpointer den Teilnehmern sehr effektiv helfen. Hat ein Teilnehmer ein Problem, so können Sie hinter ihn treten und (sofern Sie gleich den Lösungsweg erkennen) die Schrittfolge auf dem Monitorbild vorzeigen, mit der Maus macht der Teilnehmer die Aktionen nach und hat so das Gefühl, die Lösung selbst eingegeben zu haben. Dabei werden Sie schnell feststellen, wie leicht es selbst aus gewissem Abstand ist, die kleinsten Bildschirmelemente mit dem Laserstrahl genau zu treffen.

Leider haben einige Teilnehmer Ängste vor dem Laserstrahl. Moderne Laserpointer sind nur gefährlich, wenn der Strahl direkt längere Zeit ins Auge trifft. Beim „Umweg" über den Computermonitor trifft keine gefährliche Strahlung den Teilnehmer. Dennoch nutzt es nichts, wenn ein Teilnehmer zusammenzuckt, wenn Sie den Laser zum Zeigen verwenden. Hier ist etwas Taktgefühl angebracht. Verzichten Sie auf den Laserpointer und verwenden Sie stattdessen beispielsweise einen „deaktivierten" Kugelschreiber. Natürlich müssen Sie dann näher an Ihre Teilnehmer herantreten, doch dies geschieht in diesem Falle auf den besonderen Wunsch des Teilnehmers.

Bedauerlicherweise sind Laserpointer nicht für LCD-Displays geeignet. Diese polarisieren in unterschiedlichen Ebenen des Displays das Licht. Dadurch wird der Laserstrahl so gut wie vollständig geschluckt. Es bleibt Ihnen in diesem Fall kaum etwas anderes übrig, als auf ein anderes Zeigeinstrument zurückzugreifen. Achten Sie in diesem Fall unbedingt auf die abgesenkte Mine, – nichts ist ärgerlicher als Kugelschreiberspuren auf einem LCD-Display!

16.4 Der Trainer übernimmt die Maus

Wenn die Situation so verfahren ist, der Teilnehmer allein selbst unter Anleitung das Problem nicht mehr lösen kann, dann sind Sie als Trainer gefordert und müssen selbst Hand anlegen am PC des Teilnehmers. Dies kann u.U. auch dann sein, wenn die anderen Teilnehmer schon deutlich weiter sind und Sie aus Zeitgründen an dieser Stelle ausnahmsweise die Regie am PC des Teilnehmers übernehmen (dies darf nicht zu einer Dauerlösung werden)!

Wenn Sie die Regie übernehmen, sollte dies mit viel Rücksichtnahme geschehen. Fragen Sie zunächst, ob der Teilnehmer Ihnen dies erlaubt. Erläutern Sie dem Teilnehmer, was Sie vorhaben und welche Aktionen Sie durchführen in der gebotenen Kürze (sonst könnten Sie den Teilnehmer selbst zu den Einstellungen anleiten).

Bei dieser Aktion beachten Sie bitte folgende Punkte:

- Am Rechner des Teilnehmers haben Sie es unter Umständen mit seinen persönlichen Daten und Arbeitsergebnissen zu tun. Behandeln Sie diese mit entsprechendem Respekt und fragen Sie, wenn Sie Programme beenden, ob die Daten gesichert werden sollen.

- Sie kommen dem Teilnehmer unter Umständen sehr nahe und haben womöglich Körperkontakt. Haben Sie im Vorfeld bzw. in den Pause an Ihren Atem und Ihr Deodorant gedacht? Gegebenenfalls erbitten Sie kurzfristig den Stuhl des Teilnehmers, dann haben Sie etwas mehr Platz. Übrigens trifft das nicht nur Sie, auch für den Teilnehmer kann es peinlich sein, wenn das Gefühl ausbricht: „Hilfe, – mein Deo hat versagt!" Hier ist unter Umständen ebenfalls von Ihnen höchste Diskretion und Zurückhaltung erforderlich.

- Übergeben Sie nach Ihren Aktionen die Maus wieder an den Teilnehmer und erklären Sie ihm, wie und an welcher Stelle er weiterarbeiten kann. Gegebenenfalls, mit welchen Veränderungen er jetzt rechnen muss.

Versuchen Sie, während Sie speziell den einen Rechner Ihres Teilnehmers bearbeiten, die Gruppe im Blick zu halten. Sie dürfen sich nicht zu lange mit einem Rechner beschäftigen, wenn gleichzeitig mehrere Teilnehmer Fragen an Sie haben oder Ihre Hilfe benötigen. Ist dies der Fall, muss der Teilnehmer bis zur nächsten Pause bei einem Kollegen über die Schulter sehen, und Sie sollten in der Pause versuchen, seinen Rechner wieder funktionsfähig zu machen. Diese Überlegung erfordert gelassenes Abwägen und etwas Erfahrung. Sollten Sie am Anfang hier etwas unsicher sein, dann handeln Sie nach folgendem Schema:

1. Ruhe bewahren
2. Abwägen, ob der einzelne Rechner oder die Gruppe gerade wichtiger ist, und handeln dann nach Ihrer Prioritätenliste.

16.5 Gegenseitige Hilfestellung der Teilnehmer

Teilnehmer können sich auch untereinander weiterhelfen. Fassen Sie dies nicht als eine Abwertung Ihrer Person auf – im Gegenteil. Schaffen Sie es, eine so produktive Arbeitsatmosphäre zu gestalten, bei der sich die Teilnehmer gegenseitig helfen, dann haben Sie Ihre Aufgabe vorzüglich erfüllt. Doch erfordert dies in Ihrer Trainerrolle, eine neue Aufgabe mit zu übernehmen, nämlich jene eines Gruppenorganisators, der gegebenenfalls die Teams einteilt und organisiert.

Teilnehmer helfen sich gegenseitig

Gerade in Kursen mit absoluten Anfängern ist die Hemmung gegenüber dem PC so groß, dass oft Teilnehmer sich gerne mit einem weiteren Kollegen einen PC teilen wollen. Im Hintergrund spielt sich die Angstvorstellung ab, man könne versagen und habe so als Notnagel noch den Kollegen, der einem hilft. Tatsächlich haben sich bei Anfängern diese Teams bewährt, nehmen sie doch am Anfang die schlimmsten Kontaktängste mit dem Computer. Im partnerschaftlichen Miteinander werden die ersten Gehversuche mit dem PC gemeinsam erlebt, dies baut Hemmschwellen ab, regt das Gruppenklima an und verhilft Ihnen leichter zu positiven Rückmeldungen.

Bei Fortgeschrittenen wird der eigene PC zur unabdingbaren Notwendigkeit. Für komplizierte Lernteile oder Programmieraufgaben werden Ihre Teilnehmer jedoch auch in dieser Situation gerne auf ihre Nachbarn zurückgreifen. Oft mit den folgenden Fragestellungen: – „...da fehlt mir was, wie ging das...?" – „...bei mir klappt das nicht, wie geht das bei dir?" – „...kannst du mal schauen, ich komme an dieser Stelle nicht weiter!"

Diese nachbarschaftlichen Hilfen entlasten Sie, ohne dass Ihre Autorität als Trainer darunter leidet. Pflegen Sie diese kollegialen Kontakte nicht nur, weil sie Sie selbst entlasten, sondern vor allem, um Ihr Gruppenklima zu verbessern. Außerdem kann ein Teilnehmer mal eine Erklärung von Ihnen nicht verstanden haben, die ihm jetzt von seinem Nachbarn anders erklärt wird und vielleicht so besser versteht. Nutzen Sie dieses zusätzliche Potenzial. Greifen Sie erfolgreiche Erklärungen durch Teilnehmer ruhig auf und lassen Sie diese der ganzen Gruppe vortragen.

Teilnehmer arbeiten im Team

Teamfähigkeit gehört mit zu jenen Schlagworten, mit denen derzeit die modernen Ziele der Arbeitswelt beschrieben werden. Oft findet der beschworene Teamgeist in unseren Breiten nur auf dem Papier statt, zu groß ist das Hierarchiedenken oder die persönlichen Interessen, die einem echten Teamgeist im Wege stehen. Gerade in einem IT-Training bieten sich für Teamgeist ausgezeichnete Möglichkeiten, dort sind Hierarchien von untergeordneter Bedeutung, wenn nicht gerade eine ganze Abteilung geschult wird. Die zeitliche Begrenzung des Kurses lässt kaum Raum für Profilierungsversuche, und die Teilnehmer genießen die kameradschaftliche Zusammenarbeit.

Grenzen für die sinnvolle Teamarbeit werden dann erreicht, wenn ein Teilnehmer die ganzen Aktivitäten, die Tastatur und Maus an sich reißt und den anderen Teammitgliedern oder dem Partner nur die Außenseiterrolle zugedacht wird. Fallen Ihnen Teams auf, in denen diese Mechanismen auftreten, sollten Sie eingreifen, schließlich sind Sie für den Kurserfolg aller Teilnehmer verantwortlich. Die Kürze eines IT-Kurses bietet Ihnen nicht den Raum, mit den Teilnehmern Teamfähigkeiten zu erlernen oder zu trainieren. Maßregelungen helfen ebenfalls nicht weiter. Erkennen Sie solche Prozesse, dann ist es für Sie am leichtesten, diese Teamphasen einfach kürzer zu gestalten und ihre Inhalte in anderen Unterrichtsformen den Teilnehmern zu vermitteln. Ein anderer Weg könnte sein, sofern Sie dies organisatorisch in die Wege leiten können, die Teamzusammenstellung neu zu gestalten. So lassen sich kritische Konstellationen „entzerren".

Teamarbeit bietet sich vor allem dann an, wenn sich mithilfe der IT-Programme Ergebnisse erzielen lassen, oder an jenen Stellen, an denen sich Projektarbeit anbietet. Ratsam ist es, nur bis maximal vier Teilnehmer in einer Projektgruppe zuzulassen, zumindest unter den Trainingsbedingungen eines Kurses. Zu groß ist ansonsten die Gefahr, dass einige Teilnehmer sich zu sehr zurücknehmen, wenn andere die Gruppe dominieren. Aufgaben könnten sein, einen Server einzurichten, Rechte zu vergeben oder ein E-Mail-System einzurichten. Das Projekt muss klar umrissen sein, die Aufgabe prinzipiell für die Teilnehmer lösbar. Währendessen schlüpfen Sie auf Dauer der Projektarbeit in die Rolle des Beraters. Kommt die Projektgruppe nicht weiter, kann die Gruppe Sie als Berater hinzuziehen.

> **Hinweis** Legen Sie allerdings solche Projektphasen immer an das Ende einer Kurseinheit oder vor eine längere Pause, so dass unterschiedlicher Zeitbedarf der Gruppen durch eine flexible Pausenregelung aufgefangen werden kann.

Den Erfolg, den solche Partner- oder Projektgruppenarbeit nach sich zieht, beobachten Sie am besten bei mehrtägigen Kursen, wenn Kursteilnehmer auch außerhalb Ihres Kurses zusammen den Abend verbringen oder die Projektarbeit noch außerhalb der Kurszeiten fortsetzen möchten.

Den Nutzen der Projektarbeit messen Sie am Lernerfolg der Gruppe, denn eigenständiges Arbeiten und die Umsetzung mit dem zu schulenden Programm und Inhalten haben die Teilnehmer so gelernt und können am eigenen Arbeitsplatz wesentlich sicherer das Programm einsetzen. Zusätzlich erhalten Sie als Trainer wichtige Informationen über

- den Grad der Umsetzung Ihrer Inhalte,
- über die Gewichtung der Inhalte durch die Teilnehmer,
- Ecken und Klippen in den Programmen, die Sie schulen,
- und Ideen für die Gestaltung der kommenden Kurse mit Inhalten und Beispielen.

Das Ende der Projekte bildet für Ihren Kurs den Ausgangspunkt für das weitere Vorgehen. Die Projekte sollten unbedingt den anderen Teilnehmern vorgestellt werden. Planen Sie den zeitlichen Raum ein für die Präsentation der Ergebnisse und der sich in der Regel anschließenden Diskussion. Hier bilden sich weitere Ansatzmöglichkeiten für Ihre Kursteilnehmer, die in unterschiedlichen Gruppen gearbeitet haben, sich untereinander besser kennen zu lernen.

Zusammenfassung

- Zeigen Sie besondere Diskretion und Zurückhaltung am Arbeitsplatz eines Teilnehmers.

- Helfen Sie dem Teilnehmer, sich selbst zu helfen!

- Laserpointer sorgen für exakte Erklärungen des Beamerbildes, ohne die Projektionsfläche zu beschädigen.

- Laserpointer eignen sich gut zur direkten Hilfestellung am Bildschirm.

- Haben Ihre Teilnehmer Angst vor dem Laser oder verfügen Sie über LCD-Bildschirme, dann verzichten Sie auf den Einsatz des Laserpointers.

- Übernehmen Sie den Arbeitsplatz eines Teilnehmers nur nach Rücksprache.

- Erläutern Sie ihm kurz, welche Aktionen Sie durchführen, damit er sich ernst genommen fühlt.

- Arbeitsergebnisse Ihres Teilnehmers sichern Sie gegebenenfalls auf seinen Wunsch hin.

- Rechnen Sie im Vorfeld damit, Ihren Teilnehmern nahe zu kommen, und treffen Sie rechtzeitig die notwendigen Überlegungen hinsichtlich des passenden Deos und Knoblauchgenuß am Vortag.

- Behalten Sie bei längeren Aktionen Ihre Gruppe im Auge und wägen Sie gegebenenfalls die Prioritäten ab, ob in dieser Situation der Teilnehmerrechner oder die gesamte Gruppe wichtiger sind.

- Unterstützen Sie die Zusammenarbeit im Team.

- Nutzen Sie das Potenzial, das in Ihren Teilnehmern ruht, für Ihren Kurs.

- Fördern Sie projektorientiertes Arbeiten.

- Planen Sie die Präsentation der Gruppen- und Projektergebnisse ein.

Modul 17

Unterrichtsbeispiele aus der Praxis

Wenden wir uns nun bewährten und erprobten IT-Kursen, ihrer Planung und zeitlichen Aufteilung zu. Mögen die aufgeführten Inhalte für Sie von geringerer Bedeutung sein, so tragen Sie den Gewinn von der beispielhaften Zeiteinteilung, Strukturierung und den methodischen Überlegungen davon.

Lernen Sie

- praktische Schulungsbeispiele kennen
- Inhalte für Ihre Schulung in einen zeitlichen Rahmen einzupassen
- die zeitlichen Überlegungen an Praxisbeispielen kennen
- inhaltliche Aufteilung mit der zeitlichen Aufteilung zu kombinieren
- ein differenziertes Softwareangebot für eine Teilnehmergruppe zugänglich zu machen

17.1 Die Beispiele

Im Folgenden begegnen Ihnen Unterrichtsbeispiele aus der Praxis. Verwenden Sie die Beispiele für Ihre Planung

- als einen Hinweis auf den zeitlichen Rahmen Ihrer eigenen Kursplanung,
- indem Sie die Vorüberlegungen auf Ihr eigenes Konzept übertragen,
- und nutzen Sie die gegebenen Tipps durch Integration in Ihr Konzept.

Die Planung der IT-Kurse bedarf Kurskonzepte. So wie hier der Ablauf geschildert wird, kann er als Verlaufsplanung für einen eigenen Kurs genutzt werden. Beachten Sie vor allem die zeitliche Aufteilung bei der Multimedia-Schulung, die nicht nur den inhaltlichen Aspekt sauber aufeinander folgen lässt, vor allem hat sich dort der zeitliche Ablauf in seiner Aufteilung nach den Halbtagen bewährt. So sind die Nachmittage vornehmlich mit Eigenaktivitäten gefüllt und theoretische Inhalte eher auf den Morgen verlagert, um so die Konzentration der Teilnehmer optimal auszuschöpfen. Gleichzeitig hat diese Aufteilung die Vermeidung einer Überforderung der Teilnehmer gezeigt. So wurden geschickt zeitliche Abläufe und Blöcke mit den inhaltlichen Aspekten miteinander kombiniert, so dass ein Teilnehmer Zeit für die einzelnen Phasen hat und sich zu Beginn eines neuen Abschnitts auch inhaltlich mit einem neuen Thema befasst.

17.2 Schulungsbeispiele

Auf in die Praxis! Als Beispiel für eine mehrtägige Schulung führen wir hier eine Multimedia-Schulung an. Die *Excel*-Schulung steht als Beispiel für eine Schulung, die an zwei aufeinander folgenden Nachmittagen abgehalten werden kann.

Multimedia-Schulung

Jeder Kurs sollte von einem Schulungskonzept begleitet sein. Bereiten Sie Ihre Schulung möglichst detailliert vor, da Sie so auf mögliche Teilnehmerfragen vorbereitet sind und Sie diese zügig beantworten können. Ein gutes Konzept gibt Ihnen auch mehr Sicherheit. Überlegen Sie sich eine sinnvolle Struktur. Achten Sie darauf, Inhalte erst dann zu behandeln, wenn sie thematisch in den Rahmen passen. Andernfalls sehen sich Ihre Teilnehmer unter Umständen vor eine Aufgabe gestellt, die sie erst nach Beendigung eines anderen Themenkomplexes beantworten könnten, dies zu dem gewählten Zeitpunkt aber noch nicht können, da ihnen wesentliche Inhalte fehlen und die nötigen Informationen erst in einem späteren Kapitel erklärt werden. Den logisch schlüssigen, aufeinander aufbauenden Ablauf werden Ihnen Ihre Teilnehmer danken.

Versuchen Sie auch, die Praxis mit in Ihre Schulung zu bringen, anschauliche Beispiele prägen sich besser ein und führen zu einem klareren Verständnis, als zu abstrakte und theoretische Erklärungen.

Hier nun ein Beispiel aus der Praxis, einem dreitägigen Multimedia-Kurs für Anfänger. Inhaltlich sollten Sie darauf achten, die Module so zu behandeln, dass sie aufeinander aufbauen.

Tag 1

Vormittags:	Einführungsrunde (ca. 1 Stunde)
Themenblock 1:	Theoretische Einführung ins Internet (ca. 1 Stunde)
Nachmittags:	
Themenblock 2:	Das World Wide Web (URL) Umgang mit Internetseiten(ca.1.5 bis 2 Stunden) Suchmaschinen (ca. 1.5 Stunde) Übungen (ca. 1 Stunde) – Abspeichern

Tag 2

Vormittags:	
Themenblock 3:	Erstellen einer eigenen Homepage
Nachmittags:	
Themenblock 4:	Die Veröffentlichung der Homepage im World Wide Web mit Übungen – Arbeiten mit WS-FTP-light

Tag 3

Vormittags:	
Themenblock 5:	E-Mail und seine Möglichkeiten (Anhänge; CC, BCC und die Verwaltung eines Adressbuchs) News-Foren
Nachmittags:	
Themenblock 6:	Chatten

Schulungstag 1

Jeder Kurs sollte mit einer kurzen oder längeren (je nach Länge des Kurses) Vorstellungsrunde begonnen werden. Die Teilnehmer sollten Gelegenheit haben, Sie als Trainer sowie ihre Mitteilnehmer kennen zu lernen. Die Erwartungen und Wünsche der Teilnehmer können Sie erfragen und im Anschluss daran auf die Kursinhalte eingehen, so dass es zu keiner großen Differenz zwischen eigentlichem Inhalt und den Wünschen der Teilnehmer kommt. Versuchen Sie die Vorstellungsrunde möglichst effizient durchzuführen. Es gibt Teilnehmer, die den Sinn und Zweck einer solchen Runde hinterfragen. Verzichten Sie jedoch nicht auf sie, denn für den Verlauf des Kurses und die Kursatmosphäre ist sie wichtig. Geben Sie bei dieser Gelegenheit die Struktur Ihres Kurses vor. Teilen Sie Ihren Teilnehmern mit, zu welchem Zeitpunkt welcher Themenkomplex behandelt wird. So gestalten Sie Ihren Kurs transparent.

Nach der Einführungsrunde bietet es sich an, zunächst mit einer allgemeinen Einleitung zum Thema Internet anzufangen. In einer theoretischen Abhandlung können folgende Fragen geklärt werden: Wo und wie wurde der Begriff *Internet* geprägt, was ist das Internet, welche Themenkomplexe werden zum Internet dazugezählt (World Wide Web, E-Mail, Chat), wie verhält es sich mit den Internetadressen, wie können diese beispielsweise hergeleitet werden.

Der Theorieteil sollte allerdings nicht zu lange dauern, denn Ihre Teilnehmer werden gespannt sein, das Medium „Internet" selbst kennen zu lernen. Je länger Sie sie vom Computer fernhalten, desto ungeduldiger werden Ihre Teilnehmer und verlieren vielleicht den Spaß am Kurs. Verfallen Sie daher nicht in einen zweistündigen Monolog.

Versuchen Sie Ihre Teilnehmer in den Theorieteil, wo immer möglich, mit einzubeziehen. Hierfür gibt es genügend Gelegenheiten, Fragen zu stellen. Nachdem Sie Ihren Teilnehmern genügend Hilfestellungen zur Verfügung gestellt haben, um einen Uniform Resource Locator (URL, eindeutige Internetadresse) herzuleiten, lassen Sie sich von diesen Internetadressen sagen, z.B. *http://www.vmi-Buch.de*. Die aktive Einbindung der Teilnehmer motiviert diese am Geschehen, hilft ihnen gegen mögliche Müdigkeitserscheinungen und lässt sie aktiv am Geschehen teilnehmen. Halten Sie sich eines vor Augen: Die Aufnahmefähigkeit der Zuhörer nimmt in aller Regel nach 20 Minuten deutlich ab.

Der Theorieteil muss besonders gut vorbereitet sein. Geben Sie Ihren Teilnehmern nicht zu viele Inhalte. Denken Sie daran, Sie leiten einen dreitägigen Multimedia-Kurs; Sie haben genügend Zeit, theoretische Inhalte zu verschiedenen Zeiten zu behandeln. Überfrachten Sie daher nicht den einleitenden Theorieteil, sondern geben Sie Ihren Teilnehmern die Informationen, die diese zum näheren Verständnis und vielleicht zur ersten praktischen Phase wirklich brauchen. Ihre Teilnehmer sollten während dieser Phase ihre Computer noch nicht eingeschaltet haben, da dies leicht zur Ablenkung auf Seiten der Teilnehmer führen kann und so wichtige Informationen untergehen.

Nach einer einstündigen Mittagspause kann die eigentliche Arbeit am Computer beginnen. Ihre Teilnehmer lernen den Microsoft Explorer kennen: Wo werden die Internetadressen eingegeben? Was bedeuten die Symbole in der Symbolleiste? Was sind Favoriten und wie werden sie abgelegt? Wie werden Internetseiten abgespeichert, wie einzelne Rahmen oder Bilder? Dieses Themengebiet kann je nach Teilnehmergruppe 1½ bis 2 Stunden dauern.

Achten Sie darauf, Ihren Teilnehmern nicht nur die einzelnen Schaltflächen zu zeigen, sondern auch, genügend Übungszeit einzuplanen. Geben Sie von Anfang an klare Anweisung, wie beispielsweise: „Ich zeige Ihnen die Schritte erst vor. Bitte erst hinsehen, dann gehen wir die Schritte gemeinsam durch." Weichen Sie von diesem Verfahren nicht ab, beim 3. oder 4. Mal werden Ihre Teilnehmer Ihre Richtlinien verinnerlicht und Sie weniger Mühe haben, den Kurs zu leiten.

Nachdem Ihre Teilnehmer den Umgang mit dem Microsoft Explorer beherrschen, kann sich beispielsweise die Suche im Internet anschließen. Was geschieht, wenn eine URL nicht bekannt ist; wie kann nach ihr gesucht werden. Oder wie können allgemeine Themengebiete im Internet erschlossen und nach ihnen gesucht werden.

Nach einem kurzen Theorieteil über Suchmaschinen können Sie diesen praktisch im Internet Ihren Teilnehmern vorführen. Lassen Sie Ihre Teilnehmer nach Inhalten suchen, deren Interesse Sie bei ihnen vermuten. Versuchen Sie hier den Sinn und Zweck des Internets an den thematischen Bedürfnissen Ihrer Teilnehmer deutlich zu machen. Je realitätsbezogener und aktueller Ihre Beispiele sind, desto aktiver werden Ihre Teilnehmer bei der Sache sein. Ihr Kurs wird quasi zum Selbstläufer, und das bereits am ersten Schulungstag.

In einer abschließenden Übung könnten Sie Ihre Teilnehmer auffordern, eine Bildungsreise zu organisieren. Auf diese Weise könnten sie das am ersten Schulungstag gesammelte Wissen noch einmal üben, Eingabe von Internetseiten, Abspeichern der Seite, Suchen von Inhalten im World Wide Web, usw.

Nach der allgemeinen Präsentation der Ergebnisse könnten Sie den Schulungstag abrunden, indem Sie kurz alle Themenblöcke, die Sie heute behandelt haben, als Zusammenfassung noch einmal für Ihre Teilnehmer zusammenfassen.

Schulungstag 2

Fangen Sie den zweiten Schulungstag nach einer Begrüßung mit einer Runde für offen gebliebene Fragen an. Zum einen lockert dies den Kurs auf, Ihre Teilnehmer fühlen sich ernst genommen. Zum anderen sollten Fragen möglichst frühzeitig geklärt werden, damit Verständnislücken geschlossen werden können.

Am zweiten Schulungstag steht das Thema der Erstellung einer eigenen Homepage auf dem Programm. Teilen Sie diese Information Ihren Teilnehmern erneut mit. Natürlich haben Sie bereits das Programm am Vortag vorgestellt, aber es hilft, dieses Ihren Teilnehmern noch einmal bewusst zu machen.

Ein möglicher Einstieg ins Thema könnte eine offene Frage an Ihre Teilnehmer sein, warum überhaupt Homepages erstellt werden sollten. Erörtern Sie mit ihnen die Vor- und Nachteile von Homepages (ein Nachteil wäre beispielsweise eine mehr schlecht als recht erstellte Homepage, die dann das Image schädigen könnte). Gehen Sie auch kurz auf die Seitenbeschreibungssprache HTML ein, erklären Sie Ihren Teilnehmern kurz das Grundprinzip der Sprache und deren wichtigsten Inhalte, bevor Sie ihnen das Tool *CoffeeCup* mit seinen Funktionen vorstellen. Neben dem Abspeichern der Seite und der Eingabe von Text können Sie Ihren Teilnehmern zeigen, wie diese Hintergründe, Tabellen, Bilder, Verknüpfungen, Videoclips usw. einfügen können. Jedes einzelne Modul sollte von Ihnen einmal vorgeführt werden, und Ihre Teilnehmer sollten Gelegenheit haben, das gerade Erlernte in ihrem eigenen Tempo nachzuvollziehen.

Geben Sie Ihren Teilnehmern im Anschluss an die erlernten Module Zeit, entweder die bereits vorhandene Homepage zu verschönern oder eine neue Homepage zu erstellen. Nur so wird sich die Vielzahl der Informationen bei Ihren Teilnehmern einprägen können.

> **Hinweis**
> Eine Anleitung in Form von schriftlich formulierten Arbeitsanweisungen mit kommentierten Screenshots bietet sich für weniger versierte Teilnehmer an, so dass diese in die Lage versetzt werden, ebenfalls eine Homepage zu erstellen.

Stellen Sie Bilder oder Videoclips Ihren Teilnehmern auf ein gemeinsames Laufwerk zur Einbindung in die Homepage zur Verfügung. Achten Sie bei der Auswahl Ihrer Bilder auf den Datenschutz und das Copyright. Am leichtesten umschiffen Sie diese Probleme mit selbst erstellten digitalen Bildern oder eigenen Videoclips aus der Kamera.

Nachdem eine Homepage erstellt worden ist, kann diese ins World Wide Web gestellt werden. Zeigen Sie auch hier Ihren Teilnehmern, wie das geht. Sie sollten vorab das Protokoll *FTP* erklären, ihnen mitteilen, welche Zugangsvoraussetzungen (Adresse, Passwort, User-ID) vorhanden sein müssen. Zeigen Sie erst dann Ihren Teilnehmern, wie das *FTP*-Programm zu bedienen ist, und geben Sie ihnen im Anschluss die Möglichkeit, ihre eigene Homepage auf den Server zu laden bzw. herunterzuladen.

> **Hinweis:** Fassen Sie am Schluss des Tages zusammen, was Ihre Teilnehmer gelernt haben.

Schulungstag 3

Beginnen Sie den Schulungstag mit dem Klären von offenen Fragen, bevor Sie die Themen des dritten Schulungstages skizzieren. Beginnen Sie dann mit dem Thema „E-Mail". Mittlerweile sind die Möglichkeiten von E-Mail auch einer breiten Bevölkerungsgruppe bekannt, so dass die Vor- bzw. Nachteile von Ihren Teilnehmern genannt werden könnten. Fassen Sie die erwähnten Punkte auf einem Flipchart zusammen. In einem kurzen Vortrag könnten Sie im Folgenden einen theoretischen Abriss geben. Wie werden E-Mails verschickt, wie verhält es sich mit den Servern, welches Internet-Protokoll (SMTP, POP 3 usw.) unterstützt das E-Mailen? Wie verhält es sich mit den E-Mail-Adressen. Hier können Sie bereits auf Erlerntes vom ersten Schulungstag bei den Teilnehmern zurückgreifen, als es um URLs im Allgemeinen ging. Lassen Sie sich E-Mail-Adressen nennen. Im Anschluss daran könnten Sie das E-Mail-Programm Messenger mit seinen Funktionen vorstellen. Erklären Sie, wie eine E-Mail verschickt wird, wie auf diese geantwortet wird und wie es sich mit der Weiterleiten-Funktion verhält. Geben Sie Ihren Teilnehmern konkrete Aufgabenstellungen und achten Sie darauf, dass auch jeder E-Mails erhält und verschicken kann. In aller Regel handelt es sich bei diesem Modul um eine stark teilnehmerzentrierte Phase. Ihre Teilnehmer haben die Möglichkeit, E-Mails an Ihre Kursteilnehmer zu verschicken. Dies fördert die Kursdynamik und -atmosphäre. Erklären Sie auch das Adressbuch und die Verwaltung, die damit zusammenhängt, wie beispielsweise die Aufnahme einer neuen Adresse und das Erstellen von Verteilerlisten.

Als nächstes Thema bieten sich die Diskussionsforen geradezu an. Ihre Teilnehmer können den Umgang mit E-Mails vertiefen, lernen aber zusätzlich den Umgang mit den Newsgruppen. Erklären Sie Ihren Teilnehmern zunächst, was unter Diskussionsgruppen zu verstehen ist. Seien Sie dabei plastisch. Ein Verweis auf allgemein bekannte „schwarze Bretter", die als Informationsboard in den meisten Firmen verwendet werden, bietet sich an. Legen Sie die Struktur (sci, de, soc usw.) und den Nutzen solcher Foren dar. Erklären Sie dann den Umgang mit dem Werkzeug z.B. Collabra und zeigen Sie Ihren Teilnehmern, wie Sie Foren abonnieren, abbestellen sowie Beiträge erstellen können. Geben Sie Ihren Teilnehmern die Möglichkeit, verschiedene Diskussionsbeiträge zu lesen.

Zum Schluss des dritten Schulungstages bietet sich das Chatten an. Hierzu wird den Teilnehmern wenig Konzentration abverlangt. Einmal in einem Chatforum, können diese sich mit anderen Schulungsteilnehmern bzw. mit Menschen aus der ganzen Welt unterhalten. Um ein Basiswissen und ein näheres Verständnis vom Chatten zu erhalten, sollten Sie Ihren Teilnehmern zunächst einen theoretischen Abriss geben. Wie verhält es sich mit dem „Internet Relay Chat", und welche Zugangsinformationen sind nötig, um an einem Chat teilnehmen zu können. Geben Sie Ihren Teilnehmern Zeit zu chatten. Einige Teilnehmer könnten schnell die Lust verlieren und den Sinn des Chattens nicht erkennen. Andere wiederum finden den Chat und die Möglichkeiten, die sich dahinter verbergen, beachtlich und würden am liebsten den ganzen Tag Konversation betreiben.

Versuchen Sie den „richtigen" Augenblick abzupassen, um den dritten Schulungstag mit einer Zusammenfassung zu beenden. Fassen Sie zum Schluss des Kurses alle Inhalte noch einmal zusammen und bitten dann um Rückmeldungen als abschließende Kritik (positiv wie auch negativ), bevor Sie sich von den Teilnehmern die Rückmeldebögen ausfüllen lassen und sie verabschieden.

Excel-Schulung

Für zwei Nachmittage ist diese Anfängerschulung für Excel konzipiert. Die Nacht dazwischen hilft dem Gelernten, sich zu setzen, und lässt die Materie nicht zu trocken geraten, denn wer jongliert schon gerne sechs Stunden am Stück mit Formeln und Zahlen.

Als Voraussetzung für die Teilnehmer gelten Grundkenntnisse im Umgang mit Windows und Word.

Der erste Nachmittag

Einstieg	Oberfläche von Excel
Eingabe in Zellen – Größe des Arbeitsblattes	Eingabe von Text, Zahlen und Formeln
Eine Teilnehmerliste erstellen und Ausdrucken	Spaltenbreite und Zeilenhöhe anpassen Formatierungen vergeben Druckoptionen
Eine Einkaufsliste einrichten und berechnen lassen	Währungsformatierungen Formeleingabe mit Rechenzeichen +; -; *; / Formeln kopieren Summenformel über einen Bereich Prozentberechnen

Dank der Grundkenntnisse von Word kann auf eine langatmige Einführung in die Benutzeroberfläche von Excel verzichtet werden. Zu ähnlich sind die Menüs und Schaltflächensymbole. Gleich wird das Augenmerk auf die Tabelle, ihre Größe, das Bewegen in der Tabelle und Eintragungen in die Tabelle gelegt. So wird der theoretische Vorspann sehr reduziert, und die Teilnehmer kommen schnellstmöglich zur Eigenaktivität. Dank den Vorkenntnissen aus Word sind Formatierungen ebenfalls kein Problem. Hinweise müssen lediglich erfolgen, wenn die Zeilenbreite nicht ausreicht, Zellen zusammengefügt werden, Zellhintergründe hinterlegt oder die Ausrichtung des Textes in einer Zelle geändert werden muss. Die Teilnehmer erfahren diese Vorgehensweisen durch eigenes Tun bzw. stoßen selbst bei Eintragungen auf die Probleme, wenn plötzlich ##### – Zeichen erscheinen oder der Zellrand überschritten wird. Dies geschieht bei der ersten Übung, wenn eine Teilnehmerliste erstellt wird. Die erste Erfolgsbestätigung bekommen die Teilnehmer, wenn jeder seine ausgedruckte Teilnehmerliste in Händen hält. Hier erfahren die Teilnehmer auch gleich eine Erweiterung der *Word*-Druckfunktionen, wenn über die Zoom-Möglichkeiten im Druckmenü der Ausdruck exakt der Papiergröße angepasst wird.

Halten die Teilnehmer erst einmal einen eigenen Ausdruck in Händen, bricht spätestens an dieser Stelle das Eis im Umgang mit dem Programm, denn zu diesem Ausdruck konnte man Excel ja schon bewegen.

Für den Einstieg in die komplexe Materie der Formeln, die selbst den Tabellenkalkulationsexperten gelegentlich Kopfzerbrechen bereitet, verwenden Sie im Kurs ein Beispiel, das sich jeder leicht vorstellen kann. Eine Tabelle soll behilflich sein, wenn der Einkauf für ein Hüttenwochenende verwaltet wird. Zunächst tragen die Teilnehmer die nackten Zahlenwerte in die Tabelle ein und formatieren die Spalten A und D.

Einkaufszettel				
Artikel	Preis	Anzahl	Kosten	Prozent
Bier	11,98 €	3		
Wein	19,98 €	2		
Würste	0,88 €	45		
Brötchen	0,24 €	45		
Senf	1,59 €	2		
Chips	0,69 €	12		
		Summe		

In die erste Kostenstelle wird die Formel =B5*C5 eingetragen, und dann wird die Formel nach unten kopiert und die Formel *Summe* am Beispiel =Summe(D5:D10) eingetragen. Anschließend wird die Spalte noch auf Währung formatiert.

Damit endet schon fast der erste Nachmittag, jedoch nicht ohne vorher darauf hinzuweisen, dass in der Zelle E5 der prozentuale Wert ausgegeben werden soll. Die Formel zum Prozentrechnen wird natürlich angegeben (Sie möchten ja niemanden bloßstellen).

Einkaufszettel

Artikel	Preis	Anzahl	Kosten	Prozent
Bier	11,98 €	3	35,94 €	26,1%
Wein	19,98 €	2	39,96 €	
Würste	0,88 €	45	39,60 €	
Brötchen	0,24 €	45	10,80 €	
Senf	1,59 €	2	3,18 €	
Chips	0,69 €	12	8,28 €	
		Summe	137,76 €	

Bis zu dieser Stelle sind die Teilnehmer begeistert über die Kopierfunktion. Weisen Sie jetzt unbedingt darauf hin, dass Ihre Teilnehmer als Nächstes ein ernüchterndes Erlebnis haben werden. Dort werden die Grenzen des Kopierens aufgezeigt! Nach dem schrecklichen Erlebnis werden Ihre Teilnehmer allerdings die Kopierfunktion besser verstehen und zukünftig auch diese Klippe meistern können. Nach einer kurzen Schlussrunde endet der erste Nachmittag.

Der zweite Nachmittag

Wiederholung	Nochmaliges Eintragen der Formeln vom Vortag
Absolute und relative Adressierung Arbeiten mit Formeln	Die Grenzen des Formelkopierens aufzeigen und die Hintergründe der absoluten und relativen Adressierung aufzeigen Weitere Formeln für den täglichen Einsatz aufzeigen
Grafiken automatisch aus Excel beziehen	Einfache Balken- und Tortengrafik erstellen und in das Arbeitsblatt einfügen
Bildschirm teilen Titelzeilen festlegen	Übersichtliches Arbeiten mit geteilten Bildschirmen und Titelzeilen aufzeigen

Nach dem Erfolg des ersten Nachmittags erhalten die Teilnehmer nochmals die Möglichkeit, an der etwas abgeänderten Tabelle des Vortages die Formeleingabe und die Kopierfunktion zu wiederholen. Gleichzeitig wird der erste Wert für die Prozentberechnung eingetragen (keine Frage, der Prozentwert gibt bei dieser Aufgabe nicht viel Sinn, demgegenüber steht aber die leichte Verständlichkeit der gesamten Aufgabe).

Schildern Sie nach der Eingabe des Rechenwertes im Vortrag nochmals, was diese Formel =D5/D11 bedeutet: „Teile den Wert, der links neben der Zelle steht, durch den Wert, der sich links daneben und sechs Zeilen darunter befindet." Dies wird dann nach dem Kopieren eine Hilfe für den ein oder anderen Teilnehmer sein, der dann das Problem erkennt.

Einkaufszettel

Artikel	Preis	Anzahl	Kosten	Prozent
Bier	11,98 €	3	35,94 €	26,1%
Wein	19,98 €	2	39,96 €	#DIV/0!
Würste	0,88 €	45	39,60 €	#DIV/0!
Brötchen	0,24 €	45	10,80 €	#DIV/0!
Senf	1,59 €	2	3,18 €	#DIV/0!
Chips	0,69 €	12	8,28 €	#DIV/0!
		Summe	137,76 €	

Abwechselnd werden Ihre Teilnehmer nach dem Kopieren aufschrecken (zumeist mit einem Lächeln, denn sie waren ja vorgewarnt) und ihre Fehlerliste präsentieren. Lassen Sie ruhig Ihre Teilnehmer raten, woran es lag! In der Regel kommen die Teilnehmer auf den falschen Bezug, wenn Sie diese Hürde gut vorbereitet haben! Hat ein Teilnehmer das Problem erkannt und vorgetragen, so hilft Ihnen die Detektivansicht, um auch den anderen Teilnehmern den Sachverhalt zu verdeutlichen!

	A	B	C	D	E
1	Einkaufszettel				
2					
3					
4	Artikel	Preis	Anzahl	Kosten	Prozent
5	Bier	11,98 €	3	35,94 €	26,1%
6	Wein	19,98 €	2	39,96 €	#DIV/0!
7	Würste	0,88 €	45	39,60 €	#DIV/0!
8	Brötchen	0,24 €	45	10,80 €	#DIV/0!
9	Senf	1,59 €	2	3,18 €	#DIV/0!
10	Chips	0,69 €	12	8,28 €	#DIV/0!
11			Summe	137,76 €	
12					

Jetzt sind die Teilnehmer aufgeschlossen, sich der komplizierten absoluten und relativen Adressierung zu widmen. In der Regel hält die Begeisterung noch an, um die neuen Formeleingaben über benannte Bereiche mitzumachen.

Damit haben die Teilnehmer aber dennoch nur eine vage Vorstellung von Formeln. Deshalb wird im Folgenden weiter mit Formeln gearbeitet, die allerdings ganz speziell an den Bedürfnissen der Teilnehmer ausgerichtet sind. Dabei lernen sie nicht nur, vorgegebene Funktionen, sondern auch geschickt Formeln zu kombinieren und selbst zu erstellen.

Nach dieser harten Tour durch die Möglichkeiten der Tabellenkalkulation erholen sich die Teilnehmer wieder beim Gestalten der Balken- und Tortengrafik. Eine Variante wird dabei gezeigt und Schritt für Schritt gemeinsam angelegt, die zweite Variante gestalten anschließend die Teilnehmer selbst. (Wiederholen Sie zwischendurch Aufgaben für die Formelerstellung.) Die Möglichkeiten mit dem Titelbereich oder dem Teilen des Fensters beflügeln die Teilnehmer anschließend besonders, ist es doch so etwas wie der Bericht aus der Trickkiste des *Excel*-Magiers. Mit der Schlussrunde und Ihrem Rückblick auf die beiden Kursnachmittage endet sodann der *Excel*-Kurs.

Softwareschulung mit mehreren Programmen

Ein ganz besonderes Beispiel stellt die nun geschilderte Softwareschulung dar. Die Probleme liegen im Detail und bedürfen neuer Lösungsansätze, die sich deutlich von anderen IT-Schulungen unterscheiden.

Die Softwareschulung

Das Problem bei dieser Art von Schulung liegt wie folgt. Sie möchten einer Teilnehmergruppe mehrere Programme vorstellen, so dass die Teilnehmer von möglichst vielen Programmen einen Eindruck gewinnen können. Dazu steht Ihnen zusätzlich nur ein begrenzter zeitlicher Rahmen zur Verfügung. Solche Anlässe könnten sein:

- Sie präsentieren auf einer Messe das Softwareangebot Ihrer Firma.
- Sie möchten einer Gruppe das Softwareangebot Ihres Verlages vorstellen.
- Eine Pressegruppe erhält einen Gesamtüberblick über Ihr Verlagssortiment.

Herkömmliche Schulungsmethoden versagen hier. Die Programme sind in der Regel so unterschiedlich, dass eine Einführung mit Vortrag und anschließender Übungsrunde scheitert. Wir haben an diesem Problem lange herumexperimentiert und verschiedene Varianten ausprobiert und wollen Ihnen hier nun eine mögliche Vorgehensweise vorstellen.

Der eigentliche Knackpunkt liegt ebenfalls hier wieder in der genauen Vorplanung und -arbeit. Für jedes Programm sollte eine genaue Anleitung bereitliegen, dass jeder auch noch so unbedarfte Einsteiger nach der Anleitung zu den gewünschten Stellen im Programm findet, um dort nun seine Übungen zu machen oder dort das Programm erkunden zu können. Anstelle der Anweisungen des Trainers tritt also die exakte Vorgehensbeschreibung. Diese muss dann neben den vorbereiteten

Rechnern, die mit der entsprechenden Software bespielt wurden, bereitliegen. Gerade bei Verlagssoftware tritt als zusätzliche Schwierigkeit eine besondere Einstellung der Bildschirmauflösung oder der Windows-Schriftgröße hinzu. Hier muss jedes einzelne Programm vorher installiert und getestet worden sein. Gegebenenfalls bietet es sich an, das Programmsymbol in die Desktopmitte zu platzieren und andere Bildschirmelemente zu löschen, damit die Teilnehmer sofort wissen, welches Programm zu starten ist. Nach der Erkundungsrunde muss vielleicht eine exakte Ausstiegsanleitung vorhanden sein, damit die nächste Gruppe mit den gleichen Startbedingungen beginnen kann.

Gehen wir von einer Größenordnung von 12 Programmen aus, die Sie auf 12 Rechnern installiert haben, und etwa 12 Teilnehmer, die drei Stunden Zeit mitbringen. Den größtmöglichen Nutzen ziehen die Teilnehmer aus Ihrer Veranstaltung, wenn sie jetzt möglichst viel selbst mit den Programmen umgehen. Hierzu bilden Sie Teams aus zwei Personen, die zu zweit ein Programm erkunden. Probleme im Umgang mit den Programmen können so unter Umständen gleich im Team gelöst werden, das entlastet Ihre Arbeit. Dank der Teambildung sind nur die Hälfte der Arbeitsstationen besetzt. Hat ein Team ein Programm getestet, kann es zu einer freien Arbeitsstation wechseln. Sind Ihre Softwareprodukte mit Sound oder akustischen Erklärungen versehen, so müssen allerdings zur Bearbeitung zwei Headsets an der Soundkarte angeschlossen sein. Über Weichen ist dies möglich. Nur so können beide Teilnehmer dem Programm gleichzeitig folgen.

Ihre Aufgabe als Trainer oder besser Präsentator liegt vor allem in der Vorbereitung! Während der Veranstaltung liegen Ihre Aufgaben in folgenden Bereichen:

- Begrüßung der Teilnehmer
- Erläuterung des Kursverlaufs/der Demonstration
- Zeitlichen Rahmen festlegen: Pausenzeiten – Schlussrunde
- Hilfestellung bei der Teambildung
- Hilfestellung während der Programmbearbeitung und Beratung bei der Softwareerkundung
- Leitung der Ausspracherunde
- Verabschiedung der Teilnehmer

Die Aufzählung zeigt schon die Tendenz der Veranstaltung, die Teilnehmer möglichst stark einzubinden. Nach der Erkundungsphase der Programme sollten die Teilnehmer die Möglichkeit haben, ihre Eindrücke zu den Programmen, ihre Empfehlungen oder Kritik den anderen Teilnehmern mitzuteilen. Hierzu eignet sich die Schlussrunde, die je nach Komplexität der Programme etwa 20 Minuten in Anspruch nehmen sollte. Selbst wenn nicht alle Teilnehmer in den Genuss kommen, alle Programme selbst zu testen, erhalten sie durch die Kritik der Kollegen wichtige Hinweise zu den nicht selbst getesteten Programmen. Neben den Arbeitsaufträgen können Sie weitere Informationen zu den Programmen bereitlegen, wie Prospektmaterial, Bezugsmöglichkeiten und Preise. Interessierte Teilnehmer werden diesen Service zu schätzen wissen.

Halten Sie sich nochmals vor Augen, dass dieser Kurstyp in etwa für einen zeitlichen Rahmen von drei Stunden mit einer Pause ausgelegt ist. Kürzere Zeiten genügen in der Regel nicht, um wenigstens einen groben Einblick in ein paar Programme zu bekommen. Bei längeren Zeiten wird diese Form der Präsentation leicht eintönig, und die Konzentration und Begeisterung der Teilnehmer lassen spürbar nach.

Zusammenfassung

- Inhalt und zeitlicher Rahmen eines IT-Kurses sollten gut aufeinander abgestimmt sein.

- Eine sachlogische Folge der Inhalte muss gewährleistet sein.

- Zeitliche Blöcke und inhaltliche Blöcke sollten wenn möglich miteinander kombiniert werden.

- Die Beispiele sind dazu gedacht, Ihnen sowohl einen zeitlichen Rahmen, die Vorgehensweise und didaktischen Überlegungen zu einem IT-Kurs aufzuzeigen.

- Beachten Sie dabei besonders den stufenweisen Aufbau der Multimedia-Schulung und das Heranführen an die komplexe absolute und relative Adressierung im *Excel*-Kurs.

Bei Softwareschulungen mit mehreren Programmen beachten Sie bitte:

- Softwareerkundungen oder Präsentationen bedürfen einer gründlichen Vorbereitung.

- In Teams können die Softwarestationen bearbeitet werden.

- Exakt vorbereitete Anleitungen müssen die Teilnehmer durch die Erkundung leiten.

- Der zeitliche Rahmen sollte etwa drei Stunden umfassen.

- Am Ende sollten die Teilnehmer eine Austauschmöglichkeit bekommen.

Modul 18
Vorwissen der Teilnehmer

Zielgenau den Kenntnisstand aller Teilnehmer zu treffen, ist ein nahezu unmögliches Vorhaben. Jedes Mal, wenn eine Schulung beginnt, werden Sie aufs Neue über die unterschiedlichen Vorkenntnisse Ihrer Teilnehmer überrascht sein und müssen sehr schnell Ihr Vorgehen dieser Situation anpassen. In diesem Modul wenden wir uns diesen Problemen der unterschiedlichen Voraussetzungen zu.

> **Lernen Sie**
> - unterschiedliche Voraussetzunge der Teilnehmer in Ihrer Planung zu berücksichtigen
> - mit weit auseinander klaffendem Vorwissen der Teilnehmer umzugehen
> - unterschiedlichen Voraussetzungen gerecht zu werden

18.1 Das Vorwissen im Gepäck Ihrer Teilnehmer

In jedem Kurs kommen die Teilnehmer mit unterschiedlichen Voraussetzungen. Natürlich ist mit Ihrem Kurs eine Ausschreibung verbunden, in der in der Regel die Vorkenntnisse, die von den Teilnehmern erwartet werden, aufgelistet werden. Manche Teilnehmer melden sich dennoch zu Kursen an, auch wenn ihnen die Basis weitgehend fehlt. Andere meinen, einen Grundkurs belegen zu müssen, um im Anschluss daran an einem Aufbaukurs teilnehmen zu können, obwohl sie das Wissen des Grundkurses schon längst beherrschen. Die Wissensspanne klafft oft weit auseinander. Achten Sie darauf, Ihre Inhalte, die offiziell im Curriculum ausgeschrieben sind, zu behandeln. Dennoch sollten Sie als Referent darauf achten, keinen der Teilnehmer zu benachteiligen, aber auch keinen zu bevorzugen. Der schwächste Teilnehmer sollte genauso zufrieden nach Hause gehen wie der beste. Dabei handelt es sich um eine anspruchsvolle Aufgabe, denn Sie müssen das richtige Niveau treffen.

Um einen ersten Eindruck vom Wissensstand Ihrer Teilnehmer zu erhalten, fragen Sie Ihre Teilnehmer nach deren Vorkenntnissen. Dies kann entweder schriftlich mit Hilfe eines Einschätzbogens geschehen, den Ihre Teilnehmer ausfüllen, oder in einem mündlichen Gespräch. Die Selbsteinschätzung und die wirklichen Kenntnisse können durchaus voneinander abweichen. Lassen Sie sich davon nicht verwirren. Den Teilnehmern fällt es häufig schwer, sich richtig einzuschätzen. Seien Sie nicht verwundert, wenn sich ein Teilnehmer in manchen Gebieten als Profi einstuft, tatsächlich aber die Kenntnisse nicht mitbringt. Ein umgekehrtes Phänomen kommt auch nicht selten vor. Teilnehmer, die ihr Wissen verdeckt halten, sich eher mäßig einstufen, im Verlauf des Kurses aber zeigen, welche Fähigkeiten und Fertigkeiten sie tatsächlich mitbringen.

Versuchen Sie anhand von Übungen, den wirklichen Wissensstand möglichst schnell herauszufiltern, denn dann können Sie Ihren Kurs auf das Niveau Ihrer Teilnehmer ausrichten.

Die Vorkenntnisse liegen weit auseinander

Wie gesehen, haben Sie Kursteilnehmer, deren Wissensstand stark divergiert. Sie können es nicht allen Teilnehmern recht machen. Der eine oder andere wird mit gemischten, vielleicht unzufriedenen Gefühlen nach Hause gehen. Stellen Sie sich einen Kurs vor, bei dem der schwächste Kursteilnehmer kaum die Basisvoraussetzung mitbringt, Sie zusätzlich einen Profi mit im Kurs haben. Zunächst scheint es unmöglich, die beiden Personen auf den gleichen Wissensstand zu bringen. Probieren Sie es erst gar nicht, Sie werden scheitern. Der schwächste Teilnehmer wird nicht in der Lage sein, seine Defizite in einem Kurs aufzuholen. Ihre Aufgabe ist es, den Kurs so zu gestalten, dass beide Teilnehmer davon profitieren. Sie können dem schwächsten Teilnehmer verstärkt Hilfestellung geben, aber nur in dem Maße, wie es Ihr Kursverlauf erlaubt. Die anderen Teilnehmer dürfen darunter nicht leiden, schließlich haben auch sie Geld ausgegeben, um Ihren Kurs zu belegen. Den besten Teilnehmer müssen Sie „unter Kontrolle" haben, so dass er bei Kursgesprächen nicht sofort die Lösung verkündet und die anderen Teilnehmer nach kurzer Zeit Ihre eigenen geistigen Aktivitäten einstellen, da ja das Ergebnis sowieso gleich von dem besten Teilnehmer erbracht wird. Geben Sie Ihrem besten Kursteilnehmer Arbeitsaufträge mit anderen Aufgaben, so dass dieser sich mit anderen, für ihn neuen Fragestellungen beschäftigt. Auch er muss nach dem Ende des Kurses das Gefühl haben, etwas gelernt zu haben. Differenzieren Sie also!

Die Vorkenntnisse sind zu gering

Stellen Sie sich vor, Sie haben einen Kurs mit Teilnehmern, die alle durch die geringen Vorkenntnisse eigentlich nicht in den Kurs gehören. Natürlich könnten Sie sich auf die Ausschreibung berufen, den Kurs wie geplant durchführen und keine Rücksicht auf Ihre Teilnehmer nehmen. Schnell werden aber Ihre Teilnehmer frustriert sein, und Sie als Referent auch. Daher müssen Sie flexibel sein und vom ursprünglich geplanten Konzept abweichen. Teilen Sie Ihren Teilnehmern offen mit, dass Sie von denen in der Kursbroschüre angegebenen Inhalten abweichen, da die nötigen Grundkenntnisse fehlen. Mit einer offenen Aussprache kann Ihnen kein Teilnehmer später den Vorwurf machen, Sie hätten das Kursziel verfehlt, indem Sie die Inhalte nicht vermittelt haben. Nehmen Sie in einer solchen Situation lieber weniger Kursinhalt durch und holen die Grundkenntnisse nach. Ihre Teilnehmer werden mehr lernen, als wenn Sie starr an Ihrem Kurskonzept hängen.

Hinzu kommt, dass ansonsten einige Teilnehmer sich überfordert fühlen und so ganz abschalten. Dies würde der Stimmung im Kurs noch weiter abträglich sein.

Die Vorkenntnisse sind zu gut

Nach einer kurzen Einführungsphase erkennen Sie, dass die Selbsteinschätzung Ihrer Teilnehmer nicht stimmt, sie statt geringer bzw. mittelmäßiger Kenntnisse sich fundiert in der Kursmaterie auskennen. Jetzt sind Sie auch mit Ihrem Wissen gefordert. Kennen Sie sich gut in der Materie aus, können Sie Ihren Teilnehmern andere, für Sie bisher noch nicht vertraute Lösungswege anbieten oder aber Teile eines weiterführenden Kurses durchnehmen, sofern es die Infrastruktur zulässt. Haben Sie nicht die Möglichkeit, so müssen Sie Ihr ursprünglich geplantes Konzept durchnehmen und hoffen, dass die Teilnehmer Sie am Schluss nicht mit schlechten Rückmeldebögen bestrafen. Selten haben Sie einen Kurs, in dem sich alle Teilnehmer durch fundierte Kenntnisse auszeichnen, aber es kann vorkommen. Seien Sie sich dieser Situation bewusst und versuchen Sie sich von vornherein gut in die Kursmaterie einzuarbeiten. Schauen Sie auch bei der Vorbereitung nach links und rechts, so wissen Sie in der Regel mehr als Ihre Teilnehmer und kommen auch mit sehr guten Teilnehmergruppen zurecht.

Zusammenfassung

- Gewinnen Sie möglichst schon in der Vorstellungsrunde ein Bild über den Kenntnisstand Ihrer Teilnehmer.

- Versuchen Sie nicht, in Ihrem Kurs alle Teilnehmer auf einen Stand zu bringen. Gestalten Sie den Kurs so, dass alle Teilnehmer vom Kurs profitieren.

Teil III
Phase der
Nachbereitung

Aus den hier gemachten Erfahrungen können Sie viel Kapital für Ihre nächsten EDV-Kurse schlagen. Daher sollten Sie am Ende eines Kurses über Ihre Leistung als Trainer reflektieren und die Teilnehmer nach ihrer Meinung fragen. Nur so können Sie erfahren, welche Aspekte des Unterrichts als positiv, welche als negativ empfunden wurden. Und nur so können Sie aus Fehlern lernen. Denken Sie daran: Nach dem Kurs ist schon wieder vor dem Kurs! Nutzen Sie diese Zeit zur Optimierung Ihrer Trainerpersönlichkeit.

Modul 19
Auswertungsbögen

Etwas Schreibarbeit zum Schluss stellt der Auswertungsbogen dar. Er bringt Ihnen die Rückschlüsse, die Ihnen eine Schlussrunde allein nicht liefert. Nehmen Sie sich Zeit für die Gestaltung und Auswertung der Bögen. Durchdenken Sie im Vorfeld genau die für Sie wichtigen Kriterien und bleiben Sie möglichst bei dem gleichen Bogen. Umso schneller wird zukünftig ein erstes Durchsehen der Blätter Ihnen ein objektives Bild von der Zufriedenheit Ihrer Teilnehmer vermitteln.

> **Lernen Sie**
> - Rückmeldebögen zu erstellen
> - Informationen aus den Rückmeldebögen zu nutzen
> - Rückmeldebögen zu gestalten
> - gezielt Informationen zu erhalten
> - unterschiedliche Rückmeldungen zu verstehen und auszuwerten

19.1 Der Sinn hinter den Auswertungsbögen

Zu jeder Schulung gehören Auswertungsbögen, die den Schulungserfolg bzw. -misserfolg dokumentieren. Auch wenn Ihr Auftraggeber von Ihnen keinen Bewertungsbogen einfordert, sollten Sie für sich eine Schlussbefragung durchführen. Zum einen sind Feedbackbögen für Sie als Trainer höchst interessant. Manche Teilnehmer schreiben offen und ehrlich auf die Bögen, was sie gut bzw. nicht so gut fanden. Einige geben auch konstruktive Kritik, die Sie u.U. in Ihre nächste Schulung mit aufnehmen, wodurch Sie Ihre Schulung weiter optimieren können. Zum anderen sind die Bewertungsbögen bei möglichen Streitigkeiten von außerordentlicher Bedeutung. War ein Teilnehmer unzufrieden und beschwert sich zu einem späteren Zeitpunkt beim Schulungsträger, so können die ausgefüllten Bewertungsbögen als Gegenbeweis dienen, wenn die überwiegende Anzahl der anderen Schulungsteilnehmer sich zufrieden über Ihre Schulung geäußert haben.

Die Bewertungsbögen sollten nicht nur Sie als Trainer zum Inhalt haben, sondern auch die Schulungsräumlichkeiten oder die Schulungsmaterialien (Präsentationen, sofern möglich, die Schulungsunterlagen) können beurteilt werden.

Erstellen Sie selbst Ihre Bewertungsbögen, achten Sie auf eine Skala von 1 bis 4. Bei einer Skala von 1 bis 5 kreuzen viele Teilnehmer aus Bequemlichkeit den Mittelwert, die 3 an. Fordern Sie Ihre Teilnehmer zu einer Bewertung heraus und verwenden Sie aus taktischen Gründen die Skala 1 bis 4. Häufig entscheiden sich dann die Teilnehmer eher für den positiven Bereich, was Ihrer Bewertung förderlich ist.

Neben den Bewertungen in anzukreuzenden Kästchen sollte den Teilnehmern die Möglichkeit zu einer eigenen Stellungnahme geboten werden. Ermöglichen Sie dies durch einen Fragenkatalog, den Sie zur Beantwortung mit Linien versehen. So kann jeder Teilnehmer selbst die ihn betreffenden Kommentare hinzufügen.

> **Hinweis:** Achten Sie auf eindeutige Fragestellungen. Unklare Fragen führen zu Verwirrung und Nichtbeantwortung.

In einer Schulung gibt es in aller Regel immer irgendetwas zu kritisieren. Möchten Sie am Ende der Schulung nicht mit einem Pauschalurteil dastehen, können Sie Ihre Teilnehmer zu einer fundierten offenen Kritik herausfordern. Machen Sie mit Ihren Teilnehmern eine mündliche Feedbackrunde. Bitten Sie um konstruktive Kritik, was Sie in Ihrem Kurs zukünftig besser machen können. Sie werden sich wundern, welche unterschiedlichen Gesichtspunkte Ihre Teilnehmer nennen, die Sie als hilfreiche Anregungen in Ihre nächste Schulung übernehmen können. Lassen Sie diese verbale Rückmeldung mit den schriftlichen Rückmeldungen zu einem Gesamtbild verschmelzen.

Die Fragebögen sollten am Ende des Kurses, frühestens in der letzten Pause, den Teilnehmern ausgehändigt werden und (in der Regel) anonym zum Kursende an Sie zurückgegeben werden. Teilen Sie die Blätter früher aus, kann dies vom Kursgeschehen ablenken, wenn Teilnehmer schon früher die Blätter ausfüllen. Außerdem wird so nicht der gesamte Kurs, sondern nur der Ausschnitt bis zum Ausfüllen der Blätter gewürdigt. Um die Anonymität zu wahren, lassen Sie die Bögen auf Ihrem Referententisch sammeln. Die Teilnehmer werden selbst die Bögen der Nachbarn mitnehmen, wodurch zusätzlich eine gewisse Anonymität der Teilnehmer gewahrt bleibt.

Der erste Eindruck

Nach einem IT-Kurs brauchen Sie vielleicht zunächst etwas Entspannung und Abstand. Die Neugier, wie Sie und Ihr Kurs ankamen, wird Sie dennoch dazu bewegen, die Rückmeldungen durchzusehen. Nach dem ersten Durchblättern des Rückmeldestapels haben Sie diesen ersten Eindruck bekommen und können erst mal abschalten. Ein ausführliches Durcharbeiten der Rückmeldungen sollte sich dennoch alsbald anschließen.

19.2 Gestaltung der Bögen

Nehmen Sie sich für die Gestaltung der eigenen Rückmeldebögen etwas Zeit, wenn Ihre Firma nicht auf standardisierte Bögen Wert legt. Der Rückmeldebogen stellt ebenfalls eine Visitenkarte von Ihnen und Ihrer Firma dar.

Tipps zum Gestalten der Rückmeldebögen

Nehmen Sie die folgenden Punkte als Anregung für die Gestaltung Ihrer Rückmeldebögen oder als Anlass, bestehende Formulare kritisch zu reflektieren.

- **Der leere Raum:**
  Erschlagen Sie Ihre Teilnehmer nicht mit vollgefüllten Formularen, lassen Sie dem Auge etwas Platz und Raum und gestalten Sie mit Linien die Struktur Ihres Bogens.

- **Zwei Seiten reichen:**
  Das Ausfüllen der Formulare darf nicht den Umfang einer wissenschaftlichen Dissertation erreichen. Ein Blatt mit Vorder- und Rückseite sollte genügen.

- **Corporate Identity:**
  Nutzen Sie den Rückmeldebogen als Werbeträger Ihres Unternehmens und platzieren Sie das Firmenlogo an herausragender Stelle.

- **Die Schrift:**
  Verwenden Sie eine klare, gut leserliche Schrift (Arial, Verdana) in einer Punktgröße nicht unter 12 Punkten, um Leseprobleme bei den Teilnehmern zu vermeiden.

- **Lehrgangsdaten:**
  Zur Vermeidung von Verwechslungen sollte im Kopf des Rückmeldebogens Platz für die Lehr-

gangsdaten sein. IT-Kurstitel und Datum können entweder schon ausgedruckt oder zum handschriftlichen Einfügen in Leeräume vorgesehen sein.

- **Gesamturteil:**
Geben Sie gleich am Anfang oder ganz zum Schluss die Möglichkeit für den Gesamteindruck von Ihrem Training. Oft reicht schon ein Blick auf diese Rückmeldespalte, eine differenziertere Sicht schaffen die weiteren Fragenkomplexe.

- **Weniger ist mehr:**
Üben Sie Zurückhaltung bei den Fragen und vermeiden Sie Fragen, die einander ähneln. Reduzieren Sie lieber die Anzahl der Fragen auf die Ihnen wesentlichen Punkte. Der Ausfüllvorgang wird dadurch beschleunigt, und die Zufriedenheit der Teilnehmer bleibt gewahrt.

- **Textrückmeldungen mit Linien:**
Haben Sie Platz für frei formulierte Rückmeldungen vorgesehen, so ist es durchaus sinnvoll, diese mit Linien in handschriftgemäßem Abstand vorzugeben; die Kommentare werden lesbarer, wenn der Schreiber eine Orientierungslinie hat.

- **Dank:**
Am Ende des Formulars sollte der Dank für das Ausfüllen der Rückmeldung stehen. So wie Sie verbal sich für die Rückmeldungen bedanken, ist diese Geste bei der schriftlichen Rückmeldung ebenfalls angebracht.

- **Ausblick:**
Nutzen Sie die Rückmeldungen für Ihre Aktivitäten und die Ihrer Firma. Fragen Sie nach weiterem Kursbedarf oder bieten Sie Kurse Ihres Unternehmens an, und die Teilnehmer kreuzen an, an welchen Kursinhalten Interesse besteht.

19.3 Auswertung

Der Kurs geht zu Ende, und Sie benötigen die Rückmeldungen in verschiedener Form. Machen Sie sich ein Bild aus den verbalen und schriftlichen Rückmeldungen zu Ihrem Kurs.

Die Rückmeldungen

Die ersten Rückmeldungen erhalten Sie verbal in der Schlussrunde. Diese Runde gibt Ihnen die Möglichkeit, nochmals kurz auf Kritikpunkte einzugehen, auch wenn Sie dies möglichst vermeiden sollten, schließlich sind die Kursteilnehmer während Ihres gesamten Kurses zu ihrer Meinung gelangt und lassen sich kaum durch eine Zurechtrückung Ihrerseits davon abbringen. Nutzen Sie stattdessen diese Runde, um eine externe Sicht Ihres Kurses zu bekommen. Am Klang der Worte, der Gestik und Mimik erhalten Sie zusätzliche Informationen, die bei einer schriftlichen Rückmeldung verloren gehen. Durch das direkte Gegenüber von Kritiker und zu kritisierender Person sind die Kritiken oft deutlich gemäßigter als deren schriftliche Variante.

Eine hilfreiche Form, um schnell verbale Rückmeldungen zu bekommen, ist das Blitzlicht. In maximal einem Satz äußert der Teilnehmer, was er zu dem Kurs anmerken möchte. Sie erhalten in komprimierter Form die Eindrücke der Teilnehmer zusammengefasst wieder und gewinnen ein ziemlich deutliches Bild darüber, wie Ihr Kurs ankam.

> **Hinweis:** Bedanken Sie sich nach der Rückmelderunde für die Kritik. Das mag zwar am Anfang schwer fallen, zeigt den Teilnehmern jedoch, wie ernst es Ihnen mit den Rückmeldungen war.

Für die schriftlichen Rückmeldungen gilt als kleine Hilfe, immer die gleichen Rückmeldebögen zu verwenden. Dann genügt Ihnen im Bereich der anzukreuzenden Rückmeldepunkte ein kurzes Blättern, um zu wissen, wie Ihr Kurs bei den Teilnehmern ankam. Davon unbenommen sind ab und zu „Ausreißer"; das sind Kurse, bei denen die Rückmeldungen einfach nicht mit dem von Ihnen erlebten Kursverlauf übereinstimmen. Das passiert zwar selten, doch sollten Sie darauf vorbereitet sein. Im Regelfall geben die angekreuzten Rückmeldungen durchaus ein grobes Bild über den Kurs, was durch die verbalen Rückmeldungen noch verstärkt wird.

Die angekreuzten Rückmeldungen helfen schnell einen Überblick über den Kurs zu gewinnen, wenn sie die eingetragenen Kreuze in eine Strichliste übertragen und schließlich auf einem Blatt zusammenfassen. Wir haben für Sie eine Rückmeldebogenanalyse ausgefüllt:

Rückmeldebogen

Thema des Trainings: *CorelDRAW*-Einsteigerkurs

Vom: 06.02. - 08.02.

Gesamturteil

	sehr gut	gut	zufriedenstellend	nicht zufriedenstellend
Das im Training erreichte Ergebnis halte ich für	6	5	1	

Trainingsurteil

Der Informationsgehalt des Trainings war für mich	7	5		
Die Teilnehmerorientierung empfand ich als	5	6	1	
Die Umsetzung der Trainingsinhalte an meinem Arbeitsplatz betrachte ich als	8	4		
Die Kursatmosphäre empfand ich als	10	2		
Die erhaltenen Trainingsunterlagen finde ich	4	6	1	
Die Methoden der Vermittlung waren	6	4	2	
Den Medieneinsatz halte ich für	8	4		
Die Kursleitung war	10	2		

Die räumlichen Voraussetzungen

Die Lehrgangsorganisation empfand ich als	6	3	3
Der Computer- und Schulungsraum erfüllte seine Aufgaben	10	2	
Die Pausengestaltung war	4	5	3

Die Rückmeldungen bestätigen zunächst eine gute Trainerleistung, die Zufriedenheit mit der Kursgestaltung und dem Schulungsraum, jedoch spüren Sie Unzufriedenheit mit der Pausengestaltung, und auch die Organisation des Kurses bedarf einer kritischen Reflexion.

Lesen Sie jetzt, was die Teilnehmer Ihnen noch mitteilen möchten. In diesem Bereich versteckt sich oft Lob für den Trainer, aber auch Kritik, die ziemlich genau zu lokalisieren ist. Zwar werden Ihnen hier höchst subjektive Empfindlichkeiten seitens der Teilnehmer begegnen, aber im Allgemeinen erfahren Sie viel über Ihren Kurs und finden hier den echten Pool für zukünftige Verbesserungen.

Häufig bilden die Rückmeldebögen auch für Ihre Auftraggeber eine Kontrolle über Ihre Trainerleistung. Ergänzen Sie deshalb die Rückmeldungen der Teilnehmer an jenen Stellen, die Ihnen sinnvoll erscheinen mit Kommentaren, die Ihre Sicht zu diesen Punkten verdeutlicht. Nutzen Sie diese Möglichkeit, um ungerechtfertigte Kritik zu entkräften und so Ihre Trainerstellung zu sichern.

Neben dieser formalen Handhabung der Rückmeldungen sollten die Rückmeldungen einen Prozess in Ihnen auslösen. Wir werden in Modul „Umgang mit Feedback" auf das weitere Vorgehen mit dem Feedback zurückkommen.

Zusammenfassung

- Die Rückmeldebögen sollten Fragen zum Kurs, Schulungsräumlichkeiten und Kursmaterialien enthalten.

- Den Teilnehmern sollte auf den Rückmeldebögen Platz für persönliche Anmerkungen zum Kurs gegeben werden.

- Fragen, die durch Ankreuzen ausgefüllt werden, sollten keine mittlere Spalte enthalten, die aus Bequemlichkeit angekreuzt wird.

- Die Fragebögen sollten frühestens in der letzten Pause vor dem Kursende ausgeteilt werden und anonym am Kursende eingesammelt werden.

- Nehmen Sie sich Zeit für die Gestaltung der Rückmeldebögen und nutzen Sie diese Bögen in Ihrem Sinne.

- Überfrachten Sie die Bögen nicht, sondern beschränken Sie sich auf wichtige Punkte und den Dank für die Mitarbeit.

Zusammenfassung

- Rückmeldungen sollten Sie sowohl verbal als auch schriftlich bei den Teilnehmern einholen.

- Ergänzen Sie die Rückmeldungen der Teilnehmer an jenen Stellen, an denen Ihre Sicht des Kursverlaufs ein anderes Bild widerspiegelt.

Modul 20

Umgang mit Feedback

Lernen Sie

- unterschiedliche Rückmeldungen zu verstehen und gewinnbringend für zukünftige Kurse einzusetzen
- von den Rückmeldungen zu profitieren

Der Kurs ist vorbei, die Teilnehmer sind abgereist, und die Rückmeldungen liegen Ihnen vor. Neben der Erleichterung über das Kursende kreisen Ihre Gedanken aber immer noch um den Kurs. Nutzen Sie diese Stimmung für den dritten Teil Ihrer Arbeit, die Kursauswertung. Sie gibt Ihnen wichtige und frische Anregungen über den vergangenen Kurs und dient so gleichzeitig als wertvolle Vorbereitung für den kommenden Kurs.

20.1 Der Umgang mit Rückmeldungen

Die verbale Feedback-Runde gibt Ihnen die direktesten Rückmeldungen der Teilnehmer. Die im Abschnitt „Auswertung" im Modul 19 geschilderte Blitzlichtmethode bildet dazu eine ausgezeichnete Grundlage. Sie erfordert von Ihnen die Fähigkeit, zuzuhören und nicht alle Äußerungen zu kommentieren. Nehmen Sie sich zurück, hören Sie zu. Selbst wenn Sie an vielen Stellen jetzt gerne etwas anmerken möchten, weil es aus Ihrer Sicht ganz anders gelaufen ist. Bedenken Sie, die Teilnehmer haben sich ihre Meinung während des ganzen Kurses gebildet. Für Sie ist dieser Moment zu spät, alles zurechtrücken zu wollen. Jetzt heißt es vorauszublicken und beim nächsten Kurs derartige Missverständnisse im Vorfeld zu klären!

> **Hinweis:** Kritik in Feedback-Runden lässt sich in der Schlussrunde nicht ausmerzen. Diese Punkte gilt es beim nächsten Kurs einfach zu vermeiden!

Die angekreuzten Punkte der Rückmeldebögen geben über die einzelnen Kriterienfelder einen guten Überblick. Notwendigkeiten für Verbesserungen lassen sich hier gut ablesen. Anders mit den verbalen Beurteilungen, die doch den Kursverlauf und die eigene Person betreffen. Diese persönliche Betroffenheit ist ein Kernproblem der Rückmeldungen. Wenn Sie selbst das Feedback bekommen, erfordert dies eine ungeheure Disziplin, dies nicht als Kritik an der eigenen Person abzulehnen, sondern als Chance für die eigene Weiterentwicklung anzunehmen. Diese Hürde muss im Kopf erst überwunden werden.

Hinweis: Sehen Sie Feedback nicht als Kritik an Ihrer Person, sondern als Chance für die persönliche Weiterentwicklung!

Neben dieser persönlichen Hürde gibt es ein weiteres Problem, nämlich sich die Zeit für die Rückmeldungen zu nehmen, um daraus Strategien und Vorgehensweisen für die kommenden Kurse zu gewinnen. Je nach Tendenz der Rückmeldungen müssen Sie planerische Hand anlegen, um die Kritikpunkte zu berücksichtigen. So könnten Sie

- beim Kritikpunkt: Vorgehensweise im Kurs war unstrukturiert → in der nächsten Kursplanung den roten Faden genauer herausarbeiten und visualisieren;
- beim Kritikpunkt: Teilnehmergruppe war zu inhomogen → stärkere Differenzierungsmöglichkeiten für die Übungsphase einplanen;
- beim Kritikpunkt: Trainer hat die Teilnehmer überfordert → langsameres Vorgehen und durch ständige Kontrollfragen begleitetes, reduziertes Kursangebot ausarbeiten.

So lässt sich das Feedback als Kreislauf betrachten, der die Optimierung des Kurses und Ihrer Trainerleistung als Ziel hat:

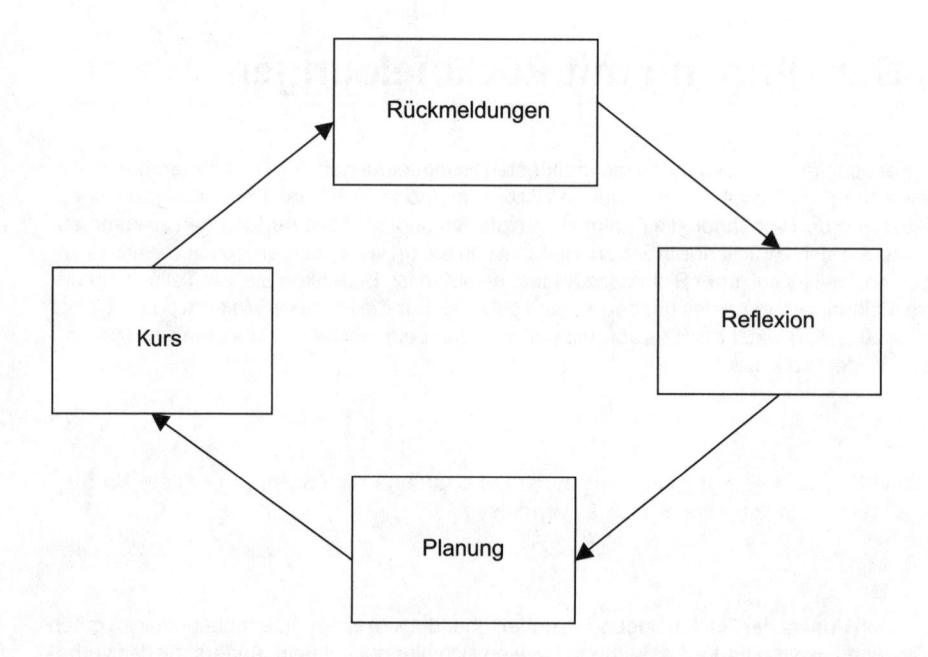

```
        Rückmeldungen
       ↗             ↘
    Kurs            Reflexion
       ↖             ↙
         Planung
```

Wie Sie sehen, fließen die Kritikpunkte direkt in die Vorbereitung der kommenden Kurse ein. Sie sind also ständig dabei, Ihre Kurse zu reflektieren und anschließend zu optimieren. Neben der gewonnenen Routine sind dies die Garanten für einen langjährigen hohen Kurserfolg. Wer seine Rückmeldungen nicht ernst nimmt, wird schnell in seinen Leistungen als Trainer schlechter werden. Neben der didaktischen Komponente gehört zu einer permanenten Optimierung auch die ständige fachliche Weiterbildung. Kein anderer Bereich ist so permanent von Neuerungen betroffen wie der EDV-Sektor. Wollen Sie auch morgen noch erfolgreich IT-Kurse abhalten, muss die ständige Weiterqualifizierung durch Schulungen und Lektüre einschlägiger Fachzeitungen und Fachbücher Ihr Ziel sein.

Neben der Übernahme des Feedbacks in die eigene Kursvorbereitung steht allerdings bei größeren Schulungsfirmen auch der kollegiale Austausch. Warum das Rad zweimal erfinden? Jeder kann von den Erfahrungen der Kollegen profitieren. Regen Sie Veranstaltungen zum Erfahrungsaustausch an, sofern diese nicht schon in die Unternehmensphilosophie Ihres Hauses integriert sind, und gewinnen Sie durch Erfahrungsaustausch für sich selbst hinzu.

Zusammenfassung

✓ Das Feedback der Rückmeldungen gibt Ihnen die Planungsgrundlage für weitere Kurse.

✓ Feedback wirkt wie ein Regelkreis auf die Optimierung Ihrer Kurse.

✓ Ohne ständige Anpassung an die Gegebenheiten machen Sie als Trainer Rückschritte.

✓ Zur fachlichen Weiterbildung gehören der ständige Besuch von Schulungen und die Lektüre einschlägiger Fachliteratur und Zeitschriften.

Anhang

Checklisten

Hier im Anhang finden Sie Listen zum Kopieren, Ausfüllen oder lediglich als Anregung für eigene Vorlagen. Nehmen Sie die Beispiele vor allem bei Ihren ersten Trainings als Orientierungsgrundlage.

Die Vorbereitungsliste

Haben Sie an alles gedacht? Die Checkliste hilft Ihnen an alles zu denken, bevor es mit dem Training los geht!

Didaktische Liste

Nach der Vorbereitung können Sie anhand der Liste Ihre Kursplanung nochmals durchgehen und reflektieren, welche Punkte Sie schon im Vorfeld nochmals umplanen oder anders gestalten könnten.

Eine Überblicksliste über die verwendeten Sozialformen ergänzt die Aufzählung und erlaubt die Kontrolle, ob auch ausreichender Wechsel der Sozialformen gegeben ist.

Die Trainingsbeobachtungsliste

Mit der Beobachtungsliste gehen sie in die Veranstaltung und tragen dorthin jene Dinge ein, die Ihnen am Unterricht auffallen. Vermerken Sie zudem die Zeit und tragen Sie gegebenenfalls hier schon bei den Bemerkungen die anzusprechenden Punkte ein.

Die Kriterienliste für die Trainingsbeobachtung

Diese Kriterienliste sollte dem zu begutachtenden Trainer bekannt sein. Sie enthält jene Kriterien, die Ihnen für ein IT-Training bedeutsam erscheinen, die Sie während und kurz nach dem beobachteten IT-Training ausfüllen und Ihnen sowohl als Gesprächs, als auch als Bewertungsgrundlage dienen kann. Genauso eignet sich diese Liste für eine Selbstreflexion gehaltenen Trainings.

Diese Liste kann nur als Beispiel dienen, sind doch die Vorgaben für die IT-Trainings sehr verschieden. Muss für das eine Training kein Konzept und Trainingsmaterial vorbereitet werden der Trainer sich also möglichst genau an die Vorgaben halten, so kann dies bei einem anderen Training sehr wohl einen wesentlichen Teil des Trainigs ausmachen, wenn ein eigenes Konzept mit Trainingsmaterial selbst erstellt werden muss.

Medienliste

In der Medienliste tragen Sie den Kursverlauf ein und die benötigten Medien. Machen Sie sich Kreuze, wann Sie welches Medium verwenden. Es hilft Ihnen an alles zu denken und stellt gleichzeitig eine Kontrolle dar, ob Sie für genügend Abwechslung bei der Medienwahl gesorgt haben.

Vorbereitung

Informationsbeschaffung

Zu beachtende Punkte	ok
Ist geklärt, wo sich die Toiletten befinden?	
Ist geklärt, wie ist die Kaffee- oder Mittagspause organisiert wird?	
Ist geklärt, so sich der Systembetreuer und Hausmeister befindet?	

Raumvorbereitung

Zu beachtende Punkte	ok
Raum lüften	
Skripte auslegen	
Namesschilder verteilen	
Wegweiser ausgedruckt und aufgestellt	
Für Ordnung im Raum sorgen	
Eventuell Raum geschmückt?	
Raum gelüftet	
Benötigte Medien auf Funktion und Vollständigkeit testen	
Stifte für Overhead und Flipchart prüfen	

EDV-Vorbereitung

Zu beachtende Punkte	ok
Datenstruktur im Netz geklärt?	
Sind die Internetmöglichkeiten ausgelotet?	
Ist die Rechnerleistung für die benötigten Programme ausreichend?	
Notwendige Programmen und Daten installiert?	
Beamer und Computer testen	
Teilnehmer-PCs problemlos hochgefahren?	
Laserpointer liegt griffbereit?	
Evtl. Musik-CD eingelegt?	

Sonstiges:

Didaktische Vorbereitung

Teilnehmerorientierung

Zu beachtende Punkte	Bemerkung
Welche Informationen haben Sie über die Zielgruppe?	
Sind die Aufgaben und das Vorgehen an die Gruppe angepasst?	
Was kann sonst noch alles vororganisiert werden?	

Skripterstellung

Zu beachtende Punkte	Bemerkung
Ist das Skript dem Kursverlauf angepasst?	
Liegt das Skript in ausreichender Anzahl vor?	

Planungsunterlagen

Zu beachtende Punkte	Bemerkung
Ist Ihre Kursplanung geschrieben und liegt sie gut handhabbar vor?	
Sind die weiteren Medien vorbereitet?	

Didaktisch-methodische Reflexion

Zu beachtende Punkte	Bemerkung
Steht das Konzept für den Kurseinstieg? (Wie lautet Ihr erster Satz?)	
In welcher Form ist eine Vorstellungsrunde notwendig?	
Sind die Einführungsphasen folgerichtig aufeinander aufgebaut?	
Findet ein Wechsel in der Vortragsform statt?	
Wie erfolgt die Motivation der Teilnehmer zu den einzelnen Phasen?	

Baut sich der Lernprozess folgerichtig aufeinander auf?

Welches Vorgehen unterstützt die Anordnung des Schulungsraums?

Sind die Übungen abwechslungsreich gestaltet und welche Möglichkeiten des Übens bieten sich alternativ an?

Bieten die Übungen Differenzierungsmöglichkeiten für unterschiedliche Teilnehmervoraussetzungen an?

Ist genügend Zeit für die Übungsphasen vorhanden?

Wie erfolgt die Lernzielkontrolle?

Wie ist das Ende des Trainings gestaltet?

Zusatzmaterial

Zu beachtende Punkte	Bemerkung
Sind die Rückmeldebögen kopiert?	
Liegen zusätzliche Werbematerialien, Reisekostenanträge, etc. bereit?	

Sonstiges:

_____

_____

_____

Unterrichtssequenz	Vortrag	Eigenes Entdecken	Vorgefertigte Lernsequenzen	Lernen durch Zielvorgaben	Expertenlernen	Stationenlernen	Rote Faden-Methode	Gruppenarbeit	Diskussion	Projektmethode

Trainingsbeobachtungsliste

Trainer: _____

Datum: _____ Ort: _____

Thema der Schulung: _____

Zeit	Inhalte	Bemerkungen

Gesamt

Kriterienliste

Vorbereitung

Zu bewertende Punkte	Bemerkung	++	+	0	-	--
Aufbereitung des Stoffs						
Unterrichtsmaterial						
Seminarorganisation						
Fach- und Computerwissen						

Kursverlauf

Zu bewertende Punkte	Bemerkung	++	+	0	-	--
Vermittlung der Inhalte						
Aufbereitung der Inhalte						
Abwechslungsreiche Gestaltung						
Gestaltung der Übungsphasen						
Differenzierungen bei den Übungen						
Gestaltung des zeitlichen Rahmens						
Nachhaltigkeit						

Teilnehmerorientierung

Zu bewertende Punkte	Bemerkung	++	+	0	-	--
Eingehen auf Teilnehmer						
Hilfestellungen am PC der Teilnehmer						
Auftreten vor der Gruppe						
Rhetorische Ausdrucksfähigkeit						
Körpersprache						

Medieneinsatz

Zu bewertende Punkte	Bemerkung	++	+	0	-	--
Umgang mit dem Computer						
Einsatz von Medien						
Lesbarkeit/Gestaltung/Nutzen der Medien						

Sonstiges: _____

_____

_____

_____

Rückmeldebogen

Thema des Trainings: _____

Vom: _____

Gesamturteil

	sehr gut	gut	zufrieden-stellend	nicht zufrieden-stellend
Das im Training erreichte Ergebnis halte ich für				

Trainingsurteil

Der Informationsgehalt des Trainings war für mich

Die Teilnehmerorientierung empfand ich als

Die Umsetzung der Trainingsinhalte an meinem Arbeitsplatz betrachte ich als

Die Kursatmosphäre empfand ich als

Die erhaltenen Trainingsunterlagen finde ich

Die Methoden der Vermittlung waren

Den Medieneinsatz halte ich für

Die Kursleitung war

Die räumlichen Voraussetzungen

Die Lehrgangsorganisation empfand ich als

Der Computer- und Schulungsraum erfüllte seine Aufgaben

Die Pausengestaltung war

Wünsche

Zu folgenden Inhalten wünsche ich mir weitere Trainings:

Wünsche

Zu folgenden Inhalten wünsche ich mir weitere Trainings:

_____

Eigene Ergänzungen:

Positiv empfand ich:

_____

_____

_____

Geändert hätte ich gerne:

_____

_____

_____

Alles, was noch zu sagen wäre:

_____

_____

_____

Das Trainingsteam der Firma „Mustermann-EDV-Training" bedankt sich für Ihre Rückmeldungen und hofft, Sie bald wieder in einem unsere IT-Trainings begrüßen zu dürfen!

Medienübersicht

Unterrichtssequenz	Beamer	Flipchart	Metaplan	Datei	Skript	Overhead	Mastereye	Whiteboard	Mindmaps	Internet

Glossar

Artikulation des Unterrichts

In diesem Zusammenhang hat der Begriff *Artikulation* nichts mit Aussprache zu tun sondern mit der Gliederung einer Lerneinheit in verschiedene Abschnitte. Den Begriff in diesem Zusammenhang prägte der Pädagoge Heinrich Roth.

Blitzlicht

Während eines Kursverlaufs versteht man darunter eine Rückmelderunde, bei der jeder Teilnehmer in einer ganz kurzen Stellungnahme auf eine Frage antwortet, ohne dass diese Rückmeldung kommentiert wird. Das kann die Fragestellung sein: „Wie fühlen Sie sich gerade?" – „Welche Inhalte kamen Ihnen bislang zu kurz?" – „Wie hat Ihnen der Kurs gefallen!"

Computer Based Training

Bei Computer Based Trainings, auch kurz CBTs genannt, handelt es sich um Lernsoftware auf CD-ROM, mit der Interessierte ein Software-Produkt erlernen können. Die zu erlernende Software kann so simuliert werden, dass sie nicht auf dem Rechner installiert sein muss.

Corporate Identity

Um den Widererkennungseffekt einer Firma zu steigern, werden Briefbögen, Fahrzeugaufdrucke, Faxvorlagen, Produktschilder und vieles mehr mit dem gleichen Firmenlogo und der gleichen Aufmachung bedruckt.

Didaktisches Dreieck

In der Pädagogik versteht man unter dem Didaktischen Dreieck das Zusammenwirken von Inhalt, Lehrerpersönlichkeit und zu unterrichtende Personen. Für das IT-Training haben wir diesen Begriff angepasst und auf ein Didaktisches Viereck erweitert.

Feedback

Die Rückmeldungen eines Anderen auf ein gezeigtes Verhalten wird als Feedback bezeichnet. Der Begriff wird aber auch auf eine Schulung übertragen und bezeichnet die Rückmeldungen der Teilnehmer auf den Trainer und den Kurs. Feedback ist wichtig für die Weiterentwicklung eines Trainers.

Formalien

Die Rahmenbedingungen, wie Essenszeiten oder Start- und Endzeiten bei einem Kurs.

Icons

Programmsymbole auf dem Desktop.

Headset

Kopfhörerkombination mit Mikrofon. Gut geeignet um bei multimedialen CDs mit Tonausgabe andere Teilnehmer nicht zu stören.

Heuristisch

Unter heuristisch versteht man ein nichtmathematisches Vorgehen bei der Erkenntnisgewinnung.

Layout

Optische Gestaltung eines Druckerzeugnisses mit Raumaufteilung, Schriftart, Bilder usw.

Lernziele

Die Ziele eines IT-Kurses werden als Lernziele formuliert. Dies sind jene Ziele, die die Teilnehmer im Kurs erreichen sollen.

Metaebene

Um einen Sachverhalt quasi von außen zu betrachten, hebt man sich von der „Arbeitsebene" ab. Hier bewegt man sich auf der Metaebene.

MindMaps

Oft werden MindMaps als Gehirnlandkarten tituliert. Um einen zentralen Begriff werden die zugehörigen Punkte und Unterpunkte gruppiert, so wie sie gerade einfallen. Damit eignet sich ein MindMap hervorragend für die Stoffsammlung oder Planungsphase eines EDV-Kurses.

Motivation (extrinsisch und intrinsisch)

Begeisterung an einem Lerngegenstand kann ein Mensch von innen heraus entwickeln. Dies geschieht, wenn ihn das Thema selbst interessiert und er sich begeistert in die Materie vertieft. In diesem Fall spricht man von intrinsischer Motivation. Hat die Motivation andere Ursachen, wie beispielsweise eine Belobigung oder die Hoffnung, nach dem Erlernen eine Beförderung zu bekommen, dann hat die Motivation nichts mit dem Lerngegenstand zu tun. Man spricht von extrinsischer Motivation.

Projektmethode

Unter einem Projekt wird ein einmaliger, in sich abgeschlossener Arbeitsvorgang bezeichnet, an dem ein oder mehrere Teilnehmer beteiligt sind. Bei der Projektmethode wird im Kurs der Lerngegenstand als Projektaufgabe präsentiert und von den Teilnehmern selbst erarbeitet.

Rhetorik

Die Lehre von der Redekunst.

Strukturierung

Das ist eine deutlich erkennbare Gliederung.

Visualisierung

Optische Verdeutlichung des Lerngegenstandes. Nicht nur ein Kanal, das Gehörte, wird dabei genutzt. Zum Gehörten gesellt sich auch der optische Eindruck, was den Lernerfolg deutlich steigert.

Web Based Training

Web Based Trainings, auch kurz WBTs genannt, unterscheiden sich nicht allzu sehr von CBTs. Während diese den Teilnehmern in der Regel als eigene CD vorliegen, liegen die WBTs für alle zugänglich auf einem Web Server. Mittels Passwortabfrage können die Teilnehmer auf das WBT zugreifen, um sich entweder per Internet fortzubilden oder aber die Lernsoftware auf dem eigenen Rechner zu installieren.

Whiteboard

Weiß beschichtete Metalltafel zur Beschriftung mit Spezialstiften.

Stichwortverzeichnis

A

Anfahrtskosten 32
Anonymität 174
Arbeiten mit Lernzielen 44
Arbeitsteiliges Gruppenlernen 82
Artikulation 70
Auftreten vor der Gruppe 107
Außenform 25
Auswertungsbögen 173

B

Beamer 121
Begleitmaterial 97
Beratung 47
Beratungsgespräch 43
Beurteilung 47
Beurteilungsgespräch 50
Bewertungsbogen 48
Binden 101
Blickkontakt 55, 118
Blitzlicht 149, 175
Blockunterricht 59

C

CBT 129
Corporate Identity 174

D

Dekoration 54
Demo-CD 105
Der schwätzende Teilnehmer 144
Didaktische Dreieck 41
Differenzierung 91
Diskretion 152
Diskussion 81
Dramaturgie 70
Durchführungsphase 43, 135

E

Eigenes Entdecken 74, 78
Einfachheit 65
Einführung des Stoffs 69
Einstieg 53
Einzelschulungen 37
Eisbergmodell 138
E-Learning 129
Evaluationsbogen 59
Experten-Lernen 75

F

Fachwissen 15
Fallbeispiele 140
Falsches Rollenverständnis 110
Feedback 57, 177, 179
Feinziel 44
Fertige Schulungsunterlagen 103
Flexibilität 109
Flipchart 123
Formalien 56
Fotoalbum 116
Freundlichkeit 108
Frontalraum 22

G

Geduld 108
Gegenseitige Hilfestellung 155
Gesamtstruktur 59
Gesprächsrunde 110
Gestaltung 20
Gliederungselemente 100
GoBack 127
Grobziel 44
Gruppenarbeit 93
Gruppenarbeit/Partnerarbeit 93
Gruppenorganisation 148
Gruppenprozess 147
Gruppenzusammengehörigkeit 94

H

Handzettel 116
Häufige Fehler 110
HD-Sheriff 127
Headset 20
Hilfsmittel 121
Honorar 31, 32
Hotelkosten 32

I

Icons *21*
In eine Geschichte verpacken *79*
Inis *126*

K

Klarheit *65*
Klassenraumschulung *35*
Kleidung *109*
Konflikte in der Gruppe *149*
Konzept *97*
Körpersprache *118*
Kosten *31*
Kursmaterial *97*
Kurswissen *16*

L

Lampenfieber *108*
Layout *100*
Lerninselform *26*
Lernkurve *89*
Lernplattform *131*
Lob und Tadel *111*

M

Mastereye *125*
Masterpointer *126*
Menübefehle *21*
Metaebene *43, 113*
Metaplanwagen *124*
Methodenwahl *69*
MindMaps *17, 115*
Mischformen *28*
Motivation *69, 113*
Multimedia-Schulung *160*

N

Nachbereitungsphase *44*
Nachbetrachtung *49*
Namensschilder *54, 110*

P

Partnerarbeit *94*
Pausen *56*
Perspektivenwechsel *42*
Pinnwand *124*
Planungsphase *42*
PowerPoint-Präsentationen *105*
Präsenzschulung *131*
Programmwissen *16*
Projektmethode *83*
Prospektmaterial *105*

R

Rebell *144*
Regeln in einer Gruppe *148*
Reisekostenabrechnungen *59*
Rhetorik *115*
Rolle als Trainer *107*
Rolle des Trainers *50*

S

Schlussrunde *58*
Schulung am Arbeitsplatz *36*
Schulung mit unterschiedlichen Programmen *38*
Schulung ohne Computerraum *37*
Schulungskonzept *132*
Schulungsmaterial *104*
Schulungsörtlichkeit *19*
Schulungsraum *19, 22*
Schulungsunterlagen *33*
Screenshots *101*
Selbstständiges Lernen *72*
Seriosität *109*
Sicherheitsabstand *151*
Software *21*
Spannungsbogen *70*
Sprache *117*
Sprünge *98*
Stationen-Lernen *77*
Stimmungsbarometer *149*
Störer *142*
Stornierungsgebühren *32*
Störungen *137*
Struktur *99*
Strukturierung *53*
Stufenprinzip *97*

T

Tafel *122*
Tageslichtprojektor *122*
Tagessatz *31*
Tastaturschablonen *105*
Teilnehmer
    Überforderte *140*
    Unterforderte *143*
Theater spielen *79*
Trainer *146*
Trainerecho *110*

U

U-Anordnung *23*
Überforderung *138*
Übungsphasen *87*
Unterrichtsbeispiele *159*

V

Vertrag *32*
Vorgefertigte Lernsequenzen *73*
Vorstellungsrunde *56, 57*
Vortrag *71*
Vorwissen der Teilnehmer *169*

W

WBT *130*
Wegweiser *54*
Whiteboard *122*
Windows-Zwischenablage *66*

Z

Zielvorgabe ohne eigenes Entdecken *78*
Zielvorgaben und eigenes Entdecken *74*

IT-Zertifikat

Alles, was Sie über Zertifizierung wissen müssen, finden Sie kostenlos auf:

Präsentationsfolien zum kostenlosen Download für registrierte EDV-Trainer

www.it-zertifikat.de

bhv Co@ch
PERFEKT TRAINIERT

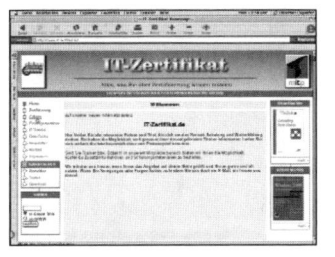

Kompetenz und Vielfalt

Optimal auf die Bedürfnisse der EDV-Trainer und Lernenden abgestimmt, vermitteln die Schulungsunterlagen aus der Reihe *bhv Co@ch* nach bewährtem Konzept zielgruppengerecht und praxisorientiert die jeweils benötigten Kenntnisse. Schritt für Schritt werden Seminarteilnehmer und Autodidakten in das Thema eingeführt, ganz gleich, ob eine neue Anwendung oder eine Programmiersprache erlernt werden soll. Mit dem *bhv Co@ch* haben Sie immer den richtigen Trainer zur Hand!

Damit Sie sich ein Bild vom *bhv Co@ch* machen können, bieten wir kostenlos zu unseren Titeln

- das Inhaltsverzeichnis
- eine Leseprobe

und zu zahlreichen Titeln außerdem

- Übungs- und Beispieldateien als Download

DAS EINSTEIGERSEMINAR

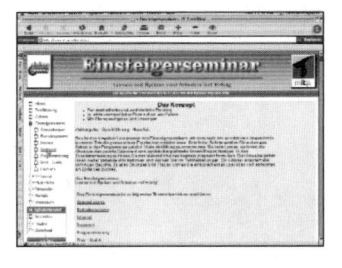

Der methodische und ausführliche Einstieg

Das ist das bewährte Lernkonzept des Einsteigerseminars, mit dem auch der unerfahrene Anwender in kürzester Zeit die gewünschten Ergebnisse erzielen kann: Schritt für Schritt werden Sie auf ca. 400 Seiten in das Programm eingeführt. Viele Abbildungen unterstützen Sie beim Lernen, während die Übungen das gerade Gelernte durch kapitelübergreifende Kontrollfragen festigen. In den Zusammenfassungen finden Sie das Wesentliche des Kapitels prägnant formuliert. Die Hinweise geben Ihnen weiter gehende Informationen und warnen Sie vor Fehlbedienungen. Ein Glossar erläutert alle wichtigen Begriffe und zu allen Übungen und Fragen gibt es die entsprechenden Lösungen und Antworten am Ende des Buches.

Bei uns finden Sie Bücher zu folgenden Themen:

- Office/Büroanwendungen
- Internet
- Sicherheit
- Grafik/Bildbearbeitung
- Konstruktion/3D/Video
- Programmierung
- .NET
- Betriebssysteme

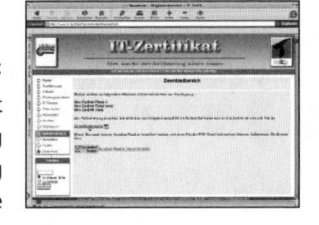

bhv Co@ch Compact
PERFEKT TRAINIERT

macromedia

Flash™ MX

Das Buch

Macromedia Flash ist eines der führenden Programme in der Welt des Webdesigns. Mit dieser Software lassen sich vertonte Animationen, Navigationselemente und sogar vollständige Websites problemlos realisieren. Der *bhv Co@ch Compact* richtet sich an alle Interessierten, die ihre ersten pfiffigen Animationen mit Flash MX erstellen und gestalten wollen. Lernen Sie das Programm von Grund auf kennen: In klar strukturierten Lerneinheiten und anhand differenzierter Arbeitsschritte mit vielen Abbildungen vermittelt Ihnen der Autor einen umfassenden Einstieg in die Arbeit mit Macromedia Flash MX.

Winfried Seimert
256 Seiten

Das Konzept

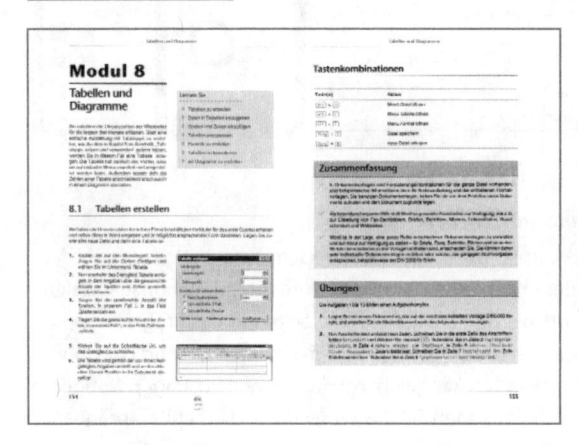

- ausführlicher Einstieg in die Thematik
- strukturierte Unterrichtseinheiten
- klar formulierte Lernziele
- praxisnahe Aufgabenstellung
- kleine Arbeitsschritte
- zahlreiche Abbildungen
- Zusammenfassungen
- viele Übungen
- Glossar
- Index

Der Inhalt

♦ Arbeiten mit Flash ♦ Arbeiten mit Texten ♦ Animation von Texten ♦ Einsatz von Ebenen ♦ Arbeiten mit grafischen Objekten ♦ Färben von Objekten ♦ Bearbeiten von Objekten ♦ Animation von Objekten ♦ Symbole und Instanzen ♦ Bibliotheken ♦ Arbeiten mit Sound ♦ Komplexere Animationen ♦ Aktionen ♦ Publikation

Besuchen Sie uns im Internet:
www.it-zertifikat.de
Zu zahlreichen Titeln erhalten Sie hier
kostenlos
♦ das Inhaltsverzeichnis
♦ eine Leseprobe
♦ Übungs- und Beispieldateien zum Download

* unverbindl. Preisempf.

(D) € 12,95 (A) € 13,40*

ISBN 3-8266-9375-2

verlag moderne industrie Buch AG & Co. KG • Königswinterer Straße 418 • 53227 Bonn • Fax: 02 28 / 970 24 21 • http://www.vmi-Buch.de

bhv Co@ch Compact
PERFEKT TRAINIERT

Netzwerktechnik
2., überarbeitete Auflage

Das Buch

Computer werden immer seltener als reine Einzelplatzrechner eingesetzt, mehr und mehr werden sie betriebsintern oder sogar weltweit miteinander vernetzt. Stete Weiterentwicklungen mit kurzen Innovationszyklen gestalten das Thema Netzwerktechnik zudem immer komplexer. Insbesondere die rasante Entwicklung des Internets und der ihm zugrunde liegenden Technologien erweitert und bereichert die Netzwerktechnik um eine neue Dimension. Für Anwender und Entscheidungsträger wird es zunehmend schwieriger, diesen Themenkomplex zu überschauen. Dieser *bhv Co@ch Compact* hilft dem Leser einen umfassenden Überblick zu erlangen und vermittelt ihm in klar strukturierten Lerneinheiten das nötige Basiswissen zur Netzwerktechnik.

Carsten Harnisch
208 Seiten

Das Konzept

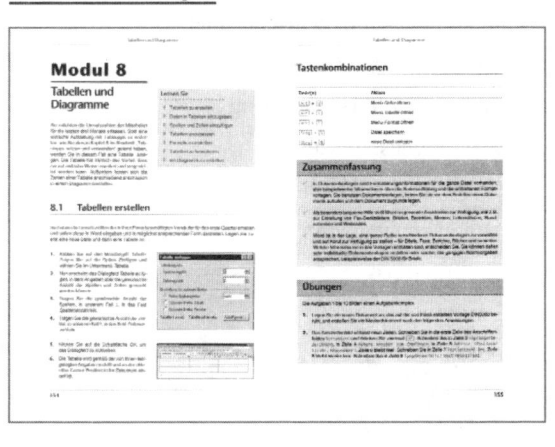

- ausführlicher Einstieg in die Thematik
- strukturierte Unterrichtseinheiten
- klar formulierte Lernziele
- praxisnahe Aufgabenstellung
- kleine Arbeitsschritte
- zahlreiche Abbildungen
- Zusammenfassungen
- viele Übungen
- Glossar
- Index

Der Inhalt

♦ Einführung in die Netzwerktechnik ♦ Datenverarbeitungskonzepte ♦ Das OSI-Referenzmodell ♦ Netzwerktopologien ♦ Basiswissen Nachrichtentechnik ♦ Netzverkabelung – physikalische Grundlage ♦ Übertragungsprotokolle im LAN ♦ Übertragungsprotokolle im WAN/MAN ♦ Netzvermittlungstechniken ♦ Transportprotokolle ♦ Anwendungsprotokolle ♦ Protokollvermittlung

Besuchen Sie uns im Internet:

www.it-zertifikat.de

Zu zahlreichen Titeln erhalten Sie hier **kostenlos**
- ♦ das Inhaltsverzeichnis
- ♦ eine Leseprobe
- ♦ Übungs- und Beispieldateien zum Download

* unverbindl. Preisempf.

(D) € 12,95 | (A) € 13,40*

ISBN 3-8266-9672-7

verlag moderne industrie Buch AG & Co. KG • Königswinterer Straße 418 • 53227 Bonn • Fax: 02 28 / 970 24 21 • http://www.vmi-Buch.de

bhv Co@ch Compact
PERFEKT TRAINIERT

Windows XP
Home Edition und Professional

Das Buch

Windows XP ist die neue Generation der Windows-Betriebssysteme. Sie bietet PC-Anwendern noch vielfältigere Einsatzmöglichkeiten, die auf einem völlig neuen grafischen Design, einer optimierten Funktionalität und der zuverlässigen Grundlage von Windows 2000 basieren. Wie Sie Ihren PC bedienen und die zahlreichen Möglichkeiten dieses Betriebssystems nutzen, zeigt Ihnen dieser *bhv Co@ch Compact*. In klar strukturierten Lerneinheiten vermittelt er Ihnen anhand differenzierter Arbeitsschritte und vieler Abbildungen einen umfassenden Einstieg in die Arbeit mit Windows XP.

Helma Spona / Dr. Dagmar Spona
240 Seiten

Das Konzept

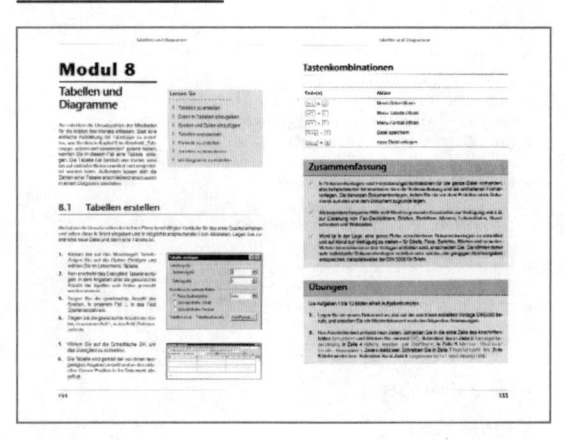

- ausführlicher Einstieg in die Thematik
- strukturierte Unterrichtseinheiten
- klar formulierte Lernziele
- praxisnahe Aufgabenstellung
- kleine Arbeitsschritte
- zahlreiche Abbildungen
- Zusammenfassungen
- viele Übungen
- Glossar
- Index

Der Inhalt

♦ Erste Schritte ♦ Programmfenster ♦ Die Taskleiste ♦ Das Startmenü ♦ Die Windows-Hilfe ♦ Der Desktop ♦ Explorer verwenden ♦ Dateiverwaltung: Dateien und Ordner ♦ Umgang mit Disketten und CDs ♦ Dokumente erstellen und drucken ♦ Das Netzwerk ♦ Auf das Internet zugreifen ♦ E-Mail und MSN Explorer ♦ Tools und Zubehör ♦ Systemprogramme verwenden

Besuchen Sie uns im Internet:
www.it-zertifikat.de
Zu zahlreichen Titeln erhalten Sie hier
kostenlos
♦ das Inhaltsverzeichnis
♦ eine Leseprobe
♦ Übungs- und Beispieldateien zum Download

* unverbindl. Preisempf.

(D) € 12,95 | (A) € 13,40*

ISBN 3-8266-9658-1

verlag moderne industrie Buch AG & Co. KG • Königswinterer Straße 418 • 53227 Bonn • Fax: 02 28 / 970 24 21 • http://www.vmi-Buch.de

bhv Co@ch Compact

PERFEKT TRAINIERT

Grundlagen PC & DV

4., überarbeitete Auflage

Das Buch

Dieser *bhv Co@ch Compact* bietet all das, was ein PC-Einsteiger braucht, um seinen Computer effektiv nutzen zu können. Gegliedert ist er in zwei Themenbereiche: Der erste Teil vermittelt die Grundlagen zum Umgang mit dem Computer sowie zu Hard- und Software. Er erläutert, wie der Computer funktioniert und Daten und Informationen verarbeitet werden. Ein zweiter, praktischer Teil zeigt, wie Sie mit Windows XP und den Programmen des Office-XP-Pakets arbeiten. Anhand differenzierter Arbeitsschritte und vieler Abbildungen vermittelt Ihnen der *bhv Co@ch Compact* einen umfassenden Einstieg in die Welt der Datenverarbeitung.

Susanne Kowalski
256 Seiten

Das Konzept

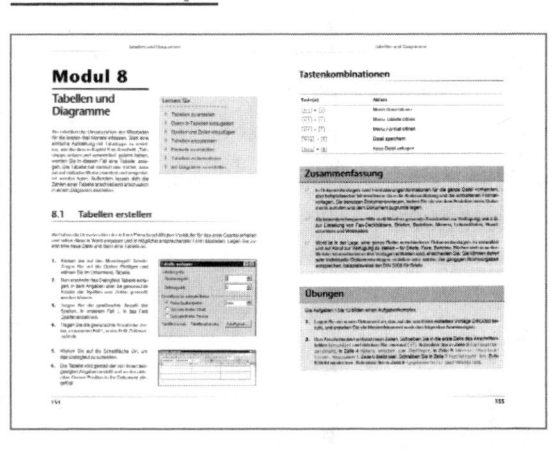

- ausführlicher Einstieg in die Thematik
- strukturierte Unterrichtseinheiten
- klar formulierte Lernziele
- praxisnahe Aufgabenstellung
- kleine Arbeitsschritte
- zahlreiche Abbildungen
- Zusammenfassungen
- viele Übungen
- Glossar
- Index

Der Inhalt

♦ Der erste Umgang mit dem Computer ♦ Basiswissen ♦ Hardware und weiteres Zubehör ♦ Software ♦ Die Klassifizierung von DV-Anlagen und deren Arbeitsweise ♦ Die wichtigsten Funktionen zu Windows XP ♦ Das Windows-Zubehör ♦ Die Windows-Systemsteuerung ♦ Die Windows-Hilfe ♦ Die Textverarbeitung Microsoft Word ♦ Die Tabellenkalkulation Microsoft Excel ♦ Das Präsentationsprogramm Microsoft PowerPoint ♦ Das Datenbanksystem Microsoft Access ♦ Der Informationsmanager Microsoft Outlook ♦ Online ♦ Die elektronische Post

Besuchen Sie uns im Internet:

www.it-zertifikat.de

Zu zahlreichen Titeln erhalten Sie hier **kostenlos**
♦ das Inhaltsverzeichnis
♦ eine Leseprobe
♦ Übungs- und Beispieldateien zum Download

* unverbindl. Preisempf.

(D) € 12,95 | (A) € 13,40*

ISBN 3-8266-9674-3

verlag moderne industrie Buch AG & Co. KG • Königswinterer Straße 418 • 53227 Bonn • Fax: 02 28 / 970 24 21 • http://www.vmi-Buch.de

bhv Co@ch
PERFEKT TRAINIERT

MS Office XP

Der *bhv Co@ch* ist ein modernes Schulungsmaterial, das genau auf die Bedürfnisse des Lernenden abgestimmt ist: Die klar strukturierten Kapitel haben viele Abbildungen, die helfen, die einzelnen Schritte zu verstehen und nachzuvollziehen. Mit den Übungen am Ende der Kapitel lässt sich der Lernerfolg kontrollieren. Die Tipps in den Hinweis-Kästen, die prägnanten Zusammenfassungen, das Glossar, das umfangreiche Stichwortverzeichnis und die Tabellen mit wichtigen Tastenkombinationen runden den Gesamteindruck ab:

perfekt trainiert auf ca. 200 Seiten.

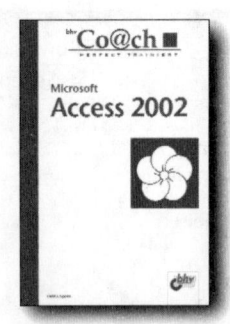

Microsoft
Access 2002
ISBN 3-8266-9355-8

Microsoft
Word 2002
ISBN 3-8266-9352-3

Microsoft
Excel 2002
ISBN 3-8266-9354-X

Microsoft
FrontPage 2002
ISBN 3-8266-9357-4

Microsoft
Office XP
ISBN 3-8266-9353-1

Microsoft
PowerPoint 2002
ISBN 3-8266-9356-6

Microsoft
Outlook 2002
ISBN 3-8266-9351-5

* unverbindl. Preisempf.

je (D) € 12,95 (A) € 13,40*

verlag moderne industrie Buch AG & Co. KG • Königswinterer Straße 418 • 53227 Bonn • Fax: 02 28 / 970 24 21 • http://www.vmi-Buch.de